안드로메다의 나무들

장수정

LOESS MEDIA

안드로메다의 나무들

초판

지은이   장수정
펴낸곳   LOESS MEDIA
펴낸이   장문일
편집장   유은숙

주소   도봉구 도봉로 180길 77, 102동 302호
전화: 010-2073-3109
이메일   jangmoonil@hanmail.net
등록   제 2019-000004호

인쇄제본   대산문화 02-2277-0687

ISBN   979-11-966545-1-1 03800

책값은 표지 뒤쪽에 있습니다. 파본은 바꾸어 드립니다.

프롤로그

 2013년부터 2018년에 걸쳐 매달 한 편씩 신문에 기고했던 숲 에세이들을 모아 책을 내기로 했다. 책 제목을 고민하다 친구들에게, 마음에 둔 몇 개를 돌리고는 투표해달라고 부탁했다. '대숲 끄트머리 마을' '너와 헤어져 돌아오는 길에' '꽃비를 맞으며 나는 후회했다' 등이 그것인데 '꽃비를 맞으며 나는 후회했다'가 그중 많아 그것으로 하기로 마음을 먹었다. 남편에게 말했더니 어이없는 얼굴을 했다.
 -그렇게 제목을 지으면 아무도 안 봐.
 -그럼 뭐라고 지어?
 -숲 속의 연쇄 살인마.
 -진심이니.
 -쎄 보이잖아. 그 정도는 돼야지.
 잠깐 몇 편의 스릴러 영화들을 떠올렸다. 숲으로 사람을 유인해 죽이고 가축용 분쇄기에 시신을 갈아 고깃덩어리로 만든다든가 전기톱으로 사람을 살해하고 얼음 가득한 나무통에 시신을 보관하는 끔찍한 장면들 말이다. 그러자 그간 나는 숲에서 비니루로 된 커다란 정육점용 앞치마를 두르고 분쇄기를 청소하고 전기톱을 씻고, 흐르는 시냇물에 피 묻은 대야와 도끼와 망치를 닦는 일을 해온 것 같은 생각이 들었다.

 저녁에는 집 근처 허름한 식당에서 둘이 오천 원짜리 백반을 먹었다. 식판이 넘치도록 밥과 반찬을 담아온 남편은 그러나 숟가락질만 열심히 할 뿐 정작 퍼온 밥의 반의 반도 비우지 못했다. 밥을 남기면 벌금을 물어야한다는 식당의 안내 글을 새삼스러운 듯 바라보면서도 나는 남편의 아직도 수북한 식판에 대해서는 아는 체를 하지 않았다. 그의 최근의 걱정을 아는 때문이다.

 그는 영화를 좋아하고 또, 영화를 만들기도 하는 사람이다. 며칠 전 그는 한 편의 시나리오를 완성했다. 이제 여기저기 글을 돌려보고 이거 영화로 만들자고 설득해야하는 긴긴 시간만 남아있다. 지금까지는 아내인 나 혼자만 그의 글을 좋다고 하고 있다. 그 분야의 전문가도 아무 것도 아닌 나만이 좋다고 하니 그의 걱정이 클 수밖에.

 한 끼에 오천 원짜리 밥을 먹으며 그는 머릿속으로 아마 자신이 쓴 소박한 시나리오, 누군가를 죽여본 적도 누군가에 의해 죽여지고 있는 중도 아닌 평범한 자의 평범한 삶을 다룬 밍밍한 시나리오 대신 숲을 배경으로 스펙터클하게 전개되는 연쇄살인마 얘기를 썼어야 했다고 후회하고 있는지도 모른다.

 혼자 배터지게 밥을 먹고 식당을 나와 집으로 돌아가는 길, 아파트들 사이로 도봉산 자운봉이 희끄무레했다. 저녁의 어둠과 봄날의 안개 그리고 어쩌면 근심에 쌓여 봉우리는 막 사라질 결심을 하고 있는 것처럼 보였다. 남편이 말했다.
-안드로메다의 나무들.
-........?
-책 제목 말이야. 안드로메다에도 나무가 있을지 모르잖아. 사람은 없고 나무만.
-.........
그날 우리는 서로의 소맷자락이 사각사각 부딪히는 소리를 들을 수 있을 만큼 가까이 걷고 있었다. 하지만 나는 문득 그가 저 먼 안드로메다의 나무가 되어, 굳건히 뿌리를 잡아줄 중력도 없이 망망한 우주를 떠도는 듯이 생각되었다.
오래 부부로 살아왔지만 그 저녁 나는 그의 외로움에 한 발짝도 가닿지 못했다. 전혀 '쎄' 보이지 않는 수심 가득한 얼굴을 하고 각자의 생각에 잠겨 말없이 도시 변두리 중랑천을 걷는 것이 전부였다. 숲 속의 연쇄살인마가 경찰의 추격을 피해 자운봉 어디를 낑낑대며 올라가고 있다든가 천변(川邊)에서 여자기 피 묻은 분쇄기와 대야를 씻고 있다든가 하는 자극적인 뉴스는 없이.
집이 가까워지자 나는 밀듯이 남편에게로 내 몸을 부딪쳐 보았다. 서로가 서로에게, 보이지 않는 어떤 중력이 되고 싶었다.
책 제목을 '안드로메다의 나무들'로 하기로 했다는 얘기는 집에 들어서서도 하지 않았다.

차 례

속삭이는 숲
속삭이는 원대리 자작나무숲 11
지중해로 간 남자 15
섬진강에 꽃구경하러 갔다 20
저녁숲 풍경 25
이상한 나라 31
너의 이름은 36
곰배령 가는 길은 비가 내렸다 41
박각시 오는 저녁 46
나무의 꿈 50
호랭이를 기다리며 55

꽃들의 사랑
겨울왕국 60
세 남자와 그 소나무 65
눈물의 여로 70
먼 데 산을 바라볼 적에 75
꽃들의 사랑 81
검은등뻐꾸기 우는 밤 86
경이를 느끼는 자, 호모 원더랜스 91
푸른 꼽추의 검은 눈 96
흔들어 깨우는 그 바람으로 101

청계산 통신 8월   106

4월 어느 아침
그 여자의 호텔   110
신의 길   118
영화가 시작되기 십 분 전   123
청계산 통신 11월   128
예술의 전당 맞은편에서   133
청계산 통신 12월   138
갑사는 왜 갔던 걸까   143
4월 어느 아침 6시 40분   148
시월의 어느 멋진 날에   151
벌레 우는 밤   157

대숲 끄트머리 마을
대숲 끄트머리 마을   161
당신의 옷을 지으며   166
그의 불륜한 애인들   171
너와 헤어져 돌아오는 길에   177
이성이 잠들면   183
뿌뤠쉬한 그녀   190
돼지풀 사라진 저녁   196
11월의 연서   202
우이령에는 없는 것   209

진부령   215

사나사에서
그녀들의 카톡   221
동백꽃 무덤   227
귀에 남은 그대 음성   232
그러면 당신은 언제나 오나요   238
그리웠던 순간들을 호명하며   245
복수는 나의 것이니   251
사나사에서   256
눈물은 왜 짠가   261
연인이 되기로 한 날   266

거대한 영혼
생각해보니, 좋았다   271
바람을 따라 달려라   275
아다지오를 듣는 봄   281
가마우지의 시간   287
연병장 풍경   292
고요하고 캄캄한 길   297
백구의 시간   303
거대한 영혼   309
나무에 기대   314

속삭이는 원대리 자작나무숲

 원대리 관리초소 앞에서 아이젠을 하고 임도를 걷는다. 먼저 간 사람들이 다져놓은 눈길 위로 멧돼지 발자국, 고라니 발자국.

산을 오른 지 얼마 안 돼 임도 양쪽으로 자작나무들이 보이기 시작한다. 한 움큼씩 무리지어 서있는 것이 꼭 비탈에 난 둠벙 같다. 곧 자작나무숲이 나오겠구나 싶어 일행에게 물었더니 아직 멀었단다. 때로 무릎까지 쌓인 눈에 부러 빠지기도 하며 부지런히 3킬로를 더 올라가자 마침내 임도 왼편으로 희디흰 순백의 자작나무숲. 사면 전체가 빼곡하다. 눈에 들어오는 것은 모두 자작이다. 천상에서 내려온 희고 곧은 창살에 그만 갇혀버린 것만 같다. 능선에 서서 탄성만 지르던 일행은 잠시 후 누가 먼저랄 것도 없이 다투어 비탈을 내려가 자작나무들 사이에 선다.

볼긋볼긋한 자작나무들 우듬지 사이로 겨울 하늘이 푸르다. 눈 바닥에 눕는 사람도 있고 나무를 껴안는 사람도 있다. 무어라 속삭이기도 한다. 그제야 이 숲의 이름을 떠올린다.

속삭이는 자작나무숲.

어색하지만 나도 나무 한 그루 끌어안는다. 그런데 뭘 속삭여야 하나. 집에 두고 온 남편 혹은 새벽까지 컴퓨터 게임을 하던 아들의 이름을 속삭일까. 아님 잘 먹고 잘 살게 해달라고 속삭일까. 격이 좀 떨어지는 것 같아 그만두기로 한다.

심호흡을 하고, 어깨에 힘을 빼고 희고 매끄러운 자작나무 수피에 가만히 뺨을 댄다. 적막하다. 새 한 마리 날지 않는다. 소리도 바람도 없는 진공의 세상 같다. 그래서인지 나무를 부둥켜안은 것은 사람이 아니라 막 육신에서 빠져나와 '하늘로 가는 사다리'를 타고 저 세상으로 가려는 영혼들 같다.

북방 유목민족은 방부제 성분이 있는 자작나무 껍질로 시신을 싸서 땅에 묻었단다. 그들은 사람이 죽으면 영혼이 육신에서 이탈하여 자작나무 줄기를 타고 하늘로 올라간다고 믿었다. 그들에게 자작나무는 '하늘로 가는 사다리'였던 셈.

실생활에서도 자작나무는 요긴했다. 기름샘이 많아 횃불을 만들어 '자작자작' 어둠을 밝히기도 했고 그 불빛 아래 자작의 흰 수피에 연서를 쓰기도 했다. 추운 지방에서는 '대들보도 기둥도 문살도 자작나무'고 '맛있는 메밀국수를 삶는 장작도 자작나무'고 '감로(甘露)같이 단샘이 솟는 박우물도 자작나무'였다. (백석 '白樺') 러시아 사람들은 아직도 귀한 손님에게는 자작나무 껍질로 만든 명함을 내민다고 한다. 나무를 껴안고 최창균의 시를 낮게 속삭인다.

그의 슬픔이 걷는다/ 슬픔이 아주 긴 종아리의 그/ 그 흰 종아리의 슬픔이 다시 길게 걷는다.........(후략)

  자작나무와 관련된 하고 많은 시들 중 왜 그 시가 떠올랐는지는 모르겠다. 다만, 나무를 부둥켜안은 사람들의 속삭임이 삶의 고단함과 무관하지 않을 거라는 생각이 든다. 고단한 속삭임들이 나무의 내부로 스며 어쩌면 자작은 지금처럼, 슬픔으로 다져진 기다란 종아리를 하게 되었을까.
  사다리를 타고 하늘로 오르고 싶은 순간이 삶에 수십 번은 있었을 것이나 저물녘까지 걷고 또 걸어 마침내 두 발 굳건히 땅에 디디고 순백의 종아리로 서게 되었을까. 멋대로 생각하고는 아직도 나무를 안고 있는 한 무리의 사람들을 뒤로 하고 조금 전 내려온 능선으로 다시 올라간다.
  능선에 서자마자 반대편 숲에서 갑자기 칼바람이 날아든다. 이건 그냥 매서운 정도가 아니라 살점이 떨어져나가듯이 아프다. 눈구멍이며 콧구멍이며 목덜미며 사정없어 절로 눈이 감기고 절로 고개가 돌아간다. 차고 사납기는 말할 것 없고 소리 또한 심상찮다. 지옥이 있다면 그 입구가 이러려니 싶다.
  희고 정갈한 자작나무숲과는 달리 반대편은 오래된 밤나무와 참나무, 그것들을 칭칭 감고 올라간 바짝 마른 덩굴들이 어지럽게 들어서 검고 칙칙하다. 비틀어지고 갈라졌다. 밉다. 그런데 자꾸 그쪽으로 눈이 간다. 마음도 따라 간다.

자작나무숲에 깃들인 것이 평화와 고요라면 이루지 못한 욕망, 불법, 정념, 가난, 증오 같은 것들이 얽히고설켜 바람으로 잉잉대는 곳이 반대편이다. 자작이 영혼의 세계라면 반대편은 육신의 세계다. 둘은 색깔도 정 반대다.

능선 하나를 사이에 두고 두 개의 숲이, 그러니까 영혼의 숲과 육신의 숲이 마주하고 있다. 어느 한 숲에 깊숙이 들어서면 반대편은 보이지 않는다. 하지만 영혼의 사면(斜面)과 육신의 사면이 만나 정점을 이룬 능선에 서면 그 두 편이 다 보인다. 영혼을 담지 못한 육신은 불행하다. 그런데 육신의 그릇에 담기지 못한 영혼 또한 가엾기는 마찬가지. 어느 한 쪽이 없이는 다른 한 쪽도 온전하지 않다.

그런 생각을 하며 곰곰이 걷는 길, 그 길이 인제 원대리 자작나무숲 가는 길이다. 자작나무숲에 가면 그 반대편 검고 어두운 숲에도 눈길을 줄 일이다.

2013년 2월

지중해로 간 남자

3월 어느 날 사내는 힘겹게 청계산을 올랐다. 지중해에서 돌아온 지 일주일이 되었고, 티브이에서는 꽃만큼 고운 아나운서들이 봄이 온다고 새처럼 지저귀던 어느 날이었다. 사흘째 잠을 못 잔 사내의 눈은 붉게 핏발이 섰다. 의사는 움직여야한다고 했다. 그래야 잘 자고 수면제를 끊을 수 있다고 했다.

청계산은 사내에게 익숙했다. 오른 지 십년이 넘었다. 산어귀 귀룽나무는 벌써 겨울눈이 벌어져 연두빛 잎이 쌀알만큼 돋았고 명자나무 꽃눈은 단장한 여인의 살짝 벌어진 입술처럼 붉고 요염했다. 계곡 물소리는 지난달보다 한결 또록또록했다.

사내는 묵묵히 고개를 숙이고 걸었다. 가을이면 달콤한 솜사탕 향기를 풍기는 계수나무를 지나, 계곡의 은행나무 다리를 지나, 바랜 담벼락 색깔을 한 돌배나무를 지나 맑은 단풍나무 부근에서 걸음을 멈췄다. 아직은 푸른 잎이 귀한 산에서 단풍나무 잔가지 아래 초록빛이 선명했다. 손가락 마디만한 크기에 럭비공 모양을 한 그것은 덩굴손 같은 것으로 잔가지를 돌돌 감고 허공에 대롱대롱 매달려있었다. 갈라진 틈새로 텅 빈 내부가 보였다. 나방의 고치 같았다. 손을 뻗어 떼어내려다 그만두기로 했다. 겨울이 완전히 물러가지 않은 산에서 그 초록의 거처는 어느 값비싼 보석보다 아름다웠다. 놓아두면 다른 사람도 볼 터였다.

 사내는 단풍나무 옆 늙은 밤나무 아래서 잠시 다리쉼을 하기로 했다. 배낭을 뒤져 부추환과 다시마환, 공심환을 꺼냈다. 꼼꼼히 씹어 삼키고 발효 작두콩과 헛개나무 끓인 물로 입가심을 했다. 시계를 보니 열두시 근처. 의사는 때맞춰 식사를 하는 것이 중요하다고 했다. 무항생제 소고기와 유기농 시금치, 우렁이 농법으로 지은 쌀, 천연 치자 단무지, 염산과 수산화나트륨을 뿌리지 않은 친환경 김으로 만든 김밥을 꺼내 한 조각을 입에 넣고 서른 번을 씹었다. 이어 친환경 사과 반쪽과 진공 포장된 건조 홍삼 한 줄기, 외제 비타민 한 알, 효소 한 봉지로 점심을 마무리하고 지친 듯 털썩 밤나무 줄기에 등을 기댔다.

 -와, 부러워요! 토탈 얼마 들었어요?
 사내가 지중해 여행에서 돌아오자 주변 사람들은 그렇게 물었다. 거긴 왜 가셨어요, 뭘 보고 왔어요, 그렇게 묻는 사람은 없었다.
 -니코스 카잔차키스의 무덤에 갔더랬습니다. 그 무덤에 이렇게 쓰여 있었습니다. '나는 아무 것도 원치 않는다. 나는 아무 것도 두려워하지 않는다. 나는 자유이므로.'
 누가 물어만 준다면 사내는 그렇게 대답하고 싶었다.

20대에 카잔차키스의 '그리스인 조르바'를 읽었다. 그의 사랑, 그의 자유에 심장이 뛰었다. 푸른 지중해가 조르바를 그렇게 키웠다고 믿었다. 은퇴하면 만사 제치고 달려가리라 마음먹었다. 하지만 막상 은퇴하고는 이런저런 일로 바빴다. 하루도 빼먹지 않고 신을 섬겼고 기꺼이 이웃에 봉사했으며 열 개나 되는 동호회도 꼬박꼬박 챙겼다. 노부모에게는 크루즈여행 티켓을 끊어드렸고 아내에게는 보석을 사주었다. 고아원에도 쾌히 투척했다. 사람들은 사내를 배려심이 깊은 사람, 이라며 칭찬을 아끼지 않았다.

 자신에게도 많은 것을 투자했다. 헬쓰, 고가(高價)의 정기검진, 친환경 식단, 독서, 긍정적으로 사고하기 등등. 그런데 이상했다. 잠이 오지 않았다. 간신히 잠이 들었다가 깨어보면 고작 한두 시간이 지났을 뿐 창밖은 아직 어두웠다. 의사는 은퇴 후 겪는 일시적 불면증이라며 수면제를 처방했다. 하지만 증상은 날로 심해졌다. 일 년 새 7킬로그램이 빠졌다. 절로 허리가 굽었다. 수면제를 털어 넣고도 잠이 오지 않는 날이 지속되던 어느 날 사내는 기어이 베갯잇에 눈물을 쏟았다. 그리고 날이 밝자 지중해를 예약했다. 지중해에 가면 답을 얻을 수 있을 것 같았다.

 그러나 푸른 지중해를 보며 속이 후련했던 것도 잠시 집으로 돌아와서도 불면은 여전했다. 자학과 연민 사이에서 사내의 마음은 종일 널을 뛰었다.

 늙은 밤나무 아래 넋을 놓고 앉아있던 사내의 퀭한 눈이 문득 반짝였다. 막 꽃을 피운, 맞은편 생강나무 노란 꽃에 눈길이 머물고였다. 손톱만한 것이 몹시 아름다웠다. 유난히 추웠던 지난겨울이 떠오르며 얇은 비늘 조각 하나로 추운 계절의 무자비를 견뎠을 겨울눈이 기특하게 생각되었다. 더불어, 추운 눈밭에 앉아 배고픈 흰 산을 망망하게 바라보았을 숲의 작은 새들과, 견디는 것 말고는 할 일이 없었을 밀폐된 공간의 초록 번데기도.

눈가가 뜨거워지더니 이윽고 꽃눈이 터지는 소리, 꽃이 피며 그 주변의 공기가 바닷물처럼 갈라지는 소리, 나방의 굳은 육신이 텅 빈 고치 안에서 뜨겁게 뒤척이는 소리를 들은 것만 같았다. 겨울이 지나 다시 봄이 왔을 때 세상을 향해 빼꼼히 얼굴을 내민 그것들은 겨울을 견뎌낸 저희들이 얼마나 뿌듯했을까. 지저귈 것은 얼마나 많고 나눌 말은 또 얼마나 많았을까.

자신들에 대한 지극한 긍지와 사랑이 실은 꽃을 아름답게 만들고, 새들을 자유롭게 날게 하며, 흉측한 번데기를 찬란한 나방으로 거듭 나게 하는 것인가. 그렇게 생각하자 사내는 자신에게 묻고 싶어졌다.

나는 나를 사랑하는가.

사내가 사랑한 것은 누구인가. 보약과 염색과 신심(信心), 철저한 배려로 무장한 나인가. 아니면 허연 귀밑머리와 마른 대퇴부, 소심(小心)과 불면으로 고통 받는 나인가. 아니면 둘 다인가.

사내는 한숨을 쉬었다. 생각해보니 사내는 한 번도 자신을 사랑한 적이 없었다. 세상이라는 전쟁터에서 영혼을 잃고 귀환한 몸뚱이에게, 먹고 사느라 고생 많았고 잠 못 드느라 욕본다고 속삭여준 적 없었다. 소심(小心)도 타고난 것이니 너무 애쓰지 말라고 다독거려준 적 없었다. 닳아 해진 그 육체와 어디든 영원히 함께 하겠다고 맹세한 적 없었다.

 오직 남을 위해, 남의 시선을 위해 살았다. 조르바의 자유를 부르짖은 것도 결국 남의 시선을 의식하고 남으로부터 인정받기 위해 그렇게 한 것이지 싶었다. 불면으로 침침해진 어두운 눈 뒤에서, 늘 사내에게 잔소리를 해대지만 사내처럼 역시 외로운 시간을 보내고 있을 집의 아내가 그림자처럼 어른거렸다.

 사내는 툭툭 엉덩이를 털며 밤나무 아래서 일어났다. 그리고 속으로 니코스 카잔차키스 무덤의 글귀를 이렇게 바꿔보았다.

 '나는 아무 것도 원치 않는다. 나는 아무 것도 두려워하지 않는다. 나는 나를 사랑하므로.'

2013년 3월

섬진강에 꽃구경하러 갔다

 섬진강에 꽃구경하러 갔다. 사방에 노란 산수유 꽃. 비슷하게 생긴 것으로는 생강나무꽃이 있다. 이런 저런 차이가 있는데 그중 하나는, 생강나무 꽃 뭉치가 틈도 없이 빽빽하다면 산수유 꽃 뭉치는 꽃 사이가 성글다는 것. 산수유 꽃 뭉치 성근 틈으로는 강 건너가 보인다. 건너편 산수유가 보이고 건너편 사람이 보이고 건너편 관광버스와 건너편 강둑이 보인다.

건너편 강둑은 풀이 푸르다. 대나무도 푸르다. 섬진강 물색을 닮은 댓잎은 바람이 수면 위를 훑고 갈 적에 다르륵한 방향으로 생겨나는 잔물결처럼 떼를 지어 흔들린다. 오래 보고 있으면 자꾸 눈이 감긴다. 눈이 감기며 머릿속으로 자박자박 대숲의 이발사가 걸어 들어온다.

옛날 옛날에 이발사가 살았다. 어느 날 그는 비밀리에 궁전으로 불려가 임금님을 이발하게 되었다. 그런데 번득이는 관을 벗기고 보니 당나귀 귀였다. 발설하면 죽이겠다고 했다. 하지만 알고도 모른 척 하자니 병이 났다. 결국 뒷산 대숲으로 달려가 잘려진 줄기에다 대고 고래고래 소리 질렀다.

 임금님 귀는 당나귀 귀! 임금님 귀는 당나귀 귀!
 그런데 그렇게 말하고 싶은 사람이 옛날이야기 속의 이발사 하나 뿐은 아니었나 보다.
 내가 아직 엄마 뱃속에도 없었을 적 그 말이 하고 싶어 환장한 섬진강 청년이 하나 있었다. 그 동네서는 유일하게 서울로 가 공부를 하고 있던 그는 불온한 사상에 물들어 나라의 임금이 진실을 감추고 백성을 탄압하고 있다고 믿었다. 임금님 귀는 실은 당나귀 귀라고 굳게 믿었다. 어느 봄밤 그가 갑자기 고향으로 내려왔다. 그리고 집 뒤 대밭으로 남동생을 불러, 차고 있던 금딱지 손목시계를 동생 손목에 채워주며 말했다.
 ─쫓기고 있다. 당분간 연락할 수 없다. 어무이한테 잘 얘기해라, 곧 돌아온다고.
 그렇게 말하고는 급히 사라졌다.
 정말 임금님 귀가 당나귀 귀였는지는 남동생도 어무이도 알지 못했다. 관심도 없었다. 곧 돌아온다는 약속만이 중요했다. 큰아들을 기다리는 동안 어무이인 그 여자는 빠르게 늙어갔고 대밭은 날로 무성해져 너구리도 나중에는 헤치고 다니기를 귀찮아하고 부엉이도 밤에 날아들지 않았다.
 집 앞 우물이 말라갔고 기왓장에는 푸른 이끼가 끼었다. 어느 결에는 그 여자의 남편이 세상을 떴다. 자식들을 다 출가시키고도 그 여자는 홀로 빈 집을 지켰다. 곧 돌아온다던 큰아들을 기다렸다. 그러다 환갑을 넘겨서야 서울 사는 둘째 아들 집으로 살러갔다.
 둘째 아들과 함께 산지 십년 되던 해 며느리는 섬진강가 전답과 가옥의 명의를 저희 것으로 해달라고 했다. 당연히 거절했다. 그것은 큰 아들 것이고, 게다가 명의를 변경하려면 큰 아들의 사망신고서를 제출해야하는데 안 될 말이었다. 시신을 보기는커녕 죽었다는 생각조차 해본 적이 없었다. 며느리는 모시기를 거부했고 그 후 십 년간 여자는 딸들 집을 떠돌았다.
 여든이 되고야 죽음을 예감하고 둘째 아들에게 전답과 가옥을 넘겼다. 큰아들이 죽었다고 믿어서는 아니었다. 죽음만큼은 딸이 아닌 아들네 집에서 맞이하고 싶었다. 하지만 대밭만은 남겨두었다. 대밭에서 큰 아들이 그리 말했다지 않는가. 돌아온다고, 곧 돌아온다고. 그 당시 소 한 마리를 팔아 그 일부로 마련해 준 금딱지 시계가 저렇듯 번득이며 옷장 안에 보관되어있지 않는가.
 다시 며느리와 살면서부터 그 여자는 저녁마다 집 앞 계단에 앉아 아들을 기다렸다. 발에는 흰 버선을 신고서. 그 여자는 작고 갸름한 발을 했는데 주변에서 아무리 신축성 좋은 요즘 양말을 권해도 굳이 버선을 고집했다. 버선을 신으면 여자의 발은 특히 맵시가 났다. 며느리는 시어머니가 청승을 떤다고 생각했다. 그 작고 여린 발이 싫었고 같이 밥을 먹는 일도 싫었다.
 여든 한 살이 되던 해 봄, 그 여자는 햇빛 들지 않는 서쪽 작은 방에서 홀로 생을 마감했다. 여자의 죽음은, 작고 희고 정갈한 버선처럼 조용했다. 밥 한 그릇과 찬 물 한 컵, 신 김치, 수저, 새코미 요구르트 한 병이 그 여자의 임종을 지켰다. 생닭을 사들고 간 그 여자의 가난한 딸은 제 어미가 죽은 것을 알고는 이불 속으로 손을 넣어 어미의 작은 발을 어루만지고 또 어루만졌다. 서쪽 창이 완전히 어두워질 때까지.

섬진강 강둑 나지막한 사면(斜面) 위로 대숲이 푸르다. 바람이 불면 숲에서 금방이라도 임금님 귀는 당나귀 귀, 임금님 귀는 당나귀 귀, 하는 소리가 날 것 같다. 망할 놈의 이발사가 콩밭, 뽕밭, 감자밭 버려두고 하필 대밭에 와서 나불거린 때문이다. 화가 난 임금이 병사를 풀어 그 일대 대나무를 모두 베어버린 때문이다. 단칼에 베이면서 대밭은 왜 자신이 죽임을 당해야하는지 영문을 몰랐을 것이다.

영문(營門)은 조선 시대 감영(監營)이나 병영(兵營)의 큰 출입문을 일컫는 말이다. 그런데 그 큰 문은 고관대작들이 드나들 때만 열리기 때문에 보통 사람들은 그 문이 언제 열리고 닫히는지, 누가 들고 나는지 도통 알 수가 없다. 그래서 영문을 모른다, 는 말이 생겼다.

영문을 모른 것이 그런데 대밭뿐이었을까.

곧 돌아온다던 아들이 어미 나이 여든이 넘도록 코빼기 하나 비치지 않은 영문을 그 여자는 끝내 알지 못했다. 생닭 한 마리를 사들고 간 그 여자의 가난한 딸은 밤낮으로 일하는 데도 왜 늘 가난해야하는지 영문을 몰랐다. 생닭은 생닭대로, 하필이면 봄날에 털이 벗겨져 알몸으로 서쪽 죽은 자의 방에 들어가야 했는지 영문을 몰랐다. 죽은 시어머니의 관을 지키던 며느리는 살아생전 시어머니의 버선발이 왜 그렇게 싫었는지 스스로도 영문을 몰랐다.

 온통 영문을 모르겠는 일에 시장기가 도져, 섬진강 강둑 오래된 식당에 도다리 쑥국을 먹으러 갔다. 기름기 자잘하게 돌면서도 담백하고 쑥향 그윽한 것이 첫 숟가락에 흐뭇하다. 문득, 한 번도 본 적 없는 대밭 그 남자가 생각난다. 좋은 날 잡아 그의 애인이 되어서는 피로한 그 입에 뜨겁고 향긋한 도다리 쑥국 한 숟갈 넣어주고 싶다. 그 남자의 어무이이며 나의 외할머니인 버선발 고운 그 여자에게도.

 산수유 성근 꽃 사이로 사무친 한 생(生)이 성글게 흘러간다. 바람으로, 꽃으로, 강물로. 살아 무겁고 들끓던 것들이 다른 생에서는 저리 가볍고 무심한 영문을 참 알다가도 모르겠다.

 사내를 붙잡고 '꽃이 피면 같이 웃고 꽃이 지면 같이 울자'고, '별이 뜨면 서로 웃고 별이 지면 서로 울자'고 '알뜰한 맹서'나 '실없는 기약'같은 걸 하고 싶은 봄이다.

 남쪽 꽃구경 나섰다가 영문 모른 채 설움에 젖어 서울로 돌아오는 길, 해마다 산수유를 보러간다는 옆자리 아지매 말로는 봄꽃 구경이라는 게 다 그렇단다.

2013년 4월

저녁숲 풍경

그날은 여자는 끌리듯 저녁 숲에 가게 되었다. 원터골에서 시작하여 길마재를 넘기로 하는데 해는 이미 기울어 능선에 붙었고, 해를 빨아들이느라 낮 동안 분주하던 잎은 저녁에는 다소 곳하다. 빛에 버무려져 현란하기까지 하던 꽃잎도 이맘때는 순하다.

5월 초순의 숲은 능선 부근은 아직 잎 소식이 없이 갈색이지만 숲 가장자리는 작은키나무들이 피워낸 잎으로 푸르다. 노린재나무 손톱만한 작은 잎들은 당밀을 바른 듯 윤기 나고, 찔레덩굴 새 잎 겨드랑이는 막 부풀어 오른 꽃눈들이 소문처럼 무성하다.

숲 바닥은 고깔제비꽃, 현호색, 산괴불주머니, 꽃다지, 냉이 천지다. 노는 땅이라곤 없이 각자의 몫만큼 알뜰하게, 알맞게 차지하고는 잘도 자란다. 큰키나무들은 아득한 높이만큼이나 새 잎 소식이 아득한데 신갈나무만 유독 잎은 물론 꽃까지 풍성하게 내었다. 나지막하고 평탄한 청계산 사면(斜面)을 자꾸 눈이 감기는 연두빛으로 부풀어 오르게 하는 건 대부분 신갈의 공일 것이다.

 십 여분도 채 오르지 않아 여자는 숨이 가쁘다. 등산로 밧줄에 기대 맥을 짚어보니 1분에 마흔 다섯 번. 며칠 전 병가를 내고 어깨 인대수술을 받았는데 항생제 부작용인지 몸이 한없이 가라앉는다. 오십이 넘고부터는 삶이 자꾸 가장자리로 밀려나는 느낌이다. 이대로 날개가 꺾이는 걸까. 심란해져 정한 데 없이 골짜기를 살피는데 저만치 낮은 곳에 늙은 개살구나무 한 그루. 우듬지에는 백발처럼 꽃 몇 송이가 얹혀있다. 싱겁다. 저것도 꽃이라고.

 오른쪽 북사면(北斜面)으로는 환한 진달래. 뒤쪽에서 햇살을 받아, 분홍 꽃잎이 온통 투명하다. 꽃이 그대로 햇살이고 햇살이 또 그대로 꽃이다. 그만 저 얇은 꽃잎 속으로 저벅저벅 걸어 들어가고만 싶다. 그 속에, 아프지 않고 늙지 않는 세상이 알알이 숨어 있을 것 같다.

 여자는 급히 휴대폰을 꺼내 진달래를 찍는다. 하지만 네모난 틀에 갇히자 그것은 작별인사라도 하듯 얇게 흔들린다. 물러난다. 그만두기로 한다. 카메라가 잡을 수 있는 건 단지 진달래와 여자와의 슬픈 거리. 그의 떨림, 존재의 떨림을 손바닥만한 기계가 잡아낼 수 있을까.

 잡을 수 없는 진달래를 대신이라도 하려는지 드르륵 휴대폰이 요란하게 진동한다. 아버지다. 올해 아흔 둘인 아버지는 귀가 어둡다. 딸들은 그런 아버지와의 소통을 위해 지난 몇 달간 돌아가며 아버지의 스마트폰 선생이 되었고 얼마 전 아버지는 혼자 힘으로 가족 채팅방을 만들었다. 딸들이

다투어 세간의 재미있는 이야기를 퍼 나르자 아버지는 이렇게 감사인사를 보냈다.

-선주야 큰일낫다. 네 우스게들 보고 집 쫏겨날 사람 하나 둘이 아ㄴ이다. 우선 나부터다. 선주 우스게 보다 하두 우스워서 엽헤 은주 이늗데도(옆에 은주 있는데도) 훗후ㅛㅎㅎㅎㅎ하고 혹자(혼자) 히드득거리다가 톡하다 또 웃다가~~ㅎㅎ후ㅜㅜㅜ히히 은주가 혼자 속으로 우리 압바 탁하다 돌앗다 골앗다 (우리 아빠 딱하다 돌았다) 큰일낫다 하고 속을로 걱정이 태산갓하. 누구보고 말도 못하고.

아버지에게 은주, 라고 불리는 여자는 곧 흙바닥에 털썩 주저앉아 휴대폰을 뒤져 채팅방에 우스운 이야기 하나를 올리기로 한다.

-할아버지가 막 잠이 들려는데 신혼시절의 무드에 빠진 할머니가 이야기가 하고 싶었다. "우리 신혼시절이 좋았지요. 그땐 잠자리에 들면 당신이 내 손을 잡아주곤 했죠." 할아버지는 내키지는 않았지만 손을 뻗어 잠시 할머니 손을 잡았다가 다시 잠을 청했다. 몇 분이 지나자 할머니는 "그런 다음 키스를 해주곤 했죠"라고 했다. 좀 짜증이 났지만 할아버지는 할머니 뺨에 살짝 키스를 하고는 다시 잠을 청했다. 잠시 후 할머니는 "그리고는 내 귀를 가볍게 깨물어주곤 했죠."했다. 할아버지는 화가 나서 이불을 내던지고 벌

떡 자리에서 일어났다. "당신 어디가요?" 할머니가 물었다. "이빨 가지러 간다!!!"

 전송 버튼을 누르고 자리에서 일어나 다시 걷는데 어지럽다. 고작 한 걸음에 우주가 흔들리고 지나온 삶이 통째로 요동친다. 늙은 개살구, 그 싱거운 꽃 몇 송이가 떠오른다. 가발처럼 얹힌 그것에서 개화를 향한 열망, 간절함, 안간힘, 어지럽고 숨찬 헐떡거림이 들리는 것 같다. 싱겁다는 말은 취소하기로 한다.
 길마재 꼭대기에 오르자 맞은편 능선은 이미 어둡다. 높이 솟은 신갈나무 잔가지 사이로 저녁 비행기가 날고, 멀지 않은 곳에서는 청딱따구리가 운다.
 히요 히요 다르르르르.
 나무에 가려 그를 볼 수는 없지만 어쩐지 그는 차고 푸른 몸을 가졌을 것 같다. 둥글레 어린잎을 따 입에 넣고 씹는데 다시 휴대폰이 다르륵. 아버지다.

 ─은주 우스게는 저속헤. 불합격이다, 우스게는 그런 것이 안이여. 우스게 하나. 시골에 지서장이 절라도 토종개로 유명한 섬의 서장으로 영전을 하게 되엿다........

입 안에 남은 둥글레 조각을 퉤 뱉고 여자는 퉁명스럽게 키패드를 두드린다.

-아버지는 엉터리.

 노릇노릇하던 능선은 그새 윤곽마저 사라지고 숲은 이제 덩어리째 어둑어둑하다. 사면의 나무들은 생각에 잠겼다. 서둘러 재를 내려간다. 산자락 마을은 벌써 캄캄하다. 캄캄한 어둠 속에 다시 진달래. 빛도 색도 형체도 없다. 휴대폰 후레시를 켜 그것의 암술이며 수술이며 자방이며 살피는데 꽃의 인사처럼 다시 아버지가 다르륵 다르륵.

 -그래 지금가지 한 거스은 엉터리지. 잘할여고 혀도 문법도 엉터리 철자법도 띠워쓰기도 엉터리 작구(자꾸) 옷자(誤字) 엉터리지. 해진이한테 하나 부탁이 잇지. 일전에 올닌 우수은 이야기 보고 만이 우섯다. 이번에는 고모부깇치(고모부같이) 혼자 자는 늘그니들이(늙은이들이) 자다가말구 하도 우수어서 키익...키익...하고 우스기는(웃기는) 그런 우스은 이야기 하나 올려다구. 가금(가끔) 자다말구 웃게.

 어둠속에서 여자는 뚫어져라 휴대폰을 본다. 시간도, 인연도, 사랑도, 늙은 아버지도 그 어느 것도 잡을 수 없는 네모난 기계는 잠시 후 어둑어둑해지다가 곧 달 없는 밤처럼 캄캄해진다. 산자락 굴다리 너머 경부고속도로 가는 길은 붉은 후미등으로 가득 찼는데 그것이 집으로 돌아가려는 것인지 집을 떠나려는 것인지 가늠할 수가 없다.
 캄캄한 밤에 '가끔 자다 말고 웃는' 아버지의 늙은 웃음이,

북사면(北斜面) 저녁 햇살 속으로 사라져가던 진달래의 떨림을 닮았다고 여자는 생각한다. 저녁숲을 뒤로 하고 여자는 붉은 후미등 그 하나라도 잡으려는 듯 급히 사람의 도로를 향해 걸었다. 지나온 숲은 돌아보지 않기로 했다.

2013년 5월

이상한 나라

초여름 해발 1560미터 태백산 천왕단은 두어 시간 전 떠나온 산 아래 동네와는 완전히 풍경이 다르다. 능선 전체가 푸른 풀밭인가 싶은데 또 가만히 들여다보면 그 사이 사이 나무들이 납죽 엎드려있는 식이다. 풀이나 나무나 그 키가 그 키다. 그래서 꼭 앨리스가 사는 이상한 나라에 온 것 같다. 금방이라도 토끼가 나타나 회중시계를 보며 바쁘다 바빠, 할 것 같다.

이상한 풍경 첫 번째는 신갈나무. 산 아래 동네서는 큰키나무인 것이 여기서는 키가 어른 허벅다리쯤 하다. 처음 봤을 때는 어린 나무거니 하고 지나쳤다. 그런데 형형한 그의 빛과 오랜 연륜이 잔상처럼 등을 잡아끌어 결국 돌아서고 말았다. 흙바닥에 무릎을 꿇고 그와 눈높이를 맞추자 그제야 그의 몸이 눈에 들어온다. 평생 몸으로 세상과 맞서고 몸으로 세상을 읽어낸 난쟁이 사내인 듯 다부지다. 줄기는 분재처럼 비틀어졌다. 그러면서도 표면은 치밀하고 윤기가 돌아 해발 1560미터에 내리쬐는 햇살도 그의 피부에 닿아서는 쨍, 하고 튕겨나간다.

겨울눈은 말할 수 없이 또록또록하다. 함께 간 전문가의 말로는 사람으로 치면 중년쯤이란다. 하긴 사정없이 쏟아지는 1560미터의 태양과 사방에서 불어오는 칼바람을 마주하고 멋대로 키를 키우는 것은 무모할 것이다. 그는 그래서 평지의 나무들처럼 쑥쑥 자라는 대신 밤낮으로 뼈를 깎아, 피와 눈물을 버무려 타고난 제 모습을 바꾸기로 했다. 종의 한계를 뛰어넘은 그의 왜곡(歪曲)은 숙연하고, 아름답다.

이상한 풍경 두 번째는 귀룽나무. 산 아래서는 꽃은 지고 이미 열매가 한창인데 여기서는 꽃이 한창이다. 덕분에 천왕단 푸른 산등성이가 꼭 갓 쪄낸 쑥버무리다. 해발 1560미터니 늦은 개화는 그렇다 치더라도, 보통 귀룽나무는 꽃대가 아래로 낭창낭창 늘어지기 마련인데 이곳에서는 촛대처럼 꼿꼿하다. 곧 있을 두꺼비 왕자의 결혼식을 위해 불을 밝힌 샹들리에 같다.

참말 이상한 건 진달래. 이 계절이면 산 아래서는 진달래 꽃은 기억에도 없는데 여기서는 꽃이 한창이다. 게다가 도감에 따르면 꽃이 지고 난 다음 잎이 피는 것이 진달래고 꽃과 잎이 같이 나는 것이 철쭉인데 여기 천왕단의 진달래는 꽃과 잎이 함께다. 진달래를 보면서는 시간 감각이 이상해진다. 열기구를 타고 먼 아래를 내려다보며 과거를 여행하는 기분이다.

머리 위로 초여름의 태양이 뜨겁다. 큰키나무들이 없어 마땅한 그늘을 찾을 수 없다. 太白山이라고 쓰여진 비석이 유일하게 큰 키다. 하지만 정오가 가까운 시간, 다람쥐 꼬리만한 그늘은 누군가 선점했다. 선 채 비처럼 태양을 맞는데 저쪽 왼쪽 문수봉을 향해 난 좁은 길의 신록이 푸르다.
 지난겨울 저 길을 따라 사스래나무를 보러 갔었다. 길은 그때는 흰 눈으로 덮여, 발자국 하나 없이 고요해, 걷는 동안 사람들은 말을 아꼈다. 푸른 하늘을 향해 환영하듯 순백의 가지를 뻗은 사스래 군락지에 닿아서야 다들 비로소 아, 하고 언 입술을 벌렸다.
 아름답고 활기찬 사스래들의 군무가 끝나는 곳에 바짝 마른, 삶의 기억은 진작 벗어던진 천년의 주목이 있었다. 빛과 바람에 남김없이 삶을 날려버린 그는 건조하고 단단했다.
 그 겨울에는 몰랐다. 봄이 가고도 몰랐다. 초여름 태백산에 오르고야 뜬금없이 그 겨울의 주목이 기억의 창고에서 떠올랐다. 떠오른 그는, 검푸른 밤 심해의 바닥을 끌고 솟아 마침내 바다를 부수고 달빛을 부순 거대한 흰 고래 모비딕처럼 빛나고 장엄했다. 비장했다. 그의 悲壯은 어디에서부터 오는 걸까. 해발 1560미터에서? 상록침엽수에서? 쓰임새 많은 단단한 목재에서?
 그의 장엄은 아무래도 삶이 아니라 죽음에서 비롯되는 것 같았다. 천년의 삶을 지나 다시 천년의 죽음을 사는 그는 천 년의 고독이 되어 빛나고 있었다.
 두 시간 전 떠나온 산 아래 동네에서는 잘 먹고 잘 입고 많이 가지는 것이 가치를 지니는 일이라면 여기 해발 1560미터 꼭대기에서는 삶보다는 죽음이, 상식보다는 비상식이 오히려 가치를 지닌다. 이상한 나라다.

 정오를 넘자 천왕단은 빠르게 더워진다. 햇살은 창살처럼 사정없이 머리 위로 내리꽂힌다. 박석을 쌓아 만든 천왕단 울타리가 그제야 눈에 들어온다. 울타리 뒤쪽으로 그늘 한 귀퉁이가 삐져나와있다. 서둘러 달려가자 이번에도 역시 옅고 좁다란 그늘에는 사람. 함께 태백산을 오른 일행 중 둘이다.

 둘은 부부다. 남편 되는 이는 다리 하나가 불편하다. 허벅지께부터 목발이다. 목발로 숲을 오른다. 부부를 처음 만난 것은 몇 년 전 숲 공부를 하면서부터인데 이후 숲을 보러가는 길에는 자주 부부와 동행하게 되었다. 가파른 비탈을 만나면 여자는 토끼처럼 휘리릭 남편을 앞지른다. 그리고 목발을 짚기 적당한 거리와 위치를 가늠하고는 재빨리 자신의 신발코로 사정없이 흙바닥을 문질러 홈을 판다. 그러면 남편 되는 이는 여자가 낸 홈에 안전하게 목발을 내려놓는 식이다.

 둘의 호흡은 숨 쉬는 일처럼 자연스러워 이제 일행은 어지간히 위험한 구간이 아니면 부부의 안위에 대해 크게 걱정하지 않는다. 가끔 낯선 등산객들이나 어두운 얼굴을 하고 부부와, 그리고 부부를 버려두고 야멸차게 저희들끼리 내려가는 것처럼 보이는 우리 일행을 말없이 바라볼 뿐이다.

 박석 울타리에 나른하게 등을 기대고 있던 여자가 초콜릿을 꺼내 한 입 날름 베어 문다. 이어, 조금 더 은박지를 까서는 어린 것의 입에 넣어주듯 남편 입에도 쏙 넣어준다.

목발은 제 몫의 초콜릿 같은 건 염두에 없이 그런 부부 옆에 아무렇게나 놓여 무심하고, 부부의 발아래는 켜켜이 겹쳐진 고운 능선. 거대한 한 송이 꽃이다. 그 낱장의 꽃잎 사이로 몸을 던지면 부부도, 무거운 목발도, 목발에 첩첩이 쌓였을 남편의 손아귀의 오랜 억척도 무게라고는 없이 사뿐히 내려앉을 것 같다.

산 아래 동네와는 다른 것들 그러니까 다르게 흘러가는 시간, 다르게 지어진 모양새, 다르게 순위 매겨지는 가치들은 이곳 천왕단 나른한 한낮의 부부 앞에선 그저 풍경이 된다. 함께 있고 함께 초콜릿을 먹는 아주 단순한 일로 부부는 이 다르고 낯선 것들을 편하고 익숙한 것들로 만들어버렸다.

나는 슬그머니 부부 옆으로 다가가 조금 떨어져 앉아서는 남의 이불 한 자락을 끌어다 덮듯 천왕단 그늘 한 자락을 꿰어 찼다. 그들 틈에 끼어 마냥 풍경이 되고 싶었다.

2013년 6월

너의 이름은

 등산로에서 사람들이 건너편 내(川)를 가리키며 수근거렸다. 너는 얕은 내(川) 너머 무성한 녹음 속에 정지한 듯 서있었다. 머리는 사람을 향하고 몸은 숲을 향한 채.

 호기심 많은 몇몇 등산객이 너를 보기 위해 내를 건넜지만 곧 돌아섰다. 소문을 떠올렸을 것이다. 근래 들어 너는 도심 주변 산에서 자주 목격되었다. 등산객을 상대로 위협과 구걸을 일삼는다고 했다. 기왕의 안정된 생태계를 교란하는 너희 종족을 하루빨리 제거하라는 목소리가 높았다. 관(官)에서는 인력을 동원하여 너희를 포획 또는 사살했다. 사람에게 입양이 된 운 좋은 경우를 제외하고 대부분 안락사 조치되었다.

 너의 이름은 개. 사람들이 너를 버렸다. 버려진 너는 짖는 법도 잊은 채, 이해할 수 없는 슬픔과 두려움에 싸여 망연자실 무성한 여름 숲에 들어있었다.

 청포도 한 알에 '마을의 전설이 주저리주저리 열리고 먼데 하늘이 알알이 들어와 박히'던 시절이 있었다. 그 시절의 사람들은 너를 친구로 여겼다. 너는 그들의 재산과 인명을 지켰고 사람들은 그 보답으로 네게 먹을 것을 주었다. 들판에 불이 난 줄도 모르고 술에 취해 잠을 자던 주인을 구하고 너는 대신 타죽기도 했다.

그 시절 너는 전설이었다.

언제부턴지 사람들은 마당이 없는 집에 살게 되었다. 집 안이 들여다보이는 느슨한 울타리 대신 빛 한 줄기 통과하지 않는 단단한 벽에 스스로를 가두었다. 재산은 은행과 게이트맨이 지켰고 목숨은 보험회사가 책임졌다.

사람에 대한 너의 기나긴 우정과 충직은 은행과 벽과 보험회사에 밀려 점점 발붙일 자리가 없어졌다. 대신 애완견이 되어 빈 아파트를 지켰다. 특별히 하는 일 없이 먹고 자고 싸고 치장하는 것이 전부가 된 너는 주인의 애정이 식으면 슬그머니 버려지기도 했다. 밤거리에, 공원에, 산에. 너를 버리면서 사람들은 자신의 죄도 함께 버렸다.

잊었다고 생각한 죄는 그러나 등산로에 너희들이 나타나 사람들을 위협하고 먹을 것을 빼앗는 일을 일삼는다는 뉴스가 나가고부터 다시 스멀스멀 되살아나 사람들의 심기를 불편하게 했다. 어쩌면 사람들이 사살하고 싶었던 건 네가 아니라 자신들의 죄였는지도 모른다.

숲에 버려진 너는 처음에는 나뭇잎 흔들리는 소리, 고라니 새끼의 잔망스런 눈망울에도 놀랐다. 배고픔은 또 어찌하고. 너를 버리기 전 사람들은 숲에서 살아가는 법에 대해 아무 것도 알려주지 않았다.

뭐가 잘못된 걸까. 누가 잘못한 걸까. 네가 여기 산 속에 있게 된 건 단지 사람들의 실수라고, 곧 주인이 데리러올 거라고, 인간과 너의 우정은 영원할 것이라고 너는 굳게 믿었다. 그런 기대와 간절함이 너를 인적이 많은 등산로 가까이에 붙박여두었다.

님 침스키(Nim Chimpsky) 얘기를 해주마. 오랫동안 스스로를 인간이라 믿었던 침팬지 말이다. 언어가 인간의 고유한 능력인지 아닌지 알아보기 위한 프로젝트의 일환으로 님은, 태어난 지 열흘 만에 뉴욕 맨해튼 중산층 인간 부모의 가정에 입양되었다. 인간 부모에게 안겨 잠이 들었고 인간의 옷을 입었으며, 화장실을 이용했다. 콜라를 즐겨 마셨고 포크로 스파게티를 먹었고 자신의 생일 케잌에 스스로 불을 붙였다. 매일 수화 교육을 받고 수화로 인간과 소통하고 방송에도 출연했다.

하지만 자랄수록 그는 자신의 야생성을 드러냈다. 자주 인간을 물었고 수화는 어느 시점을 지나고부터는 큰 진전이 없었다. 결국 프로젝트 책임자는, 침팬지는 그저 침팬지일 뿐 인간이 될 수 없다는 결론을 내리고 님을 인간에게서 떼어내 우리로 보냈다.

우리에 갇혀서도 그러나 님은 여전히 인간의 생활방식을 모방하고 인간에 대한 애정에 목말라했다. 침대와 콜라를 요구하고 잡지를 뒤적였다. 옛 인간 친구가 찾아오면 입 맞추고 포옹했다. 그런가하면 자신에게 젖병을 물리며 키운 최초의 인간 어머니에게는 분노를 표시하기도 했다. 철창에 들어온 그녀의 발목을 낚아채 바닥에 질질 끌고 다녔던 것.
 그 후 님은 동물보호소, 간염백신 실험 연구소 등을 전전 긍긍하다 심장폐색으로 26세에 생을 마감했다. 침팬지의 평균 수명 50세에 훨씬 못 미치는 나이였다.
 님과 마지막 십 년을 같이 했던 번(Chris Byrne)은 철창에 갇힌 님이 이렇게 묻는 것 같았다고 회고했다. "내가 왜 여기 있는 거지? 왜 이렇게 우리에 갇혀있어야 해?"
 너도 님처럼 이렇게 묻고 있었다.
 왜 나는 버려진 거지? 나는 누구지?
 네 먼 조상은 지금의 너처럼 숲에 살았다. 그 누구보다 용감하고 늠름했다. 은빛으로 빛나는 아름다운 털과 바람보다 빠른 날렵함을 지녔다. 보름달이 뜨면, 차디찬 우물에서 울려나오는 것 같은 소리로 숲의 밤을 노래했다. 짖지 않고, 노래했다. 살아있는 것들은 그 노래의 냉기와 깊이에 소름이 돋았다. 그들은 또한 누구보다 자신을 사랑했다.
 먹을 것을 대가(代價)로 다른 존재에게 충성을 맹세하지는 않았다. 철저히 제 손으로 먹을 것을 구했다. 우정은, 그렇게 자신을 사랑하고 자신의 삶을 책임지는 대등한 존재들 사이에서 생겨나는 거라고 그들은 믿었다. '버리고 버림받는' 관계, 침팬지인지 인간인지 헷갈리는 관계, 견공(犬公)도 되고 개새끼도 되는 관계는 그들은 애초에 맺지 않았다.
 7월의 장마에 숲은 축축하고 무겁다. 비를 머금은 나무줄기는 늪처럼 검어 오래 보고 있으면 나무속으로 빨려 들어갈 것 같다. 잠시 빗줄기가 멈추는가 싶더니 이어 세찬 바람. 건너 편 산 중턱 갈참나무숲에서 축제처럼 일제히 나무들이 흔들린다. 미국의 사상가이자 문학자인 헨리 데이빗 소로우(Henry David Thoreau)는 하버드 졸업 후 인적 없는 월든 호숫가에 집을 짓고 혼자 살며 이렇게 숲을 묘사했다.

'조용히 비가 내리는 가운데 이런 생각에 잠겨있는 동안 나는 갑자기 대자연 속에, 후두둑 후두둑 떨어지는 비속에, 또 내 집 주위의 모든 소리와 모든 경치 속에 너무나도 감미롭고 자애로운 우정이 존재하고 있음을 느꼈다. 그것은 나를 지탱해주는 공기 그 자체처럼 무한하고도 설명할 수 없는 우호의 감정이었다........솔잎 하나하나가 친화감으로 부풀어 올라 나를 친구처럼 대해주었다. 나는 사람들이 흔히 황량하고 쓸쓸하다고 하는 장소에서도 나와 친근한 어떤 것이 존재함을 분명히 느꼈다.'

 추억은 여전히 인간을 향하고 몸은 체념하듯 숲을 향해 서 있는 너, 어정쩡한 너. 다른 계절에 다시 등산로에서 너를 만날 때는 개 한 마리가 아니라, 바람처럼 빠르고 깃발처럼 환호하며 함성처럼 아우성치는 무엇, 옆에 고운 애인 하나 데리고 나무들 사이로 제왕처럼 휙 지나가는 무엇이면 좋겠다. 너를 본 순간 사람들은 '무한하고도 설명할 수 없는 우호의 감정'과 오래 잊었던 전설을 떠올려도 좋으리.

2013년 7월

곰배령 가는 길은 비가 내렸다

곰배령 가는 길은 비가 내렸다. 계곡에서부터 차오른 안개로 숲은 초입부터 축축하고 어둡다. 잣나무 우듬지에서는 찟찟, 다람쥐가 울고 고목 틈에서는 노래기 두 마리가 사랑을 나눈다.

길섶을 따라서는 고사리와 조릿대, 속새가 푸르다. 3억 년을 살아온 속새 때문일까, 좁고 푸른 산길을 걷는 것은 티라노사우루스니 트리케라톱스니 하는 공룡을 찾아가는 길인 것만 같다.

우산도 우비도 없이, 말도 없이 오래 산길을 걷는다. 하늘이 보이지 않는 오래된 숲에서는 빗방울은 머리 위 나뭇잎에 먼저 떨어지고 그 다음 장난치듯 자잘하게 머리칼이며 얼굴에 흩어진다. 그래도 자꾸 무거워지는 걸음 사이 무심코 바라본 숲 안쪽으로 검은 제비나비 한 마리 그리고 붉은 하늘말나리꽃.

푸른 어둠 속 붉은 꽃은 선명하다 못해 섬뜩하다.

힐긋 보았을 뿐인 꽃 한 송이가 그런데 산길을 걷는 내내 뒤를 따라온다. 비에 젖어 번득이는 날선 도끼와 함께.

'우리가 읽는 책이 우리 머리를 주먹으로 한 대 쳐서 우리를 잠에서 깨우지 않는다면 도대체 우리가 왜 그 책을 읽는 거지? 책이란 무릇 우리 안에 있는 꽁꽁 얼어버린 바다를 깨뜨려버리는 도끼가 아니면 안 되는 거야.' (프란츠 카프카, '변신' 중 '저자의 말'에서)

고운 꽃 한 송이를 보고 왜 뜬금없이 유대인 작가 카프카와 그의 도끼가 떠올랐는지는 모르겠다. 하여간, 도끼와 꽃과 비를 가슴에 안고 곰배령을 오르는 동안 숲 여기저기는 자줏빛 참여로꽃과 수줍은 노루발꽃 그리고 보랏빛 둥근이질풀꽃. 모두 예쁘다. 꽃!

휘파람 불듯 동그랗게 입술을 오므리고 혀끝으로 입천장과 윗니 안쪽을 한 번만 탁 쳐주면 지천으로 피어나는 꽃, 내 인생의 꽃들.

내 20대의 꽃은 뭐니 뭐니 해도 시인 김춘수였다. '나는 너에게 너는 나에게 잊혀지지 않는 하나의 의미'가 되고 싶어 조바심치고 설득하고 분투하던 긴 시간. 그러다 결혼을 하고 아이를 낳으면서 김춘수는 슬그머니 베란다 라면상자 안으로 사라졌다. 대신 세 살짜리 아이가 내 인생의 유일한 꽃이 되어버렸다. 막대기 하나씩 주워들고 하릴없이 아파트 단지를 산책하던 어느 봄날, 만개한 영산홍 앞에서 아이가 갑자기 걸음을 멈추었다. 그리고 외쳤다.

-꽃!

아이는 이후 온 아파트 단지를 뛰어다니며 꽃, 을 연발했다. 동네 누나 꽃무늬 원피스까지 잡아당겼다. 현실의 꽃을 통해 아이는 '꽃'이라는 '개념'의 세계로 막 점프하고 있었던 것. 이런 의미 있는 녀석 같으니라구.

 이후 더 많은 개념들을 배우고 익히기 위해 아이는 학교와 학원에 보내졌고 나는 아이의 건강과 미래를 위해 미련 없이 내 인생의 꽃들을 고기와 생선, 싱싱한 과일과 바꿨다. 그렇게 내 인생의 꽃들은 사라졌다. 그러다 곰배령 깊은 숲에서 만난 푸른 어둠 속의 하늘말나리꽃. 이제 나는 꽃을 어떻게 바라보아야하는 나이가 되었을까.

 곰배령을 오르는 동안 가슴에 담아온 하늘말나리 한 송이는 마치 숲의 심장이기라도 하듯 조금씩 고동치기 시작했다. 뜨거워지고 붉어졌다. 주변의 나무와 풀은 그 붉은 심장 하나를 빛나게 하기 위해 무채색으로 가라앉고 안개는, 골짝 골짝 누비며 하늘말나리 아닌 것들의 형체와 색을 지웠다. 검은 허공에 하늘말나리 한 송이만 홀로그램처럼 선명했다.

 그런데 가만 생각해보면 하늘말나리는 저 혼자 피어난 것이 아니었다. 숲 전체가 그를 키웠다. 나무뿌리는 토양 깊은 곳에서 먹을거리를 길어 올려 그에게 나누어주었고 새는 노래를 불러 그를 아름답게 했다. 바람은 부채질을 해 그의 피가 그의 몸을 골고루 돌게 하고 계곡은 기꺼이 그의 목을 축여주었다. 햇살은 그의 잎을 푸르게 했으며 밤은 단잠을 재우고 달은 꿈을 꾸게 했다.

 고작 한 송이 꽃에 숲은 각자가 가진 것을 아낌없이 내어주었다. 몸과 마음을 주었다. 그리고는 숨 죽여 기다렸다.

검은 산제비나비가 문득 그 명징한 주홍빛 꽃을 발견하고 그에게 날아가는 순간을, 하늘말나리 오직 그 한 송이에 내려앉는 사랑의 순간을. 그 순간에는 다람쥐도 울지 않았다.

 그것은 연대(連帶)였다. 숲의 모든 것들이 힘을 합쳐 피워낸 아름다운 연대 말이다. 러시아의 사회사상가 크로포트킨(P.Kropotkin)은 '상호부조(相互扶助)론'에서 이렇게 썼다. '끊임없이 서로 싸우는 종들과 서로 도움을 주는 종들 중 어느 쪽이 적자(適者)인가? 자연을 관찰해보면 의심할 여지도 없이 상호부조의 습성을 가진 동물들이 적자임을 바로 알게 된다. 상호부조는 상호투쟁과 마찬가지로 지극히 기나긴 인류의 진화과정 속에서 유전된 본능이며 자연법칙이다. 그런데 생존경쟁에서 살아남기 위해서는 특히 종이 계속 진화하기 위해서는 상호부조의 법칙이 훨씬 중요하다........(중략)......상호부조를 실천하라. 관목이나 숲, 강, 바다에서 우리에게 전해져오는 슬로건은 바로 이것이다.'

 이제 열일곱 살이 된 아이는 오늘 밤에도 변함없이 학원에 간다. 세 평 남짓한 C-2반에서 부등식, 원의 방정식, 함수, 유전법칙, 벡터를 배워올 것이다. 그중 '연대'라는 개념은 혹 있을까.

 있으면 좋겠다는 생각 또는 없으면 좋겠다는 생각을 번갈아하며 심야의 공원을 가로지른다. 공원 끝 대형 마트로 가서는 무한경쟁 열차에 올라탄 아이에게 먹일 싱싱한 고기와 과일을 고른다. 그러면서 자꾸 '최소한의 에너지로 최대한 행복하게 사는 법'이라는 상호 부조 또는 연대를 생각한다.
 우리도 그렇게 살 수 있을까. 경쟁으로 얼어붙은 이 바다, 숨 가쁘고 외로운 바다를 연대의 꽃잎으로 깨부술 수 있을까. 고작 꽃으로 만든 도끼 하나로. 그리하여 다시 '나는 너에게 너는 나에게 잊혀지지 않는 하나의 의미'가 될 수 있을까.
 곰배령 정상에 마침내 닿자 령은 대답 대신 세찬 비와 바람으로 사정없이 내 머리칼이며 목덜미를 후려쳤다.

2013년 8월

박각시 오는 저녁

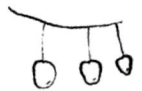
아직 바람 차던 올 3월, 일행과 함께 산을 오르던 그는 갑자기 낮은 재 하나를 눈앞에 두고 먼저 내려가겠다고 했다. 산을 오르기 전부터 이미 적당한 때 혼자 하산하리라 마음먹었는지 아니면 재를 보자 내려가고 싶은 생각이 들었는지는 모르겠다. 함께 산행을 마칠 줄로 알았던 일행은 뜨악하게 그를 바라보았지만 그 즈음 그의 어려운 사정과 심정을 잘 알고 있던 나는 그를 향해 그저 보일 듯 말 듯 고개만 끄덕여주었다. 일행이 찔레덩굴 옆에 점심을 펼치는 동안 나는 멀어지는 그의 뒷모습을 다문다문 바라보았다. 몇 개월 새 어깨는 더 얇아지고 허리춤 역시 헐렁해진 것 같았다.

그는 왼쪽으로 난 굽이를 돌아 조금 더 올라가 재에 닿아서는 곧 그 너머로 사라졌다.

3월의 산은 아직은 잎 한 장 돋지 않아 맨 나뭇가지들 사이로 먼 능선 침엽수까지 단박에 눈에 들어왔다. 그의 행로 또한 훤했다. 그는 옆길로 새거나 숲으로 들지 않고, 오래전 사람들이 낸 익숙한 길을 따라 올라가고 내려갔다. 그는 아마 늘 가던 곳으로 갔을 것이다. 평생을 그러했던 것처럼.

 일행과 함께 후식으로 나누어먹은 달디 단 양갱은 그날은 별로 달지 않았고 커피는 쓰고 텁텁했다. 이후 반년이 지나도록 그의 소식은 듣지 못했다.

 그러다 여름 지나고, 햇살 좋고 바람 적당히 칼칼한 9월이 되자 양갱과 커피를 챙겨 다시 그 산을 올랐다. 계곡은 오래된 야광나무 열매가 꽃처럼 붉고 오솔길 길섶은 보랏빛 물봉선에 분홍 고마리, 수크령 꽃이삭이 빼곡하여 한 사람 지나가기도 빠듯했다. 간간이 궁궁이 흰 꽃이 낮달처럼 희미하고, 노랑물봉선 주위로는 박각시가 요란하게 붕붕 소리를 내며 날아다녔다.

 까실한 짚신나물 열매는 털어내면 털리는 듯하다 어느새 장갑이나 허벅지에 빼꼼 달라붙어서는 미안해하며 나를 따라왔다. 이 나무 저 나무 칭칭 뒤덮은 푸른 칡은 금방이라도 꿈틀거릴 것 같고 횡으로 종으로 허공을 가른 다래덩굴은 함부로 마당에 부려놓은 세간처럼 어지러웠다.

 9월의 오솔길 그 굽이굽이는 풀잎과 나뭇잎으로 푸르고 무성했다. 잎 나지 않았을 적에는 서너 굽이쯤 한 눈에 꿰어지던 것이 잎 무성한 지금은 다음 굽이도 짐작이 가지 않았다. 문득 잎 한 장 나지 않은 3월의 산길로 휑하니 사라진 그가 떠올랐다. 소식 없던 그의 휑한 반년도.

 3월의 그가 다시 이 길을 걷는다면, 걷다가 '먼저 갈게' 하고 다음 굽이에서 사라진다면 나는 그가 어디로 가버렸는지 짐작할 수 있을까.

 이런, 그만 나뭇잎 속으로 들어가 버렸군.
 내가 본 것은 거기까지이므로 나는 그렇게 믿었을 것이다. 그리고 시인의 시를 빌어 이렇게 상상하겠지.
 박꽃에 박각시 붕붕 날아드는 저녁, 열심히 들일을 하고 집으로 돌아온 그는 앞뒷문 확 열어젖히고 당콩밥에 가지 냉국을 먹으리. 그리고 멍석을 들고 뒷동산에 올라 동네사람들과 바람을 쐬겠지. 풀밭에서는 돌우래며 팥중이며 풀벌레들이 산 하나가 들썩이도록 울어대고 하늘엔 별이 마당에 널린 잔콩마냥 빛나리라……

 '당콩밥에 가지 냉국의 저녁을 먹고 나서 바가지꽃 하이얀 지붕에 박각시 주락시 붕붕 날아오면 집은 안팎 문을 횅 하니 열젖기고 인간들은 모두 뒷등성으로 올라 멍석자리를 하고 바람을 쐬이는데 풀밭에는 어느 새 하이얀 대림질감들이 한불 널리고 돌우래며 팥중이 산 옆이 들썩하니 울어댄다. 이리하여 하늘에 별이 잔콩 마당 같고 강낭밭에 이슬이 비 오듯 하는 밤이 된다.' (백석 '박각시 오는 저녁')

 오래 속을 터놓고 지낸 사이건 맨숭맨숭하게 지낸 사이건, 무리에서 떨어져가는 사람의 뒷모습을 지켜보는 일은 쓸쓸하다. 뒷모습을 보이고 걸어가는 이의 길은 그래서 잎 한 장 나지 않는 3월이 아니라 늘 푸른 9월이면 좋겠다. 뒤에 남아 그를 지켜보는 사람들이, 그가 삶의 뻔한 행로를 따라

간 것이 아니라 무성한 나뭇잎 문을 열고 박각시 오는 저녁 마을로 들어간 거라고 믿을 수 있도록.

  그가 사라졌음직한 9월의 푸른 칡덩굴 굽이에 멈추어 서서, 덩굴이 만들어낸 작은 공간에 비죽 모가지를 들이밀고 안을 살펴보았다. 덩굴 안에는 그가 남기고 간 뒷모습 같은 서늘한 그늘이 들어있다. 나는 그 그늘을 집으로 데려와 꿈을 꾸었다. 내가 혹은 우리가 지금과는 조금 다른 방식으로 살아도 되지 않을까 하는 그런 꿈 말이다.

2013년 8월

나무의 꿈

광릉수목원 산림박물관 앞에는 늙은 비술나무 한 그루가 있다. 가늘고 여린 연회색 잔가지들이 뭉텅이 뭉텅이 아래로 늘어져, 멀리서보면 작은 분수 여럿을 거느린 커다란 분수 같다. 자잘한 잎들은 이 계절에는 벌써 반나마 떨어져, 우듬지를 빼고는 나무는 전체적으로 휑하다.

거북이 등처럼 갈라진 회백색 수피를 따라 오래전 북청 물장수가 퍼부었을 성 싶은 흰 액체가 길게 말라붙어있다. 그 빛깔이 아련하고 아득해 나무는 꿈을 꾸는 것만 같다. 나무가 꾸는 꿈은 무엇일까.

떠나보낸 자식들의 무탈과 번영일까. 아니면 어느 노래 가사에서처럼 '딱따구리 옆구리를 쪼아도 벌레들 잎사귀를 갉아도' '가지 끝 열어 어린 새에게 밤하늘'을 보여주는 것일까. 그도 아니면 한 걸음 움직여보는 것일까.

나무는 지구상의 어떤 생물보다 오래 살고 높이 자란다. 그래서 사람들은 옛날부터 나무를 '우주목 또는 신목'으로 추앙해왔다. 신의 뜻이 그를 통해 전해지고 인간의 소망 또

한 그를 통해 하늘에 닿는, 땅과 하늘의 유일한 매개자로 여겨졌다.

프랑스 수목학자 자크 브로스(Jacques Brosse)에 따르면 '우주의 축인 이 나무의 뿌리는 지하 깊숙이 박혀있고 가지들은 천상에 닿아있었다. 이 나무를 통해 하늘에서 불이 내려왔고 나무는 구름들을 모아 엄청난 비를 내리게 했다. 곧게 뻗은 나무는 천상과 지하의 심연을 연결해주었고 그로써 우주는 영원히 재생될 수 있었다. 뱀은 나무의 뿌리를 휘감고 있었고…….(중략)…….신들도 이 나무에서 휴식을 취하곤 했다.' 북유럽신화에 나오는 이그드라실(Yggdrasil)이라는 물푸레나무가 그렇고 이집트의 무화과, 북아시아의 전나무, 시베리아의 자작나무, 중국의 부상(扶桑)이 또한 그렇다.

산해경(山海經) 해외동경편(海外東經篇)에 나오는 부상은 동쪽바다 해가 뜨는 곳에 사는 거대한 뽕나무인데 높이가 3백리나 되고 둘레가 2백 아름이 넘는다. 태양이 열 개이던 시절 각각은 탕곡(湯谷)에서 목욕을 하고 아홉 개는 부상의 아래가지에, 한 개는 윗가지에 머무르며 다음날 아침이면 차례대로 세상에 떠오르곤 했다.

광릉의 오래된 비술나무, 그의 꿈도 어쩌면 지구의 중심에 뿌리를 내리고 신들의 나라에 우듬지를 뻗는 것일까. 직립한 줄기 하나로 지하와 지상, 천상을 망라하는 것일까. 그렇다면 그의 꿈은 광대하면서도 일견 무모하다. 세상에는 그런데 그런 무모한 꿈을 꾸는 이들이 나무 말고도 많다.

인어공주가 그렇고 위대한 개츠비가 그렇다.

 인어공주 아리엘(The Little Mermaid), 그는 사랑에 목숨을 걸었다. 말을 잃는 대신 왕자에게 다가갈 인간의 다리를 얻었다. 하지만 얼어붙은 목소리로는 끝내 왕자의 입맞춤을 부르지 못했다. 육지로 나온 지 사흘째 되던 날 해가 서산을 넘자 아리엘은 한 줄기 물거품으로 변해 허공으로 사라지고 만다.

 개츠비(The Great Gatsby)는 또 어떻고. 전쟁터에 가있는 동안, 사랑하는 여인 데이지가 다른 남자와 결혼해버리자 오직 다시 데이지를 만나겠다는 일념으로 악착같이 돈을 벌고, 마침내 데이지가 사는 곳과 강 하나를 사이에 둔 곳에 대저택을 구입해 매일 밤 파티를 연다. 파티 소식이 데이지의 귀에까지 전해지기를, 그래서 한 번이라도 데이지를 만나게 되기를 바랐던 것.

 소원대로 다시 데이지를 만나 사랑을 키워가지만, 혹은 키워가고 있다고 믿지만, 어느 날 개츠비의 차를 몰던 데이지는 실수로 사람을 치어 죽게 만든다. 그러자 개츠비는 데이지가 아닌 자신이 그 차를 몬 것으로 꾸미고 데이지와는 야반도주를 계획한다. 하지만 달아나기로 약속한 날이 되자 데이지는 끝내 나타나지 않고, 초조하게 데이지의 전화만 기다리던 개츠비는 그날 새벽, 차에 치어죽은 여인의 남편이 쏜 총에 맞아 생을 마감한다.

 사랑에 목숨을 건 둘의 꿈은 광대하다. 그리고, 무모(無謀)하다. 무모의 대가로 둘은 삶을 죽음과 바꾸었다.

멀리 비술나무 줄기를 따라 길게 말라붙은 희미한 빛은 이루지 못한 그들의 꿈같다. 도감을 뒤져 비술나무를 찾는다. 느릅나무과, 낙엽교목, 잎은 어긋나기이며 피침형 타원상 난형, 겹톱니, 취산꽃차례, 수술은 4~5개이며 암술대는 두 갈래로 갈라지고 백색 털이 밀생, 열매는 시과(翅果).

비술나무에 대한 설명은 이것이 전부다. 그런데 이것으로 무엇을 알 수 있을까. 한 존재의 꿈, 비애를 읽어낼 수 있을까. 사랑과 실패를 짐작이라도 할 수 있을까.

보스포루스(Bosphorus)에 가는 게 꿈이라는 친구가 있다. 보스포루스는 지중해와 흑해를 잇는 너비 3킬로미터의 좁은 해협이다. 그 바다를 사이에 두고 동양과 서양이 마주 보고 있다. 동양에 서서 바다 건너 서양을 보며 술탄의 커피를 한 잔 마시는 것이 그의 꿈이란다.

그렇게 말할 때의 그는 매번 흙먼지 이는 길거리 자판기에서 사백 원짜리 맥심을 뽑고 있었다. 나는 그가 술탄의 커피를 마시러 거기 가는 게 아니라 울기 위해 보스포루스로 가려는 것 같이 생각되었다.

시월의 수목원 한 귀퉁이는 고요하다. 바람이 휘젓고 간 상수리나무에서는 싸르르르, 몽돌 사이로 바닷물 빠져나가는 소리가 난다. 밀잠자리는 햇살을 등에 지고 제 자리서 정지비행을 하고 달뿌리풀에 반쯤 가린 왜가리는 물고기는 잡을 생각은 않고 긴 모가지만 두리번거린다. 그깟 인어 한 마리가 '인어공주'로 사랑받고, 사내 개츠비가 '위대한' 개츠비로 추앙받는 이유가 뭐냐고 묻는 것 같다.

개츠비의 삶에는 늘 푸른 에머랄드등(燈)이 켜져 있었다. 강 건너 부두 끝에서 밤새 빛나는 그 등불은 데이지의 저택으로 이어졌다. 그 빛은 개츠비를 살아있게 하고, 열망하게 했다. 그 등불이 꺼지자 마침내 개츠비의 삶도 사라졌다.

 인어와 개츠비, 그리고 늙은 비술나무 한 그루를 아름답게 만든 건 그렇다면 그들이 꾼 무모한 꿈이다. 부질없는 꿈 말이다. 그런데 그 이룰 수 없는 꿈은 정말 나무와 개츠비와 인어의 꿈일까 아니면 나무를 빌어 우리가 꾼 꿈일까.

2013년 10월

호랭이를 기다리며

찬 비 내리는 11월의 동물원은 쓸쓸하다. 집을 싸 단체로 이사라도 가버렸는지 기척이 없다. 맹수 우리 쪽을 힐금거리다 동물원 가장자리를 따라 난 산림욕장에 들어선다.

자잘한 보라색 작살나무 열매들이 봄꽃처럼 환하다. 이맘때면 어두운 숲을 알전구처럼 밝히던 생강나무 노란 잎은 올해는 무슨 이유에선지 우중충하고, 산벚나무 잎은 수심(愁心)에 잠긴 듯 붉고 어둡다. 어느 나무보다 높이 자란 상수리는 생크림 풍성한 커피처럼 다정한 갈색이고 아카시는, 한여름의 녹색에서 두어 겹 퇴색해 연하게 흔들리는데 그 사이로 늦털매미 울음소리. 연한 잎에서 번지며 내려와서일까 눈이 감기듯 아련하다.

턱 치켜들고, 마치 그렇게 치켜들면 찬 가을의 매미가 보이기라도 할 듯 주변을 두리번거리는데 맞은편에 초로(初老)의 여인. 비 오는 진창길을 신발 벗어 양손에 들었다. 맨발이다.

찰박찰박 찰박찰박.

여자가 곁을 지나간 지 꽤 되었는데도 여자의 맨발이 차가운 진창길에 닿으며 나는 소리가 아직도 귓가에 들리는 듯하다. 건강을 위해서인지 대지와 교감하고 싶어선지 아니면 중대한 결심을 앞두고 있거나 혹은 기왕의 결심을 허무느라 그러는지는 모르지만 여자는, 평온한 얼굴을 하고 있는데도 풍겨나는 기운은 결연하다. 시리고 질척할 여자의 발에 생각이 미치자 내 손이 다 시리다.

삼림욕장 가는 길 중간에서 방향을 틀어 저수지를 향해 내려가기로 한다. 넓은 밤나무 공터를 지나 찔레 울타리가 시작되는 곳에 가을을 담은 차고 고요한 저수지가 있다. 저수지 맞은편은 나지막한 능선이 겹겹이 포개졌는데 좌우에서 달려와 가운데서 만나며 깊은 골짜기를 이루었다.

골짝 구석구석은 가을비와 안개가 들어차 일대가 다 뿌옇다. 희미한 풍경 속에 붉은 단풍 저 혼자 서늘하다. 방금 지나온 숲길의 기억을 되살린다. 저건 상수리, 저건 산벚, 그 위는 아카시, 그 옆은 잘 모르겠고. 단풍의 이름을 가늠하는데 문득 가슴이 뭉클하다.

단풍에 대한 사람들의 생각은 단풍만큼이나 다채롭다. 어떤 이는 단풍은 곧 다가올 죽음과 삶의 무상함을 떠올리게 한다고 한다. 사는 게 덧없고 서럽다고도 한다. 또 어떤 이는 단풍은 그저 기온의 저하로 엽록소가 파괴되면서 엽록소에 가려 보이지 않던 다른 색소들이 드러나는 과학적 현상일 뿐 그 이상도 이하도 아니라고 한다. 고집부리지 말고 세상에 순응하는 것이 삶의 이치라는 걸 가르쳐주고 있다고 말하는 이도 있다. 신의 선물이라는 이도 있다. 모두 끄덕 거려진다. 그런데 단풍은 누가 봐도 '변화'다.

 변화란 무엇보다 몸에 '천 개의 눈'을 지니고 천 개의 세상을 보는 것이다.('니체, 천 개의 눈 천 개의 길', 고병천) 영원히 푸를 것을 소망하지도 추억하지도 않는 것이다. 매 시간 1666킬로미터를 내달리는 지구의 역동적인 움직임을 느끼고 시시각각 변하는 태양과 바람의 세기를 가늠하는 것이다. 계절의 무자비에 무력하게 파괴되기 전에 스스로 제 몸의 혈관을 찢고 푸른 엽록소를 터뜨려 노란, 붉은, 혹은 다갈색의 존재로 탈바꿈하는 것이다. 그 형형색색(形形色色)도 마저 떨구고 **뼈**만 남아 마침내 낯선 존재, 새로운 존재가 되어서는 다른 세상, 다른 태양, 다른 바람을 사는 것이다.

 단풍은 그러니까 머리 모양새나 옷 모양새를 바꾸는 것과 같은 단순한 일이 아니고 어쩔 수 없이 환경에 순응하는 일도 아니다. 삶과 죽음의 경계, 이승과 저승의 경계, 변할 것인가 멈출 것인가의 절박한 경계에 서서 마침내 마음을 잡고, 스스로 내면의 오래된 피를 쏟아버리는 일이다. 단풍 든 산에 들어 귀 기울이면 비애를 넘어 성취와 역동이 느껴지는 것은 아마 그 때문인지도 모르겠다.

 터덕터덕 맹수 우리로 내려간다. 코뿔소 우리는 빈 채 풀만 무성하고 고릴라는 숨었으며 원숭이들은 끽끽 비명을 지르며 번잡하게 우리를 돌아다닌다. 숫사자들은 일제히 한 곳을 바라보고 있다. 질척한 그들의 시선이 멈춘 곳은 우리

한 구석 암사자 무리. 차마 집적거리지는 못하고 그저 그림 같이 멈추어만 서있다.

마지막 우리에는 고양이처럼 동그랗게 몸을 말고 한껏 고개를 처박고 지루한 억지 잠을 자는 포유류 식육목(食肉目) 고양잇과 동물. 팻말을 보니 호랑이다.

옛날 깊은 산 속에 꼬부랑 할머니가 살았다. 어느 여름날 할머니가 팥밭을 매는데 갑자기 어흥, 하고 커다란 호랑이가 나타났다. 할멈! 살고 싶으면 나랑 밭매기 내기하자, 할멈이 이기면 내가 이 밭을 다 매 주고 내가 이기면 할멈을 잡아먹고! 아마 이렇게 시작했었다. 팥죽 할머니와 호랑이 얘기는.

재보고 어쩌고 할 것도 없이 내기에 진 할머니는 단풍 곱게 든 가을, 가마솥 가득 팥죽을 쑤어놓고는 너무 슬퍼 엉엉 울었다. 곧 날이 어두워지면 아홉 개의 산을 넘어 무서운 호랑이가 할멈을 잡아먹으러 올 테니까.

바위에 앉아 차가운 김밥 한 조각을 입에 넣으며 조금 전 보았던 저수지를 떠올린다.

이렇게 안개 가득하고 가을비 내리는 날은 겹겹이 포개진 저 골짝에서 얼음장 같은 두 눈을 번득이며 호랑이 한 마리 나타나도 좋겠다. 푸르고 찬 저수지를 건너 안개 속에 검은 줄무늬 뚝뚝 떨어뜨리며, 한껏 견갑골을 드세우고 삼두근과 대퇴근을 일렁거리며, 달과 별을 훈장처럼 달고 어둠을 칭칭 군사처럼 거느리고서.

우리가 이런 날, 굳이 안개 낀 장충단 공원 대신 동물원을 서성이는 건 식육목(食肉目) 고양잇과 잠자는 호랑이를 보려는 것이 아니다.

 우리가 보고 싶은 건 아홉 개의 산과 아홉 개의 골짝과 아홉 개의 물을 단박에 넘어 우리에게 달려오는 날랜 호랭이다. 뜨겁고 붉은 아가리를 벌려 포효하며, 우리 머릿속의 낡고 오래되고 익숙한 생각들을 마구 뒤흔들어대는 무서운 호랭이다. 천 개의 세상을 읽어내라고, 천 개의 모습으로 변화하라고 끊임없이 으르렁거리는 변화무쌍한 호랭이 말이다.

 그런 호랭이는 어쩌면 기꺼이 단풍 들 준비가 되어있는, 적어도 찬 비 내리는 11월의 진창길을 맨 발로 걷는 사람의 눈에만 보이는 건지도 모르겠다.

2013년 11월

겨울왕국

청계산에 이런 곳이 있었는가 싶다. 매봉 지나 옛골 가는 길 능선 바로 아래부터 시작되는 참나무 숲은 산 속이라는 게 믿기지 않을 만큼 넓고 평평하다. 숲 가장자리 낙엽송에서는 다갈색 잎들이 깃털처럼 고요히 떨어지는데 잎이 지는 게 아니라 한 해의 시간이 소리 없이 지는 것만 같다. 그 일대 마른 풀은 제가 먼저 자박자박 사람의 발치로 걸어와 말을 건네려는 듯 수줍게 바스락거리고, 오후의 햇살을 등진 숲의 사면(斜面)은 한층 깊어져 외쳐 부르면 금방이라도 메아리가 나타날 것 같다.

젊은 곤충박사는 손에는 두 뼘 쯤 되는 커다란 핀셋을 들고, 허리춤에는 손도끼를 차고 나무들의 밑동을 유심히 살피고 있다. 그 뒤를 우리는, 마치 그렇게 빛나는 도끼와 커다란 핀셋은 처음이라는 듯 신기한 얼굴을 하고 말없이 따라가는 중이다. 곤충박사가 멈춘 곳은 죽은 참나무를 토막내 쌓아둔 더미 앞. 베어낸 지 오래된 참나무의 표면은 버섯과 이끼, 균사들로 가득하다. 얼룩덜룩하고 축축하다. 곤

충박사가 참나무 껍질의 들뜬 부분에 핀셋을 넣어 살짝 들어 올리자 나무의 뽀얀 속살이 드러난다. 이어 그 안에서 진한 녹색 무당벌레 애벌레와 재빠르게 도망가는 노래기 그리고 불그스름 또는 노르스름하고 단단한 껍질을 가진 청동방아벌레 애벌레. 자다 깨서 그런 건지 원래 그런 건지 많은 발을 달고도 동작은 굼뜨다. 그 옆으로 역시 졸린 듯 느리게 맴돌이를 하는 맵시벌 몇 마리. 겨울잠을 자던 곤충들이다. 갑자기 쏟아져 들어온 빛에 놀라 움직이지도 도망가지도 못하고 그 자리에 얼어붙었다.

찔레덩굴 가시가 바지를 뚫는 것도 아랑곳 않고 나는 허겁지겁 나무 더미로 달려가 나무의 속살 가까이 얼굴을 들이댄다. 심호흡을 하자 깊고 묵직한 향이 몸속으로 들어오며 그 향으로 내가 순식간에 부풀어 오르는 것 같다. 그저 솔향이라든가 싸이프러스향이라든가 샌달우드라든가 하는 식으로는 말할 수 없는 그 향은 텁텁하고 매캐한 죽은 나무만의 향도 아니고 산 것들 특유의 노린내만도 아니다. 산 것과 죽은 것, 죽은 참나무와 산 벌레들이 함께 어울려 갉아먹고 먹히고, 뱉어내고 발효되고 삭아지며 생겨난 향이다. 세상 어느 것보다 신선하다.

죽음도 이렇게 신선할 수 있을까.

내가 어릴 적 죽음은 대부분 산 자들과 함께 했다. 대기조차 흐르기를 멈춘 무더운 여름, 어린 나는 부엌 문지방에 걸터앉아, 언니가 한참 입다 내 차례가 된 늘어진 조끼 런닝 한 쪽을 옆구리께까지 잡아당기며 하릴없이 엄마를 보채곤 했다. 뜨거운 불 앞에서 송송 땀을 흘리며 호박부침개를 부치던 엄마는 그러면 니 심심하나, 하며 부침개 한 쪽을 뜯어 내 입에 넣어주었는데 그러던 중 지루한 여름 한낮을 명료하게 가르며 어디서 맑은 요령 소리가 들려왔다. 엄마는 쫑긋 귀를 기울이고 그길로 곧장 부엌을 나서 밖으로 달려 나갔다.

 닦인 지 얼마 안 된 청결한 신작로를 따라 꽃상여가 지나가고 있었다. 텅 빈 것 같던 동네는 엄마뿐이 아니라 어느새 집집마다 한 사람씩은 나와 신작로 가장자리를 따라 늘어서있게 되었다. 상여가 지나는 순간에는 사람들은 말을 아끼고, 허름한 옷매무새를 가다듬으며, 물 묻은 손은 앞치마에 닦아 가지런히 하고 꽃상여가 개울 위 다리를 건너 마침내 시야에서 사라지는 것을 고요히 지켜보았다.

 상여가 지나간 자리, 먼 제방 둑 양버들나무 우듬지에서는 여린 이파리들이 상여꾼이 남기고 간 상여소리처럼 오래 아련하게 흔들렸다. 무더위가 다시 정적처럼 신작로를 채우면 그제야 나는 엄마 치맛자락을 잡고 누구야, 하고 물었는데 그러면 엄마는 경건하면서도 서글픈 얼굴을 하고 이렇게 말했다.

 -나도 모르지.

 모르는 사람의 저승 가는 길, 그 길에 사는 사람이면 의당 하던 일을 멈추고 신작로로 달려 나와 그를 배웅하는 것, 그것이 어린 내가 처음 본 죽음의 풍경이었다.

 또, 우리 할머니는 그 당시 대부분이 그랬던 것처럼 집에서 돌아가셨다. 이승에서의 마지막 숨을 집에서 내뱉었고 그 후로도 며칠을 삼베로 만든 홑이불에 싸여 집에 누워계셨다. 어린 나는 몰래 작은 방에 들어가 할머니를 덮은 삼베를 살짝 걷어 그 얼굴에 손을 대고는 어찌 이리 차고 축축할까 오래 근심했었다.

 어릴 적 내가 아는 죽음은 그러므로 집 그리고 산 자들과 굳건히 연결되어 있었다. 사람들은 집에서 죽음을 맞았고 죽은 자들은 마치, 양옆에 도열한 푸른 나무들의 경례를 받듯 낯선 동네 낯선 사람들까지의 배웅을 받으며 집을 떠났다.

 그런데 언제부터일까. 부끄러운 일인 듯 불명예인 듯 죽음이 집에서 쫓겨나다시피 하며 병원 한 귀퉁이로 밀려난 것은, 산 자들로부터 완벽히 차단된 것은, 삶과 죽음 사이의 벽이 갈수록 높아지며 그럴수록 죽음은 더 두려운 것이 된 것은.

 어느 산 어느 절에 가면 천 년 넘은 은행나무가 산다. 그게 은행나무인 것은 누구나 안다. 그런데 그걸 꼭 은행나무, 라고만 부를 수 있을까. 자세히 보면 오래된 가지가 떨어져나간 검은 옹이에 다른 생명들이 산다. 새가 먹고 버린 씨앗이 하필 거기서 싹 터 옹이 한가운데는 어린 구기자가 살고, 그 옆 옹이에는 또 한 뼘 만하게 자란 어린 느티나무가 산다. 한 옹이에 이끼도 살고 애기똥풀도 산다. 벌레가 살고 동고비가 산다. 아래쪽 텅 빈 줄기 속에는 바람도 산다. 도깨비도 산다. 도깨비 얘기를 해주던 할머니가 살고 할머니가 사랑한 할아버지도 산다. 햇살도 귀찮으면 그 그늘에 쉬었다 간다. 나무는 또, 살면서 동시에 죽는다. 표면의 형성층이 왕성히 분열하며 더 크게 자라는 한편, 그간 자란 내부는 굳어 죽음이 된다. 죽음을 굳건히 안고 야 삶이 우뚝 서는 것이다.

한 몸에 사는 다른 것들 그러니까 구기자의 몸과 느티나무의 몸, 애기똥풀의 몸과 동고비의 몸, 삶과 죽음이 천 년간 얽히고설켜 된 것을 단지 은행나무, 이렇게 불러도 될까. 구기자의 생각, 느티나무의 생각, 동고비의 생각, 바람의 생각이 천 년째 뒤엉키며 녹아들어 지금의 사유(思惟)가 된 것을 그냥 은행나무의 생각, 하고 말해도 될까.

-고향 부모님 댁에 가면 장작을 패요. 죽은 나무토막 한가운데서 녀석들을 만나죠. 그런데 그건 말하자면, 일종의 왕국이에요.

들어 올렸던 죽은 나무껍질을 다시 정성스레 덮으며 곤충박사가 말한다.

다른 겨울 곤충을 찾아 총총히 자리를 옮기는 곤충박사와 일행의 뒷모습을 눈으로 좇으며 나는, 산 것과 죽은 것이 어우러져 빚어내는 겨울왕국의 향기에 빠져 쉽게 발걸음을 떼지 못했다.

2013년 12월

세 남자와 그 소나무

　거기에 그 소나무가 산다는 걸 알게 된 지난봄이다. 가파른 사면을 **빼곡하게** 메운 참나무들 사이에서 그 혼자 여리게 흔들리고 있었다. 거친 바람이라도 불면, 폭설이라도 내리면, 곧 꺾어질 듯 한 모습을 하고서. 아직 활엽수에 잎 나기 전이라 저만치 사면의 먼 그가 눈에 띄었던가 보았다. 그런데 풀도 아니고 진달래도 아닌 소나무에 대해 여리게 흔들린다, 는 표현은 어울리지 않는다.
　우리들의 소나무는 남산 위에 철갑을 두르고 서있어야 하며 바람과 서리에도 불변해야한다. 붉고 굵은 줄기로 지엄한 궁궐을 떠받들어야하다. 그럼에도 그 소나무는 한 뼘이 될까 말까한 얇은 줄기에 키는 또 멀쑥하니 웬만한 참나무만큼 자라서 그야말로 위태롭게 하늘하늘 흔들렸다.
　양지바른 곳을 좋아하고 느리게 성장하는 편인 소나무는, 햇빛이 좀 부족해도 **빠르게** 잘 자라는 참나무를 당해낼 재간이 없다. 사람의 간섭이 없다면 참나무들이 점점 숲을 차지하고 소나무들은 능선 쪽으로 쫓겨 가는 것이 일반적인 숲의 생리다.

그 소나무 역시 무서운 기세로 자라는 참나무들과의 경쟁에서 살아남기 위해 우선 키부터 키워 햇빛을 받으려다 그리 비쩍 마르고 키만 큰 모습이 되었을 것이다.

지난봄 그 소나무를 보며 일행은 한 마디씩 던졌다. 저렇게 사느니 죽는 게 낫다는 비관론에서부터 그 옆의 참나무들을 가지치기해 소나무가 좀 더 햇빛을 받도록 우리가 도와주자는 동정론, 자연의 법칙에 인간이 개입할 이유가 없다는 냉정한 과학적 주장에 이르기까지 사람의 말은 나뭇잎보다 무성했다.

무성한 말과는 달리 그러나 여름이 오면서는 무성한 참나무 잎에 가려 그를 깜박 잊었고 가을에는 글쎄, 단풍구경에 정신이 팔려 그를 잊었다. 겨울 들어서는 산행이 뜸해 그를 잊었다. 잊을 이유는 하여간 많았다.

그러다 해가 바뀌고 며칠 안 되어, 나무를 사랑하는 사람들이 모여 만든 인터넷 카페에 사진 한 장이 올라왔다. 흰 눈을 소복이 맞고 서있는 푸른 그 소나무였다. 녹색이 귀한 계절, 듬성듬성한 바늘잎에 흰 눈을 얹고 있는 그는 혼자 푸르렀다. 여전히 코스모스 같은 여린 줄기를 하고서.

그런데 이 겨울의 그는 지난 계절들과는 달랐다. 우스꽝스러운 외모는 그대로였지만 붉은 줄기와 푸른 바늘잎에서 뿜어져 나오는 빛이 섬뜩하도록 형형(炯炯)했다. 간밤 내도록 울다 동틀 녘 마침내 신산한 마음을 잡고 두 뺨의 눈물을 닦는 어린 애인의 얼굴처럼 깨끗하고 신선했다.

그 산에 사는 버드나무 한 그루가 떠올랐다. 비바람 치던 밤인지 눈보라 치던 밤인지 번갠지 뭣인지에 맞아 줄기가 부러지며 그는 땅에 쓰러졌다. 밑동만 남은 그것에서 그런데 얼추 백여 개는 넘는 잔가지들이 돋아났다. 그중 몇은 높이 자라 한 그루 나무의 형상을 하고 다시 사방으로 가지를 내었다. 숲의 형상을 했다. 유혈목이가 소리 없이 돌아다니고 오목눈이가 둥지를 꾸며도 좋을 만큼 무성했다.

 나무라는 것이 물론 사람과 다르기는 하다. 팔 하나가 잘린다고 다시 새 팔이 돋지는 않는 사람에 비해, 몸에 수백 개의 눈을 지닌 나무는 줄기가 통째 부러져도 뿌리가 땅과 연결돼있으면 많은 경우 다시 잔가지가 돋아 좌우로, 위로 자라고 또 자란다. 뻗고 또 뻗는다. 생존을 향한 그의 의지는 강렬하고 때로 극악해 그 앞에 선 느슨하고 유약한 나는 가끔 그 치열함에 질리기도 한다.

 눈 내리는 계절, 볼품없는 그 소나무를 빛나게 한 것은 아마 그러한 치열함이었을 것이다. 치열이 그를 고독하게 하고 고독이 다시 그를 빛나게 했을 것. 그러고 보면 치열은 어쩌면 아름다움의 발원지(發源池다). 퐁퐁퐁 솟아나 샘이 되고 강이 되고 마침내 바다가 되는 장대한 아름다움의 발원지인 셈이다.

 그런데 다시 생각해보면 그 소나무가 지난봄에는 치열하지 않았다가 눈 온 계절에 갑자기 치열해졌을 리는 없다. 나무, 그는 날 때부터 치열했다. 살아있는 내내 치열할 것이다. 치열하지 않았던 건, 치열하지 않은 눈으로 바라보았던 건, 나무가 아니라 바로 나. 그렇다면 나는 그간은 왜 비루하다가 지금은 치열한 시선을 가지게 되었을까.
 지난해 새로 세 명의 남자를 만났다.
 첫 번째 남자, 그는 나무에 관해서라면 아는 게 많다, 라기 보다 모르는 게 거의 없다. 그의 나무 수업은 특히 엄격하다. 일사천리에다가 집요하고 무뚝뚝하고 농담 불가(不可)다. 진지하게 고민하지 않고 하는 질문, 준비 없이 하는 질문에 대해서는 가차 없다. 앞만 보고 간다.
 그런 그가 그런데 머뭇거리는 순간이 있으니, 학생들에게 겨울눈을 설명하기 위해 어쩔 수 없이 잔가지를 꺾을 때다. 나무라는 게 본래 잎눈이며 꽃눈이며 가지며 수두룩하여 잔가지 몇 개 잘라낸다고 어떻게 되는 건 아닌데 그는 굳이 위험을 무릅쓰고 비탈에 선 나무의 뒤로 돌아가 위태롭게 서서 오래 잔가지들을 살핀다. 힘차게 뻗어나갈 놈, 튼실한 놈은 자르지 않으려는 배려다. 그렇게 머뭇거리는 순간의 그는 비로소, 유일하게 다정해진다.
 두 번째 남자는 곤충 전문가. 겨울잠에 든 곤충을 살피러 간다기에 따라나섰다. 죽은 나무의 껍질을 들추며 지네며 방아벌레며 설명해주는데 신기하고 재미있어 다른 곳도 좀 더 들추고 떼어내 보자고 했더니 차갑게 씨익 웃으며 그런다.
 -측은지심이 있어야 곤충 공부를 계속할 수 있어요.
 세 번째 남자는 인터넷 카페에 그 소나무, 라는 제목으로 사진을 올렸다. 나무를 좋아해 정기적으로 만나는 우리들이 대부분 계절에 취해 흥청망청 노니는 동안 그는 꽃피고 새

우는 봄에도 그 소나무를 염두에 두고, 지루한 여름에도 염두에 두고, 만산홍엽(滿山紅葉) 가을에도 일편단심 염두에 두었던가 보았다. 그러다 눈 내리는 겨울이 되자 그 소나무를 보기 위해 또 홀로 산에 올랐던가 보았다.

이 세 남자들의 힘, 그러니까 첫 번째 남자의 머뭇거리는 순간의 힘과 두 번째 남자의 측은지심 그리고 세 번째 남자의 변함없는 애정의 힘이 얽히고설켜, 그 힘이 시간이라는 대기를 타고 내게 전해지며 나는 비루한 소나무 한 그루를 치열한 소나무 한 그루로 바라볼 수 있게 되었는가 보았다.

그 소나무가 제대로 살아남을지는 아무도 모른다. 폭설이나 비바람에 언젠가 뚝, 줄기째 부러질 것이라는 게 일반적인 예상이다.

세월이 흘러 어느 날 그 등산로를 지나다가 사람들은 기역자로 부러진 그를 보며 혀를 차거나 비웃을지도 모르겠다. 그러나 그 소나무를 기억하는 사람들은 죽음 속에 깃든 그의 치열함의 역사를 기억할 것이다. 그리고 그중 몇은 그 소나무의 치열함을 온전히 자신의 삶 속으로 데려갈 것이다.

고요히, 천천히, 산에 내리는 눈처럼 소리 없이.

2014년 1월

눈물의 여로

찢어지거나 토막 나거나 꺾이거나 썩은 채로, 나무들이 겨울숲 한가운데를 뒹굴고 있다. 번개라도 맞았을까, 세로로 길게 쪼개져 뽀얀 속살을 드러내고 바닥에 누운 늙은 개버찌나무에는 무수히 잔가지들이 돋았다. 가늘고 날카로워 잔가지가 아니라 비명이 그리 돋은 것만 같다.

 숲 바닥에 어지럽게 널린 낙엽송은 이미 오래 전 숨이 끊긴 듯 물기라곤 없이 검게 말랐고 한 아름은 넘는 우람한 전나무는 지상을 향해 거대한 뿌리를 드러낸 채 숲 바닥에 벌렁 누웠다. 자신들을 덮친 육중한 나무들을 용케 피한 떨기나무들은 죽은 자의 몸 사이사이로 조심스럽게 가지를 뻗었다.

 쓰러진 죽은 나무들 위로는 다래덩굴이며 칡덩굴, 사위질빵들. 원래 큰키나무들의 우듬지에 보란 듯이 얹혀있던 것들인데, 큰키나무가 쓰러지며 함께 무너져 내렸다. 뱀 수백마리가 저희들끼리 얽히고설킨 것처럼 흉하다. 미운 마음이 생기며, 전나무와 개버찌나무와 낙엽송이 쓰러진 것은 전적으로 너희 덩굴들 때문이라고, 제 힘으로 곧게 선 멀쩡한 나무들을 타고 올라가 그것들을 짓누르고 그것들의 목을 조른 너희들 때문이라고, 자업자득이라고, 심술궂게 단정 지어 버린다.

 울창하던 나무들이 쓰러지자 숲은 뻥 뚫리며 하늘이 보이고, 뚫린 그곳으로는 소리 없이 흰 눈이 내린다. 검은 숲은 이제는 봄이라곤 오지 않고 새도 날아들지 않고 바람도 힐긋 눈길만 던지고 비껴갈 것 같다. 영혼이 떠나버린 듯 적막하다. 영혼…….

 나무에 영혼이 있다고 믿은 사람들이 있었다.

 지금은 인디언이라 불리는 그들은 영혼이 떠나버린 마른 통나무만을 골라 땔감으로 썼다. 그리고 나무들도 기쁘면 서로 가지를 스쳐 춤을 추고 노래를 부른다고 믿었다. 배가 고프지 않으면 살아있는 어떤 것도 죽이지 않겠다고 맹세를 했다. 그들의 어미는 숲에서 놀다온 자식에게는 옷을 찢어오건 흙투성이가 되어오건 해가 지고야 돌아오건 잔소리를 하지 않았다. 사람의 영혼은 숲에서 자란다고 믿었으므로. 그들이 사는 곳에 그런데 황금이 묻혀있다는 소문이 돌았다. 어느 날 눈처럼 흰 얼굴을 한 병사들이 찾아왔다. 대검을 꽂은 총으로 무장을 하고 마차 몇 대를 가지고서.

 저 멀리 해지는 곳으로 가라.

 병사들의 대장이 말했다. 대장이 말한 해지는 곳은 그들이 살고 있는 땅으로부터 13,000km 떨어져있었다. 1839년 겨울 그들은 맨 발로, 걸친 옷도 변변찮게, 아기를 안고 늙은 부모를 부축하고 식량도 없이 13,000km 떨어진 서쪽을 향해 걸었다. 병사들은 마차를 타고 가라고 했지만 그들은 걸어서 갔다. 빈 마차를 뒤에 달고 힘들게 걸어가는 그들을 보고 백인들은 멍청하다고 비웃었다.

'그들은 마차를 타지 않았다. 덕분에 체로키들은 무언가를 지킬 수 있었다. 그것은 볼 수도 입을 수도 먹을 수도 없는 것이었지만 그들은 그것을 지켰다. 그것을 지키기 위해서 그들은 마차를 타지 않고 걸어갔다. 고향 산에서 멀어져가자 사람들이 하나 둘 죽어가기 시작했다. 결국 전체의 3분의 1이 넘는 체로키(4,000여명)들이 행진 중에 숨을 거두었다. 병사들은 죽은 사람들을 수레에 싣고 가라고 했지만 체로키들은 시신을 수레에 누이지 않고 자신들이 직접 안고 걸었다. 남편은 죽은 아내를, 아들은 죽은 부모를, 어미는 죽은 자식을 안은 채 하염없이 걸었다. 길가에 서서 구경하던 사람들 중 몇 몇이 울음을 터뜨렸다. 하지만 체로키들은 울지 않았다. 어떤 표정도 밖으로 드러내지 않았다. 사람들은 이 행렬을 눈물의 여로라고 부른다.' ('내 영혼이 따뜻했던 날들' 중에서)

무슨 노랫말처럼, 덕분에 체로키들은 무언가를 지킬 수 있었다, 고 혼자 속으로 중얼거리며 계곡을 따라 걷는데 계곡 가장자리에는 함박꽃나무와 당마가목, 청시닥나무들.

검고 뾰족하며 매끄러운 함박꽃나무 겨울눈은 일견 엄숙하면서도 관능적이고, 청시닥나무 새빨간 잔가지는 거기에 소리가 와서 부딪히면 탕, 하고 총알처럼 튕겨낼 듯 단단하고 매끈하다.

짐승의 발굽을 닮은 당마가목 겨울눈은 흰 털이 수북하여 몽골 초원을 느리게 유랑하는 늙은 낙타 한 마리가 거기 들어있을 것만 같다.

계곡 너머로는 늙은 낙엽송. 우듬지에, 낙서처럼 아무렇게나 굵은 다래덩굴 하나가 얹혀있다. 한눈에도 둘의 연륜은 깊고 무거워, 감은 것과 감긴 것 사이의 오랜 집착과 애증이 대략 헤아려진다. 눈으로 다래를 훑으며 우듬지에서부터 뿌리 쪽으로 천천히 내려오는데 지상에서 1m쯤 떨어진 허공에 다래덩굴의 아랫도리. 막 교수형을 당한 죄수의 두 발처럼 허공에 축 늘어져있다. 낫이라든가 하는 것으로 두 줄기가 단칼에 잘렸다.

아마도 산을 관리하는 사람, 혹은 그 부근을 지나던 사람이 다래가 미워 밑동을 베어버렸는가 보았다. 문득 다래의 삶이 궁금해진다. 그의 삶의 우여곡절이.

큰키나무들에 가려 햇빛 한 줄기 들지 않는 어두운 숲에서 다래 그는 이리저리 몸을 틀며 온기를 뒤졌을 것이다. 햇빛 한 줄기에서 떨어져나간 편린 혹은 편린의 기억조차 허겁지겁 제 몸 속에 집어넣었을 것이다. 그느르아 그는 사람의 생각이 미치지 못하는 아득한 시간을 수천 번 건너고 대륙의 동쪽에서 서쪽을 수천 번 가로질렀을 것이다. 그가 지금의 삶으로 건너올 적에 마차를 타고 왔는지 걸어왔는지는 알 수 없지만 그 여정 또한 '눈물의 여로' 못지않았으리. 그 또한 '울지 않고 어떤 표정도 드러내지 않는' 것으로 자신의 자존을 지켜 지금의 덩굴로 살아남았으리.

 숲 전체로 보면 덩굴은 대개, 오래된 큰키나무와 함께 무너져 내리면서 큰키나무들이 숲을 독차지하는 것을 막고 그 아래 키 작은 나무, 떨기나무, 나지막한 풀과 씨앗들이 새로운 세상을 여는데 일조한다. 허공에서 달랑거리는 다래의 가여운 두 발을 보고야 비로소 그에게도 영혼이 있다는 것을 이해하게 된다.

 덩굴, 그를 이해하는 데 걸린 시간은 그러고 보면 참 길다.

 '내 영혼이 따뜻했던 날들'(by Forrest Carter)에서 체로키 인디언의 후예인 할머니는 어린 '작은 나무'에게 이렇게 말한다.

 '평생 욕심 부리며 산 사람은 밤톨만한 영혼을 갖게 되는데 그런 사람들은 살아있어도 죽은 사람이 되고 만다. 다른 사람들에게서 나쁜 것만 찾아내는 사람, 나무를 봐도 아름답다고 여기지 않고 목재와 돈 덩어리로만 보는 사람은 걸어다니는 죽은 사람이다. 영혼을 더 크고 튼튼하게 가꿀 수 있는 비결은 오직 하나, 상대를 이해하는 데 마음을 쓰는 것뿐이다.'

 영혼이 떠나버린 검은 숲, 그 숲의 다래를 이해하는데 마음을 쓰게 되자 문득 내 속에서도 영혼이, 봄날의 새싹처럼 비죽 지상으로 얼굴을 내미는 듯이 생각되었다.

2014년 2월

먼 데 산을 바라볼 적에

3월에는 자주 강을 건넜다. 강을 건너 남쪽 낯선 동네에 미술심리상담이라는 걸 배우러 다녔다. 도시의 북쪽과 남쪽을 연결하는 철교를 지날 적에 3월의 강 위로는 황사와 스모그가 희뿌옇게 들어차, 강변의 버드나무는 또 고요하기 그지없고 수면은 청둥오리 한 마리 품지 않아 황망했다. 그 즈음 내 심정이 복잡하고 심란해 더 그러했는지도 모르겠다.

상담 교실에서 강사와 나는 매번 부딪혔다. 나는, 미술을 지나치게 개인의 심리와 연결시키려한다고 강사를 못마땅해했고 강사는, 내가 미술심리와 예술을 혼동하는 것 같다고 불편해했다. 강사를 못마땅해하다보니 그가 어디 회사 냉장고를 싸게 샀다고 가볍게 얘기를 건네면 나는 속으로, 그 회사 냉장고가 뭐가 좋다는 거야, 싼 걸 제 값 주고 산 걸 가지고, 하는 식으로 어깃장을 놓게 되었다.

그러한 어깃장은 얼굴에도 그대로 나타나 강사와의 사이는 자꾸 어색해져만 가던 중에 어느 날, 안대로 눈을 가리고 복도를 걸으며 그 느낌을 그림으로 표현하는 수업을 하게 되었다. 눈 가리고 걷는 것은 숲에서도 자주 하던 놀이라 싱거워하며 마지못해 복도로 나섰다. 그런데 막상 나서자 그게 그렇게 싱겁지가 않았다.

 숲이 곡선과 곡면, 열린 공간, 울퉁불퉁하면서도 대체로 부드러운 질감으로 이루어진 세상이라면 손끝에 읽히는 복도는 직선과 모서리, 어디에 손을 대나 매끈하고 차가운 내장재, 굉음을 내며 머리 위로 내리꽂히는 쇠창살처럼 불안하게 내 여린 몸을 위협하는 단단한 벽으로 가득 찬 세상이었다. 눈을 뜨고 걸을 때는 있는지조차 의식하지 못하던 모서리는 눈을 가리자 바람을 가득 안은 돛처럼 눈앞에서 금시라도 부풀어 올라 눈이며 머리며 푹 베고 들어올 기세였다.

 아일랜드 화가 프란시스 베이컨(Francis Bacon)의 그림이 떠올랐다. 잔혹하게 분해되어 방바닥을 구르는 인간의 육체와, 그들이 내지르는 동굴 같은 절규들이. 그를 슬쩍 차용하기로 하고 검은 도화지 가득 흰 색과 붉은색, 푸른색으로 북북 빗줄기를 그렸다. 가운데에는 베이컨이 그랬던 것처럼 빈 의자 하나를 그려 넣었다. 제출하려다, 무슨 이유에선지 빈 의자 위에 우산을 씌웠다.

 잠시 후 우리들의 그림을 한데 모아 벽에 건 강사는 차례차례 수강자들의 심리상태를 분석해 들려주었다. 마지막으로 내 차례가 되었다. 그는 찬찬히, 오래 내 그림을 들여다보았다. 저 그림이 베이컨을 흉내 낸 것이라는 걸 그가 알까. 약간은 오만해져서 나는 그가 분석하는 현재의 나의 심리상태를 들을 준비를 했다. 솔직히는, 무시하고 튕겨낼 준비를 했다. 벽을 바라보던 강사가 이윽고 우리를 향해 고개를 돌렸다. 그리고 입을 열었다.

-음, 저는요. 이 그림을 보면요.......

여기까지 말하고 강사는 목이 멨다. 목이 메서 더 말을 잇지 못했다. 그는 그림 쪽으로 다시 고개를 돌렸다가 한참만에 비스듬히 우리를 향하고는,

-마음이 아파요.

하더니 기어이 눈물을 쏟고 말았다.

나는 처음엔 놀라고 어리벙벙해하다가 곧 함께 울먹거렸다. 이번에는 다투지 않았다.

그가 눈물을 쏟은 것이 그의 삶의 어려운 한때가 생각나서인지 아니면 철교를 건너다니던 그 즈음 나의 심란을 정확히 읽어내서인지 그도 아니면 프란시스 베이컨이, 비록 천박하게나마 그를 베꼈으나 그의 사상과 이미지가 그토록 강렬하여 베이컨의 시늉만 내도 누구나 울고 마는 건지는 알 수 없었다. 다만 그의 눈물은 그 즈음 춥고 서러운 나의 어깨에 따뜻하게 얹히는 다정한 온기와도 같았다.

-그나마 우산이 있어서 다행이예요.

-..........

그렇게 말하고 강사는 다시 목이 메 창밖으로 고개를 돌렸다.

그가 고개를 돌린 창밖으로 노각나무가, 따뜻한 남쪽에서 산다는 노각나무가 대도시 가로수로 심겨져 매연과 먼지를

뒤집어쓰고 바짝 마른 대기에 검게 타들어가고 있었다. 나는 그길로 얼른 버스에 노각나무를 태워 도시 근교 산자락에 데려가고 싶은 생각이 들었다. 인적 없는 산자락에 내려서는 지금쯤 연한 잎이 돋았을 귀룽나무 옆에 내려주고만 싶었다. 아직은 쌀쌀한 계절, 갓 지어 소복이 담은 성긴 밥 한 그릇 모양을 하고 저 혼자 연하게 잎을 틔웠을 귀룽나무 한그루에게로.

 밥 한 그릇, 때문에 세상을 등진 세 여자가 이곳 강 건너에 살았다. 어미와 딸 둘. 딸 하나는 지병을 앓았다. 다른 딸은 만화가가 꿈이었으나 일 년 벌이가 십 만원이 못 되었다. 암을 앓던 아비는 십여 년 전 스스로 목숨을 끊었고 식당일을 하던 어미는 한 달 전 허리를 다쳐 일을 그만두었다. 살았을 적 예의바르고 조용했다는 세 모녀는 집 주인에게 줄 집세 70만원 그리고 죄송합니다, 라는 짧은 인사 한 마디를 남기고 스스로 목숨을 끊었다. 뭐가 죄송하다는 건지 왜 죄송하다는 건지는 알 수 없었다. 다만 그녀 셋이 세상을 떠난 2월말은 양지바른 곳에서는 귀룽나무가 그 말갛고 여린 잎눈을 막 틔우기 시작할 때였다.

 그녀들이 세상을 떠난 지 며칠 후 도심 여기저기에 플래카드들이 나부꼈다. '복지 도와 드립니다 어려운 이웃을 보면 알려 주세요.' 등등.

 언론은 27조나 되는 긴급복지자금이 한 푼도 쓰이지 못한 채 창고에서 잠자고 있다고, 동사무소에 신청만 하면 되는데 참 안타깝다고, 이걸 알았으면 세 모녀가 그렇게 세상을 뜨지는 않았을 거라고 유감을 표명했다. 그러게, 바보같이 창고에 27조가 쌓여있는 것도 몰랐다니.

 그런데 창고에 그렇게 많은 돈이 잠자고 있다는 것을 알게 된 지금도 우리는 여전히 불안하다. 황사와 스모그로 뒤덮인 희뿌연 대기 속을 정처 없이 걷거나 고요한 침묵의 강 언저리를 서성이거나 종착역 없는 기차를 타고 영원히 철교를 건너는 듯 암울하다. 심란함의 근본은 대개 거기서 오지 않든가. 세 모녀의 허기와 고단, 죽음에서 우리가 본 것은 실은 우리 자신의 허기와 고단, 죽음에 대한 불안 아니던가.

 무려 27조를 보관하고 있다는 창고의 벽과 마주하는 일은 어쩐지 안대를 하고 강 건너 낯선 동네 낯선 건물 낯선 복도를 더듬는 일과 닮았다. 차고 반듯하고 매끈하고 날 섰다. 어디가 어딘지 분간이 가지 않는다. 입구를 찾다 지친 우리는 마침내 무릎을 꺾고 벽에 이마를 대고 깊은 한숨을 내쉬게 되는데 그러다 문득 뜨거운 눈물 한 줄기를 쏟게 되는 순간이 있다.

 그건 고통의 순간만은 아니다. 27조의 존재를 알게 되는 순간만은 아니다. 쌀쌀한 3월 어느 날, 나와 아무 이해관계도 없는 낯선 이가 나 때문에 목이 메는 순간이다. 그제야 내 목도 메며 머릿속으로, 밥그릇처럼 소복한 연두빛 귀룽나무 잎이 떠오르는 순간이다.

 3월의 숲은 아직 봄이 더디다. 생강나무 노란꽃, 올괴불나무 연분홍꽃이 더러 있지만 회색 줄기와 갈색 낙엽이 대부분이다. 그러나 무릎을 꿇고 숲 바닥 가까이 얼굴을 가져가면 겨울 낙엽들 사이로 순한 얼굴로 고개를 내민 노루귀꽃, 꿩이 울 때를 맞춰 피어나는 꿩의 바람꽃들을 만날 수 있다. 큰키나무들이 아직 잎을 내기 전, 그 틈을 타 작은키나무들과 풀들이 서둘러 꽃을 피우는 것이다.

 그런데 달리 생각하면 그건 큰키나무들의 배려이기도 하다. 산들바람 환장하게 부는 나른한 봄, 잎이며 꽃이며 얼른 내어 그저 쑥쑥 자라고만 싶지 않은 생명이 어디 있을까만 작은 것들, 바닥에 엎드린 것들을 위해 근질거리는 큰 몸 단속해가며 참아내는 큰키나무의 마음일 수 있는 것이다.

 큰키나무인 귀룽나무는 이른 3월 저 혼자 숲에서 손톱만한 잎을 틔워낸다. 그런데 그 틔워낸 잎들이란 것이 그저 여리고 순해, 게다가 성글어 숲 바닥에 그늘을 드리워도 있는 둥 없는 둥하다. 그늘마저 한없이 가볍게 하는 것으로 귀룽은 숲 바닥의 낮은 것들에게 굳건한 연대와 지지를 약속하는지도 모르겠다.

 사람이 만든 제도, 창고에 잠자고 있는 돈도 그와 같아 복지를 약속하는 요란한 플래카드나 호들갑 대신 가슴 깊이 푸른 연대와 지지를 품어주면 더 좋겠다.

2014년 3월

꽃들의 사랑

아버지를 보러 진부령을 넘는다. 드문드문 들어선 인가(人家)는 꽃들이 개락이 났다. 집 주변은 개나리가, 체에 쳐 거른 삶은 달걀노른자처럼 노랗게 흩뿌려졌고, 소사나무 꽃이삭은 연한 홍시빛깔로 길게 늘어져 천상의 주렴처럼 흔들린다. 길가 어린 돌배나무는 가지가 보이지 않을 만큼 한 가득 꽃을 달아, 화가 난 복어 배처럼 빵빵하게 부풀어 보인다. 그런데 그 많은 꽃들의 사랑을 이루어 줄 사랑의 전령사라곤 달랑 꿀벌 한 마리, 그리고 그 꽃을 무심히 바라보는 먼 집 누렁이 둘. 다시 차를 달리면서도 령(領) 아래 아버지 보고픈 마음보다는 두고 온 돌배나무 꽃, 저 무수한 사랑을 꿀벌 한 마리로 어떻게 이룰까 하는 걱정이 먼저다.

꽃들이 모두 다 사랑을 하는 건 아니다. 꽃의 종류에 따라서 또 환경에 따라서 사랑의 성공 확률은 다르다. 타가수분을 하는 경우 열매 결실률은 평균 30퍼센트, 나머지 70퍼센트는 한 계절 사랑을 갈구하였으나 이루지 못하고 바람에 비에 속절없이 떨어져 내린단다.

사랑을 이루지 못하고 꽃들은 어떻게 할까. 시인 기형도는 사랑을 잃고 이렇게 노래했다.

사랑을 잃고 나는 쓰네/ 잘 있거라, 짧았던 밤들아/ 창밖을 떠돌던 겨울안개들아/ 아무 것도 모르던 촛불들아, 잘 있거라…….(중략)…….망설임을 대신 하던 눈물들아/ 장님처럼 나 이제 더듬거리며 문을 잠그네/ 가엾은 내 사랑 빈집에 갇혔네

빈 집에 갇힌 시인은 3월 어느 날 종로 뒷골목 허름한 극장에서 숨진 채 발견되었다.
러시아 귀족부인 안나 카레니나는 젊고 잘생긴 장교 브론스키가 더 이상 자신을 사랑하지 않는다고 생각하자 그에 대한 질투와 보복으로 달리는 열차에 뛰어든다. 자신을 향해 달려오는 화물열차를 바라보며 성호를 긋던 안나는 문득 어린 시절과 처녀시절의 추억에 사로잡힌다.

'갑자기 삼라만상을 뒤덮고 있던 어둠이 걷히면서 한순간 생이 그 모든 과거의 빛나는 환희와 더불어 그녀 앞에 나타났다……(중략)……그 순간 그녀는 자기가 저지른 일에 대해서 공포를 느꼈다. 나는 무슨 짓을 하고 있는 것일까? 무엇 때문에? 그녀는 몸을 일으켜 뛰어나오려고 했다.' ('안나 카레니나' 중에서)

하지만 추억도 잠시 '무언가 거대하고 무자비한 것이 그녀의 머리를 꽝 하고 떠받고 그 등을 할퀴어 질질 끌'고 가 버린다.

사랑을 잃은 상심(喪心)이 시인과 안나에게는 죽음과 다를 바 없었던가 보다. 그렇다면 꽃들이라고 상심이 없을까. 그럼에도 극단적인 선택을 하지 않는 것은 어쩌면 꽃들의 사랑법과 사람의 사랑법이 달라서인지도 모르겠다.

꽃들의 사랑에는 우리가 윤리, 라고 부르는 것이 없다. 윤리가 없으니 불륜도 없고 법이 없으니 불법 합법도 없다. 움직일 수가 없는 것이 나무고 풀이니 사랑은 전적으로 물과 바람과 새와 벌에게 맡겨야한다. 절망하고 집착한다고 물길이 바뀌는 것이 아니다. 바람의 길이 바뀌고 새가 날아드는 것이 아니다. 나무는 그래서 70퍼센트의 사랑을 잃고도 매년 아무렇지 않은 말간 얼굴로 꽃이라는 순수를 피워 올리는 건지도 모르겠다.

그런 생각을 하며 달리다보니 어느새 령 너머 아버지 밭. 김을 매고 있던 아버지는 딸들을 보고는 어, 왔나, 하고는 다시 김을 맨다. 그 김이라는 것이 그런데 가만 보니 쇠별꽃이며 꽃다지며 도감에 나오는 고운 꽃들이다. 봄철 산행길에 호들갑 떨며 예뻐하고 쓰다듬던 것들이 아버지한테는 잡초다.

잡초를 뽑은 자리에 아버지는 고구마와 감자, 옥수수를 심는다. 그리고 여름이 한창일 무렵 뙤약볕 아래 감자를 캐 자식 수만큼 상자에 나누어 담아서는 가령 이런 식의 편지를 쓰는 것이다.

이것은 수미라는 감자다. 수미감자는 주식보다는 부식용으로 더 좋다. 주식용으로 할 때는 잘라서 쌀과 함께 밥 지으면 더 좋을 것이다. 맛있게 먹고 건강하길 바람. 잊을 수 없는 사랑의 열매. 수정. 사랑해. 보약술 한 잔 하고 하늘을 쳐다본다. 아버지가.

 낡은 달력 한 귀퉁이를 찢어 급히 쓴 편지지에는 아버지 밭의 흙이 묻어온다. 흙 묻은 편지는 아버지가 감자와 고구마와 옥수수 사이에 살짝 넣어 보내는 꽃이다.
 부지런한 농부는 봄을 헛되이 보내지 않는 법이라며 느이들끼리 꽃구경하고 오라는 아버지를 꼬득이고 협박해 가까운 곳 관광을 나선다. 허름한 작업복에 희한한 썬글라스를 꺼내 쓴 아버지는 우습고 멋지다. 싫다던 아버지는 막상 나서자 바다와 솔숲과 온천 그리고 무엇보다도 양팔에 거느린 두 딸 때문에 흐뭇한 눈치다.
 다음날도 내도록 바쁘게 산이며 바다며 돌아다니다 저녁이 되어 아버지와 함께, 지는 해를 바라보았다. 능선 바로 위에 자리한 붉은 해는 주변의 구름을 옅은 청회색으로 물들이고 사이사이 무명천에 물든 자두즙 빛깔 부챗살을 펼쳐놓더니 곧 쇳물을 부어 만든 불타는 눈썹 모양을 하고는 잠깐 사이에 꼴딱 산을 넘어갔다. 아쉬워서 나는 그만 아이고, 하고 말았다.

흘러가면 다시 오지 않을 것들은 아쉽다. 늙는 아버지가 아쉽고, 아버지가 가꾸는 아름다운 밭이 아쉽고, 핑핑 흘러가는 세월이 아쉽다. 아쉬움이 지극하면 원망으로 바뀌는 법인지 이유 없이 심술이 나, 하루 더 자고 가라는 아버지를 뿌리치고 늦은 밤 다시 진부령을 넘는다.

  늙은 아버지를 산 너머에 두고 도망치듯 달려가는 밤의 진부령은 어디가 하늘이고 어디가 능선인지 구분이 가지 않을 만큼 캄캄하다. 길을 달리는 것이 아니라 시간을 달리는 것 같다. 아버지가 없고 어머니가 없는 령을 넘는 일이 이러한 밤을 달리는 것과 같을진대, 생각만으로도 두렵다.

  전조등 불빛에 길가 벚꽃잎이 분분히 날리며 차창에 부딪힌다. 낱낱의 눈송이 같다. 차창에 부딪히며 꽃잎은, 닳고 흔들리고 사라지는 것들 중에 그래도 사람이 붙잡을 수 있는 것이 하나는 있는데 그건 사랑, 이라고 말하는 것 같다.

  이 밤 도망치듯 령을 넘어봐야 어디로 갈 것이냐고, 가봐야 어디까지 갈 것이냐고, 가본들 천지에 꽃이 없으며 사랑이 없을 것이냐고 꽃잎은 온몸으로 온힘을 다해 시퍼렇게 차창에 부딪혀오는 것이다. 어둔 밤 내내.

2014년 4월

검은등뻐꾸기 우는 밤

오후 다섯 시가 조금 못되었을까. 화야산을 내려 오는데 등 뒤 골짝에서 검은등뻐꾸기 우는 소리가 들린다. 검은등뻐꾸기 울음소리는 특이하다. 네 음절씩 반복되는데 누구는 그 소리를 홀딱 벗고, 로 듣기도 하고 누구는 호호호히, 로 듣기도 한다. 전쟁이 끝나고는 기집 죽고 자식 죽고, 로 듣기도 했단다.

지난해 이맘때 이 언저리에서 야영을 했다. 저녁 무렵부터 검은등뻐꾸기가 울었다. 우리 일행이 모닥불을 피우고 저녁 식사를 준비하고 담소를 나누는 동안도 검은등뻐꾸기는 쉬지 않고 울었다. 마음이 쓰여 간간이, 불빛 하나 없는 맞은 편 검은 숲을 일없이 돌아보곤 했다.

소리는 검은 숲 어디 한 지점에서 일정하게 들려오고 있었다. 사람의 감각을 믿을 바는 못 되지만 한 마리 또는 두 마리가 번갈아가며 내는 소리 같았다. 자정이 넘어 모두 각자의 텐트로 돌아가자 사위는 고요해졌고 고요하자 검은등뻐꾸기 울음소리는 더 선명했다. 텐트에 누워 듣고 있자니 그 소리는 속에 터널을 품은 듯 텅 비고 울림이 컸다. 저녁 무렵부터 울었으니 낮으로 치면 한 나절을 꼬박 운 셈이었다. 한 뼘 조금 넘는 작은 것이 저리 오래 저리 깊게 울었으니 사람으로 치면 내도록 고래고래 소리를 지른 것과 다를 바 없었다.

반시간만 목청껏 소리질러보라. 온 몸이 흔들린다. 세상이 흔들린다. 밤새워 소리 지른다면 그 끝은 혼절이다. 무슨 급박한 일이 있어 그는 혼절하도록 우는 걸까.

문득 집에 두고 온 아이 생각이 났다. 저녁은 잘 먹었는지, 낮에 전화했을 때 배가 아프다고 했는데 지금은 괜찮은지, 이불은 잘 덮고 자는지. 그러다 퍼뜩 뒤통수를 맞은 것처럼 검은등뻐꾸기의 울음을 이해했다. 그 소리는 단순히 먹이를 사냥하는 신호도 아니고 구애의 노래는 더더욱 아니었다. 나는 사람이고 저는 새였지만 나나 저나 자식을 키우는 부모로서 우리는 어쩌면, 그 절절함이 자식의 안위에 대한 근심으로부터 온다는 것을 알고 있었다.

검은등뻐꾸기를 비롯하여 대부분의 뻐꾸기는 탁란(托卵)을 한다. 탁란은 그로서도 어찌할 도리 없는 숙명. 오스트리아 동물학자 로렌츠(Lorenz)에 따르면 조류는 부화 후 처음으로 만나는 생물체를 자신의 어미로 인식한다고 한다. 이른바 각인(imprinting) 효과.

붉은머리오목눈이 둥지에 탁란을 한 후 뻐꾸기 어미는 곧바로 떠나고, 또 암컷 뻐꾸기는 울음을 울지 않는다고는 하지만 깊은 밤 검은 숲에서 들리는 그 소리는 내게는 아무래도 곧 알을 깨고 세상으로 나올 새끼에게 어미 또는 아비가, 네 부모는 붉은머리오목눈이가 아니다, 네 부모는 여기 깊은 숲에 들어 피를 토하고 우는 검은등뻐꾸기다, 라며 각인하고 또 각인하는 소리로 생각되었다.

 2014년 4월 14일, 인천에서 제주를 향하던 여객선 세월호가 진도 인근 해상에서 침몰했다. 수학여행을 가던 고등학교 아이들 삼백 여명도 함께 바다에 잠겼다. 내리 며칠 티브이로 진도 상황이 생중계되었다. 지켜보다가 문득 지난해 화야산에서 들은 검은등뻐꾸기 소리가 떠올랐다. 티브이 화면 속 차가운 항구에서 자식을 바다에 묻은 이 나라의 검은등뻐꾸기들이 밤새 울고 있었다.

 돌아와라, 돌아와라, 시신으로라도 돌아와라.

 목구멍이 찢어지도록 외치고 혼절하고 또 혼절하기를 반복하고 있었다. 팽나무가 많아 그런 이름이 붙었을 남녘의 팽목항, 떠나는 자들은, 먼저 바다에서 아이를 끌어올려 미안하다고 울며 떠나고 남은 자들은, 죽은 아이를 안고 데려가는 부모가 부러워 또 울었다.

 4월의 하늘을 품은 화야산 계곡은 고요하다. 소태나무 사이에 든 하늘은, 시원하고 맑은 소태나무잎을 닮아 잔물결처럼 가지런히 흔들리고 복자기 나무 사이에 든 하늘은, 부드럽고 짙은 복자기잎을 닮아 여울 속 물풀처럼 뭉텅이 져 흔들린다. 강건한 물푸레나무 사이 하늘은 또, 단정하고 굳센 물푸레 잎을 닮아 명징하다. 모두 아름답다.

 푸른 잎과 하늘, 햇살을 담고 맑게 일렁이는 화야산 계곡에 나뭇잎배가 떠다닌다. 바람을 따라 이리 저리 흔들린다.

달랑 1층이다. 화물 적재칸도 없고 묵직한 평형수도 없다. 5층짜리 선실도 없고 비겁한 선장도 없고 비열한 항만회사도 없다. 주로 낙하산을 타고 내려온다는 윗선도 없다. 만약 어린 큰허리노린재가 급한 볼일이 있어 계곡을 건너야한다면 그는 여객선 대신 1층짜리 가벼운 나뭇잎배를 타야 하리라.

숲에 없는 것은 그런데 여객선만이 아니다. 숲에는 변변한 냉장고도 없다. 냉장고가 없으니 예를 들어 오소리는, 들쥐며 뱀이며 과일이며 그득그득 쟁여놓을 수가 없다. 더 살생해봐야 소용이 없다. 또, 은행도 없다. 선량한 이의 등을 쳐 악착같이 모아 금고에 넣어두는 대신 그때그때 고픈 배를 채울 뿐 화폐는 여기서는 웃음거리다.

자식을 키워 세상에 내보낼 적에도 숲이 의지할 곳이라곤 인맥이나 학맥이나 패밀리가 아니라 그저 바람과 곤충과 새와 물. 대부분 우연(偶然)에 기댄다. 우연의 힘으로 씨앗들은 제 살 곳에 뿌리를 내린다. 뿌리 내린 그곳이 곧 그들의 부동산이다.

모든 먹을 것의 근원인 햇살과 바람과 공기와 물은 숲에 사는 모두의 것이며 또한 동시에 모두의 것이 아니다. 먹을 것 널렸으면 배터지기 직전까지 열심히 먹고, 먹을 것 없으면 비슷비슷하게 굶는다. 가물면 비슷비슷하게 목이 타고 추우면 또 비슷비슷하게 떤다. 페어플레이(fair play), 혹 그 유래가 숲은 아니었을까.

사람이 숲은 아니다. 그러니 뭐가 더 낫고 뭐가 더 못하다는 식으로 말하는 건 억지다. 하지만 사람의 이성이 빼어날진대 공정한 플레이는 사람이 충분히 가 닿을 수 있는, 아니 사람이 당연히 가닿아야 하는 이상 아닐까.

  고요한 화야산 계곡에 다시 검은등뻐꾸기가 운다. 작은 몸뚱이에서 퍼져 나온 깊고 애절한 소리에 화야산 계곡이 운다. 긴 터널이 울듯이 운다. 하도 울어 등마저 검게 탔다. 살아있는 것들은 모두 묵묵히 치욕의 터널을 지나는 4월, 알에서 깬 어린 것이 제 어미가 붉은머리오목눈이라고 믿어버리기 전에 사람인 우리도 뭔가 할 수 있는 것이 있으면 좋겠다.

2014년 5월

경이를 느끼는 자, 호모 원더랜스

평창 흰구름산촌마을이라는 데에 볼일이 있어 갔다. 저녁에는 마을 끝자락 공동묘지 근처 화가의 집에 들러 귀한 음악도 듣고 와인도 대접받았다.

밤이 깊어 화가의 집을 나서자 사위는 캄캄하고 멀리 국도변엔 가로등만 하나 동그마니. 낮에 보았던, 지붕보다 세 배는 높아 불쑥 솟은 마법의 기둥 같던 밤나무도, 실개천변 나란히 선 미루나무 세 그루도 어둠에 묻혀 덩달아 캄캄하다. 저녁에 잠깐 비를 뿌렸던 하늘은 그때부터 조금씩 개기 시작하더니 얼마 안 되어 말짱해져서는 곧 밤하늘로 흰 구름이 둥실 떠가고 그 사이로 별이 총총.

분수처럼 피어오른 희끄무레한 밤나무 꽃이 그제야 눈에 들어오고 이어 눈 앞 검은 허공에 느닷없이 밝은 빛. 반딧불이다. 농악놀이 할 적 소고잽이가 돌리는 열 두발 상모같이 아름다운 빛의 꼬리가 어둠 속에 조용히 깜박거린다. 멈춰서 숨죽이고 바라보다 숙소로 돌아왔다.

외등(外燈)이 켜진 숙소 현관은 그새 나방이 천지. 도시 근교에서는 구경도 못하던 것들이 태반이다. 빛나는 딱지날개며, 청색과 남색과 먹빛으로 물들인 가슴이며 구슬을 꿰어 만든 더듬이며 한 번 도약에 빌딩 하나쯤 거뜬히 타넘을 것 같은 튼튼한 뒷다리며. 허겁지겁 몇 마리를 생포해 채집통에 넣고는 챙겨간 곤충도감을 꺼낸다.

 책 속에는 풀색꽃무지, 멋조롱박딱정벌레, 남색초원하늘소, 알통다리하늘소, 중국청람색잎벌레, 사향제비나비, 수노랑나비 등등이 가득. 아름답다. 포획한 것들과 도감을 비교하며 녀석들의 신상을 털던 중에 나는 어느 순간부터는 곤충보다는 그것들의 이름에 빠져들게 되었다. 별박이자나방은 언제부터 별박이자나방이라고 불리게 되었을까. 옥색긴꼬리누에나방은 또 누가 그렇게 이름을 지어 불렀으며 박각시는 어쩌다 그렇게 고운 이름을 얻게 되었을까.

 그 이름들은 한 번도 가본 적 없는 아무르 강가에서 피어나는 새벽안개 같은 느낌을 주었고 어느 결에 나는, 환한 창에 타닥타닥 나방이 부딪히고 검은 어둠이 맹목(盲目)처럼 사방에 들어찬 평창 어느 마을 외등 아래서 도감 속 그 이름들이 생겨난 낯선 마을, 사람이 지어 부른 이름들로 가득 한 어느 상상의 마을로 자박자박 걸어 들어가게 되었다.

 무더운 여름밤 그 마을 성황림 당집 아래. 동네 아낙들과 더위를 식히던 각시는, 물봉선 꽃 위에서 정지비행을 하며 꽃술 깊숙이 빨대를 꽂아 넣는 통통한 나방이 한 마리를 수줍게 바라보았다. 동네 남정네들에 섞여 저만치 떨어져 있던 각시의 사내는, 어둔 밤인데도 많은 아낙들 중 제 각시를 가려내어 유독 그 혼자만 둥근 달처럼 밝게 빛난다고 생각하였다. 당장 각시에게 달려가 와락 끌어안고 싶었지만 꾹 참고 대신, 각시가 수줍게 바라보는 나방이만 함께 뚫어져라 보는 것으로 서로의 뜨거운 가슴을 달랬다. 그 나방을 사내는 박각시, 로 부르기로 했다.

 마을 뒤 높은 산, 돌산인 그 산은 계곡의 바닥도 바위여서 계곡물은 탁한 법 없이 사철 옥색을 띠었다. 같은 옥색이라 해도 계곡 바닥에 들어찬 바위의 색과 물의 양과 햇살에 따라 짙거나 옅거나 하는 등 다채로웠는데 그림을 그리는 그 남자가 특히 좋아한 것은, 바닥은 흰 돌이 깔리고 물은 정강이를 넘칠 만큼만 담겨 그 위로 얕은 나무 그늘이 얹히면서 만들어내는 산뜻한 옥색이었다. 어느 저녁 단풍나무 가득한 계곡에 나방이 한 마리가 놀러왔다. 꼬리가 아주 길었으며 날개를 펼치면 거진 어린아이 손으로 한 뼘만 했다. 그리고 날개부터 꼬리까지 몸 전체가 바로 남자가 좋아하는 그러한 옥색, 투명하고 가벼우며 한없이 맑은 그러한 옥색이었다. 물속 바위에서부터 날아오른 것이 분명하다고 믿어 남자는 그것에 옥색긴꼬리산누에나방, 이라는 긴 이름을 붙여주었다.

 모두가 잠든 새벽, 그 마을 대장장이 홀로 깨어 검푸른 하늘을 바라보았다. 그는 끝없이 이어지는 사다리를 타고 밤하늘로 오르고 싶은 마음을 대신하여 모시옷 같은 희고 여린 날개를 가진 작은 나방이의 날개에 하늘의 별들을 촘촘히 박아 넣어보았다. 그리고 별박이자나방, 하고 낮게 읊조렸다.

 곤충도감 속 아름다운 곤충 사진들, 그리고 그 아래 작고 검은 글씨로 써진 그것의 이름들은 그러고 보면 다른 존재에 대해 인간이 느끼는 경이의 다른 표현일 것이다. 인간의 감동이 결국 알록달록한 한 권의 책으로 귀결되었을 것이다. 그런데 경이가 늘 기쁨만으로 버무려져 있는 것은 아니다. 경이의 갈피에는 가난과 슬픔이 핏자국처럼 말라붙어있기도 하다.
 조니, 영어로는 Johnny, 국적은 미국, 아마도 열여덟. 조니는 일곱 살이 되자 학교 대신 직물공장에 갔다. 아홉 살에 유리공장으로 옮겼고, 웅크리고 앉은 자세로 하루에 10시간씩 일했다. 좁은 어깨는 더 좁고 구부정해지고 가슴은 오그라들었다. 긴장한 채 일하다보니 잘 때도 근육이 씰룩거렸다. 열한 살 때 처음으로 야근 근무조가 되었다.
 '조니의 삶에는 낙이 없었다. 낮이 어떻게 지나가는지 본 적이 없었다. 밤은 무의식과 경련 상태에서 지나가버렸다. 나머지 시간은 일만 했고……(중략)……조니는 일만 하는 짐승이었다.' (한겨레출판사)
 어느 날 조니는 심한 독감에 걸린다. 2주를 앓고서야 간신히 혼자 현관문 계단에 앉을 수 있었다. 종일 계단에 앉아 조니는 '하루에 몇 시간씩 (길 건너편의) 나무를 살펴보곤 했고 바람에 가지가 흔들리거나 잎이 떨리면 몹시 신기해했다.' 그리고 일주일 후, 다시 일터에 나가기를 고대하는 엄마에게 이렇게 말했다.

-나 떠나려고, 엄마. 이제 다시는 일하지 않을 거야.

조니는 실제 인물은 아니다. 미국 작가 잭 런던(Jack London)의 단편 소설 '배교자'의 주인공 소년이다. '천 년도 단 1분과 다를 바 없이' 일만 하던 조니, 더 이상 꿈을 꾸지 않고 스스로 기계가 되어버린 조니는 나무 한 그루를 보고 비로소 꿈을 꾸게 된다. 나무와 바람과 잎을 보자 오래 잊었던, 다시 그의 삶에 생겨나리라곤 상상하지 못했던 경이를 경험한다. 도시를 벗어나 숲길에 들어 '비틀리고 왜소하며, 병든 유인원처럼 어기적거리며 걷던' 조니는 결국 땅거미가 지자 집으로 돌아가는 대신 화물열차에 올라탄다. 여기까지가 이 소설의 끝이다.

평창 어느 마을 희미한 외등 불빛 아래 나는 한 손에는 곤충도감을 들고 한 손에는 나방 한 마리를 들고 캄캄한 어둠을 응시한다. 먼 어둠속을 조니가, 마치 양쪽 어깨에 불행이라는 이름의 열차를 짊어지고 가듯 구부정한 등을 하고 서성이고 있다. 나는 다가가 그의 희미한 손바닥에 아름다운 나방 한 마리를 올려주고 싶어진다. 나방이 날개를 퍼득일 적에 그 날개에서 이는 서늘한 바람과, 또 그 날개에서 눈보라처럼 흩날리는 처연한 비늘조각들을 조니가 볼 수 있도록, 그리고 우리가 경이를 느끼는 자 호모 원더랜스로 거듭날 수 있도록.

2014년 6월

푸른 꼽추의 검은 눈

숲에 어둠이 내리고 먼 데서 차르르르 여치가 울었다. 두 그루 계수나무 사이 팽팽하게 매어진 장막 위로 손님들이 찾아오기 시작했다.

사람들은 컴컴한 숲 한구석에 숨어 서성이며 숲의 밤손님들을 살폈다. 땅벌이 먼저 찾아왔다. 톱날푸른자나방, 솔가지검은나방이 이어 찾아왔다. 하늘소가 찾아왔을 때 사람들은 낮게 함성을 질렀다. 그는 제 몸보다 긴 더듬이와 청록빛 도는 누르스름한 갑옷, 매끄러운 유선형 몸을 하고 왔는데 더듬이를 잡자 삐그덕 삐그덕 낡은 경첩에서 나는 소리를 냈다. 그가 우는 줄로 알았다.

참풀색하늘소, 털보바구미, 쌕쌔기, 애기잎말이나방이 차례로 놀러왔다. 홍줄불나방은 오자마자 금세 돌아갔는데 붉은 날개가 어둠을 타고 종이비행기처럼 쌩 눈앞을 가로지를 적에는 꼭 타오르는 밤의 횃불 같았다. 들떠, 그를 따라 숲 깊은 곳으로 가보고 싶은 마음이 되었다. 깊은 숲에서 아무도 본 적 없는 밤의 축제가 벌어지고, 그는 축제의 전언을 들려주고자 장막에 날아온 것만 같았다.

낮에는 보이지 않던 손님들은 밤이 되자, 숲을 거꾸로 들어 흰 장막에 탁탁 털어놓은 듯 점점이 무수히 불빛을 향해 날아들었다.

어떤 소문이 숲에 퍼지고 있는 듯 했다. 소문은 동심원처럼 넓게 퍼져나가면서 장막 가까운 데 사는 손님들은 조금 이른 저녁에, 먼 데 사는 손님들은 조금 늦은 시각에 장막을 방문하는 것 같았다. 그 소문이 무언지는 몰라도 손님들은 장막을 찾는 일이 마치 먹을 것과 희망과 사랑을 찾는 일이나 되는 듯이 바삐 날개를 저어 왔다. 그리고는 여섯 개의 다리로 힘주어 흰 천을 움켜잡았다.

우리 중 누군가 장막에서 나방 한 마리를 떼어내 투명 채집통에 담고 전등을 비췄다. 온 몸이 우윳빛 비늘로 덮였고 노르스름한 날개를 따라 교차로 모양의 붉은 길이 새겨져있었다. 날개 가장자리는 옅은 푸른빛이 돌았다. 겁먹은 그가 채집통 안에서 파닥거리자 손전등 불빛 아래 비늘조각이 눈처럼 휘날렸다. 그의 눈은 길 잃은 어린 고라니 눈망울처럼 검고 순했다. 꿈을 꾸는 듯 했다. 옆에 아무도 없으면 밤새워 그의 눈을 바라보고만 싶었다. 푸른꼽추재주나방, 이라고 했다.

얼마 후 무리로부터 떨어져 나와 홀로 캄캄한 숲을 살폈다. 어두워 보이지는 않았지만 계곡에서는 나직나직 말이라도 걸 듯 고요히 물이 흐르고 차르르르, 다시 조심성 없이 여치가 울었다. 손전등으로 오래된 상수리나무를 비추자 조금 전 보았던 하늘소가 엉금엉금 줄기 위로 기어오르는 것이 보였다. 대나무 마디를 엮어 만든 듯 멋진 더듬이 한 쌍이 불빛에 검고 큰 포물선 그림자를 그렸다. 밤을 낚는 낚시꾼 같았다.

캄캄한 밤, 숲 가장자리에 숨다시피 하고 바라보는 흰 장막 부근은 낮처럼 환했다. 열심히 영화를 찍고 있는 것처럼 보였다. 장막 주변을 서성이며 누구는 채집통을 살피느라 고개를 숙이기도 하고 누구는 옆 사람과 소리죽여 이야기를 나누기도 하고 누구는 또, 기어이 장막 안으로 들어가기라도 하겠다는 듯 얼굴을 들이대기도 했다. 누구는 열심히 곤충도감을 살폈다.

장막을 찾아온 밤나무산누에나방도 아름답고 별박이자나방도 아름다웠지만 낯선 존재들에 홀려 시간 가는 줄 모르고 밤의 한 귀퉁이를 서성이는 사람들 또한 그 못지않게 아름다웠다.

아마 그 사람들은 모를 거였다. 밤의 곤충들을 보겠다고 대낮부터 숲에 들어 날이 어두워지기를 기다린 자신들 또한 멋지고 아름답다는 것을. 이렇게 캄캄한 어둠 속에 외따로 떨어져 바라보지 않고는 잘 모를 거였다.

다시 무리를 향해 걸어가는데 어둠 속에 휴대폰이 진동하더니 이어 화면에 사진 한 장이 뜬다. 가까운 친구가 전송한 것이다. 사진 속에서는, 아랍 어느 곳이라고 짐작되는 낯선 나라 낯선 사람들이 산중턱에 의자를 들고 나와 앉아 밤바람을 쐬고 있었다. 폭죽놀이라도 하는지 밤하늘엔 섬광이 번득이고 사람들은 그 섬광을 보며 환하게 웃었다. 밤 곤충을 살피러 숲에 든 우리처럼 그들도 숲으로 한 밤의 소풍을 나온 듯이 보였다. 사진 제목을 보기 전까지는 그런 줄로 알았다. 사진 밑에, 나는 악마를 보았다, 라고 쓰인 제목을 보기 전까지는 말이다.

 폭죽놀이가 아니었다. 이스라엘 사람들이 산중턱에 나와 앉아, 팔레스타인 가자(Gaza) 지구에 자국이 폭격을 가할 때마다 환호성을 지르며 좋아하는 사진이었다. 이 사진과 기사를 올린 기자는 산중턱에 나와 앉아 웃고 있는 사람들을 '사람'이라고 하지 않고 '악마'라고 썼다. 악마가 되어버린 사람들을 보자 존 레논(John Lennon)의 노래가 떠올랐다.

'국가라는 게 없다고 상상해보아요/ 그렇게 하는 건 어렵지 않아요/ 죽거나 죽이거나 하는 일이 없게 되잖아요/ 종교도 없다고 상상해보아요/ 모든 사람들이 평화롭게 산다고 생각해보아요.......(중략)......./ 당신은 내가 공상가(dreamer)라고 말할지도 몰라요/ 하지만 나만 그런 꿈을 꾸는 건 아니예요/ 언젠가 당신도 우리와 함께 할 거예요'

 곤충들이 밤에 불빛을 향해 날아오는 이유를 우리는 잘 모른다. 불빛을 향한 본능적 이끌림, 이렇게 말고는 설명할 길이 없다. 다만, 본능은 꿈과 닿아있다. 그 꿈이 천국을 향한 것이건 국가를 향한 것이건 한 마리 나방의 등에 난 붉은 교차로처럼, 결국 평화라는 하나의 교차로에서 만나야한다는 건 누구나 안다. 염원한다.

 푸른꼽추재주나방, 이라는 이름을 지닌 푸른 꼽추는 꿈꾸는 자신의 검은 눈을 통해 실은 그 눈을 바라보는 나의 검은 눈, 당신의 검은 눈, 그리고 그 눈 속에 깃든 평화를 향한 본능적 이끌림을 보여주고 싶었는지도 모른다. 폭격과 가난과 오랜 싸움의 전언(傳言)에 등이 굽었지만 빛나는 밤의 장막을 움켜쥐고 이 밤, 노래를 부르기 위해 먼 데서 놀러 온 건지도 모른다.

 옥색긴꼬리산누에나방은 끝내 오지 않았다. 섭섭했다.

2014년 7월

흔들어 깨우는 그 바람으로

그때 우리는 산중턱 어느 농장에서 콩떡과 수리취떡을 먹으며 한담을 나누고 있었다. 날은 더웠지만 산 속이라 그늘에 들면 시원했고 새파랗게 익어가는 호두나무 열매가 좋았다. 사방에 병풍처럼 둘러쳐진 산봉우리도 좋았다. 돗자리 깔고 누워 우스운 얘기 주고받으며 낄낄거리다 어쩌다, 지난 봄 진도 앞바다에 침몰한 큰 배 얘기가 나왔다.

죽은 자들과 남은 자들, 처벌받아야할 자들에 대한 산 자들의 말이 오갔다. 죽은 자들을 두고 유족들이 흥정을 한다는 식의 얘기도 오갔다. 말 속의 생각이 오가고 생각 속의 차이들이 오갔다. 그 차이들 중에는 고개가 끄덕거려지는 것도 있었고 갸우뚱해지는 것도 있었다. 삐딱하게 돗자리에 누워 발가락만 까딱거리던 나는 얘기들을 듣던 중에 문득 외로워졌다. 슬그머니 일어나서는 돗자리의 다른 사람들을 뒤로 하고 산꼭대기를 향해 난 임도를 따라 걷기로 했다. 생각의 차이도 함께 걸었다.

임도 가장자리는 무성한 풀잎 사이로 궁궁이 꽃이 희었다.

양산을 펼친 듯 둥글고 넓었다. 꽃을 뽑아 올리고 남은 텅 빈 잎집은 망가진 거룻배를 닮았는데 '돛대도 아니 달고 닻대도 없이' 가기도 잘도 가면 좋으련만 무슨 미련이 남았는지 굳어버린 듯 허공에 붙박여 미동이라곤 없었다.

 임도를 따라 걷는 것이 사람만은 아닌가보았다. 어린 흑염소 한 마리가 바위투성이 사면을 익숙하게 타고 내려와 임도에 닿았는데 검은 몸에 햇살이 내려앉아 반짝반짝. 저도 임도를 따라 걸으며 곰곰 생각할 일이 있었던가보다. 잘 하면 쫓아가 품에 안을 수도 있을 것 같아 마구 달리는데 사람의 발소리를 듣자 후다닥 조금 전 내려온 사면으로 잽싸게 도망을 간다.

 아쉬워 임도와 사면 사이 경계에 한 다리 걸치고 씩씩대며 위를 쳐다보았더니 잘 자란 소나무 아래 얼추 열 마리는 넘는 흑염소 무리와, 대장. 멀리서도 대장은 포스 작렬이다. 그와 시선이 얽히자, 그의 시선과 사람의 시선이 달라 그의 의중을 정확히 알 수는 없었지만 어린 것이나 괴롭히는 어른에 대한 질책 같기도 하고 그와 나 사이 험한 비탈에 대한 자신만만 같기도 하다. 늠름하고 위용 있다. 믿음직한 대장의 존재는 주변의 흑염소들을 원래 저희들보다 몇 배는 더 크고 힘 있어 보이게 한다.

 어린 흑염소에게 손을 흔들어주고 다시 임도를 따라 꼭대기로 올라가자 발아래가 한 눈에 내려다보인다. 깊고 아늑한 분지가 들어있다. 점점이 집 몇 채는 소꿉놀이 같다. 맞은편 산은 높고 험하고 멀어 소리 높여 외쳐도 메아리는 닿을 리 없어 보인다. 한때 마을이 있었다는 중턱은 지금은 나무라곤 없이 넓은 풀밭인데 망초나 개망초가 지천인 듯 희끗한 푸른빛이다. 그 속을 흑염소들이 검은 점처럼 꼬물거린다.

 닿을 수 없는 맞은 편 먼 산, 그 산에서 바람이 분다. 불어 이편으로 온다. 깊은 분지의 허공을 건널 때 바람은 무명 수천 필을 펼쳐 만든 것 같은 길을 내며 굽이쳐 달려온다. 거칠 것 없다.

 나는 그러면 바람의 결 한가운데 박힌 돌멩이가 되어, 달려온 바람은 급류처럼 내 사방에 여울을 만들어 내 몸에서는 쉴 새 없이 무엇이 생겨나고 사라지고 하는 소리가 나는데 그럴 때의 바람은 그저 장난을 치는 것이 아니라 긴히 전할 말이 있어 그러는 것만 같다. 다시 수백 마리 말들처럼 바람이 달려오고 그 바람을 물고 또 다른 바람이 달려와 나의 생애는, 낯선 곳에서 뭉텅 뭉텅 시속으로 닳는데 이렇게 끝도 없이 바람을 맞다가는 나는 그냥 바람이 되어버리는 건 아닐까 몰라.

 바람을 타고 이윽고 먼 산이 건너오고 먼 산의 꽃이 건너오고 푸른 풀이 건너온다. 궁궁이꽃으로 만든 흰 무명 양산을 쓰고 어린 염소가 건너온다. 염소를 품에 안으면 나는 마치 그대, 먼 그대를 안게 된 것 같을 터인데 그러면 그대는 먼 산에서 나를 향해 이렇게 외쳐주면 좋겠는 것이다.

 사랑한다, 죽도록 사랑한다!

 큰 배가 침몰한지 수개월이 지난 며칠 전 한 사내, 팔순을 맞은 사내, 한때 권력의 정점에 올랐던 사내가 미디어에 이렇게 자신의 생각을 밝혔다.

 -산 사람 사이의 이해관계, 흥정하는 입법이 아니라 수많은 인명이 희생된 사건의 진상과 책임을 밝혀 집단 참사와 국가 재난을 예방하자는 입법이다. 그 절실함, 통렬함, 절박함을 덮으려는 어떤 언동도 반인륜적이며 정의에 반하는 것이다.

 그의 생각이 옳은지 그른지는 잘 모르겠다. 다만 팔순의 그가 입법을 함에 있어 산 자들의 이해관계가 아니라 죽은 자들의 절실함, 통렬함, 절박함을 염두에 두어야한다고 한 것은 분명 사심이 없어 보인다. 팔순의 빛나는 휘장을 걸치고 그는 비로소 그의 평생에 묻어둔 진심을 마침내 드러내고 있는 듯이 보였다. 사랑한다고, 죽도록 사랑한다고 애가 끊어질듯 외치고 있는 것으로 보였다. 이것도 생각의 차이겠지만 말이다.

 바다에 침몰한 배 그리고 그 배를 탔다가 죽은 자들에 대한 산 자들의 생각의 차이는 어쩌면 당연하고 자연스럽다. 그런데 그 차이들이 발 딛고 서는 곳은 한 곳이면 좋겠다. 저 먼 산의 그대, 바람이 아니고는 이편으로 건너올 수 없는 그대를 향한 절박한 그리움 그리고 '흔들어 깨우는 그 바람'으로 오는 그대를 온 몸으로 느끼고자 하는 통렬한 정신. 차이들은 그곳에서 만나 부딪히고 생각하고 물러나고 전진하며 다채로운 빛을 발하면 좋겠다.

 다시 임도를 따라 내려가는데 밀잠자리는 공중에서 정지비행을 하고 방아깨비는 차르르르 죽비 소리를 내며 날아오른다. 궁궁이 흰 꽃은 고요하며, 경사진 임도는 자꾸 깊은 바다로 이어지는데 어린 염소는 지금은 코빼기 하나 비치지 않아 또 좀 외로워지는 8월이다.

2014년 8월

청계산 통신 8월

밤 8시를 넘어 청계산에 갔다. 희뿌연 달빛 아래 산이 무겁다. 깊은 생각에 잠긴 것 같다. 풀과 나무와 나비와 뱀들을 품고 저도 고민이 많은가보다. 등산로 입구부터 캄캄하다. 오래된 갈참나무 뒤에서 불쑥 자객이라도 나타날 것 같다. 밤에 숲을 걷는 일은 좀 무섭다. 멧돼지도 무섭고 귀신도 무섭고 사람도 무섭다. 또 그간 지은 죄도 무섭다.

검은 잣나무 사이 비오톱(biotope) 안에 흰 점 같은 밝은 조명. 아는 사람 몇이 야간 곤충 채집을 하고 있다. 흰 장막 가까이 다가가 살펴보니 자잘한 자나방 몇 마리에 깨알만 한 진흙벌레 그리고 흰눈물명나방. 여름이 한참이던 한 달 전만 못하다. 이제 곤충의 계절은 지나가는가 보다. 하늘소를 보려면 1년을 기다려야 하고 사슴풍뎅이도 그렇다. 그의 허풍과 유약함도 그렇다. 흰눈물명나방, 이라 이름 지은 이는 여름이 끝나가는 이즈음 이 친구를 만났을까. 허전하여, 사랑도 끝나는 듯하여, 그만 눈물 한 방울 이 친구 날개에 툭 떨어뜨리고 그리 이름 지었을까.

어둠이 눈에 익자 비오톱 부근 연못물이 눈에 들어온다. 검은 비닐처럼 번득인다. 더듬듯 조심조심 연못 주변을 걷는데 수크령과 고마리, 환삼덩굴 가득한 풀숲에서 밤벌레 소리. 갈색여치는 좀 시끄럽고 베짱이는 지이익 지이익. 베를 짤 때 나는 소리와 같아 베짱이라 이름 지었다는데 베를 짜본 적 없는 나는 그것이 기억 속의 내 어린 것, 갓 돌 지난 어린 것이 벽지에 지익지익 그어대던 크레파스 소리로 들린다.
 -알락방울벌레!
 같이 걷던 일행 중 누군가 속삭인다. 그러나 어둠에 묻혀 그 모양새며 거리는커녕 방향조차 가늠할 수 없는 나는 답답하기만 하다. 화살나무를 타고 올라간 며느리밑씻개 어디쯤에서 긴꼬리귀뚜라미 소리. 높낮이가 한결같고 선명하며 맑다. 가을벌레들 중 아름다운 소리의 첫째나 둘째로 방울벌레와 긴꼬리를 꼽는다는데 내 귀에는 왕귀뚜라미도 좋다. 거무튀튀한 몸빛과는 달리 소리가 여리고 서글프다.
 1959년 7월 22일 동아일보에는 '한 몫 보는 여치 장수'라는 제목으로 이런 기사들이 실렸다.

'세종로 어구 가로수 그늘 밑에는 밀짚으로 만든 여치집을 다섯 개나 여섯 개나 들고, 잡아가둔 여치를 파는 장수가 한 몫을 보고 있었다.'
'비좁은 집이지만 처마 끝에 여치집을 매달아놓고 찌는 듯한 더위가 가시고 또 노을이 지고나면 검은 땅검과 함께 둥

근달이 밝을 때 찌르르-찌르르- 여치 소리를 들으면...'
'잠시나마 폭폭 찌는 더위를 잊고 어느 시골 숲속의 서늘한 기분을 맛보는 듯하기에 하나씩 사들고 가는 마음이 들기도 하리.'

 푸른 여치집을 파는 여치장수라니. 보릿대를 엮어 만든 매끄러운, 불꽃같이 아름답게 비틀린 여치집 하나로 마당에 통째 숲을 들일 줄 알았던 그 시절의 사람들은 유려한 낭만파였음에 틀림이 없다.
 어둠 속에 미간 잔뜩 찌푸리고 벌레 소리와 그 소리 임자를 열심히 꿰어 맞추다 어느 순간 그만두기로 했다. 부질없다. 지금은 수학시간이 아니라 음악시간. 즐기면 되는 것이다.
 가만 듣고 있자니 사방 풀숲에서 들려오는 소리는 다만 다리 여섯 개 달린 곤충들의 발성이 아니라, 번식을 향한 생물적 본능이 아니라, 밤하늘에서 비처럼 내려와 풀숲에 몸을 숨긴 별들의 노래다. 별들이 내는 사랑 노래다. 맑고 영롱하다. 빛나는 노래 사이 사이 알 수 없는 비애는 순전히 내 몫이다.
 여전히 생각에 잠긴 검은 산을 뒤로 하고 밤이 깊어서야 집에 돌아왔다. 밤공기가 서늘했지만 창문을 닫지는 않았다.
 그 새벽, 산이 내게로 왔다. 먼 청계산은 내가 저를 만나러 갈 적에 그랬던 것처럼 굴다리를 지나고, 표지판도 없는 버스정거장에서 버스를 타고, 지하철을 두 번 갈아타고, 터널을 지나고 강을 건너 북쪽의 내게로 왔다. 제가 품은 나무며 풀, 긴꼬리와 방울벌레, 여치와 뱀들을 데리고 왔다. 텅 빈 새벽의 지하철에 올망졸망 모두를 태우고.

 내가 누운 방안으로 풀벌레가 들어오고 풀숲이 들어오고 별의 노래가 들어왔다. 나는 별과 노래와 풀로 지은 얇은 지지미 이불을 턱까지 끌어당겼다. 곧 밤이 들어왔다. 산이 들어왔다. 어쩌면 저의 근심도 함께 데려 왔을까. 밤벌레 소리를 듣다가 잠깐 나도 저처럼, 입시를 앞두고 태평인 아이 걱정을 조금 했다.

2014년 8월

그 여자의 호텔

 아이가 어릴 적, 남편은 무릎에 아이를 앉히고 이런 책을 읽어 주었다.

'뜨겁고 메마른 사막에서의 어느 날이었어요. 키 큰 사와로 선인장에서 빨간 열매 하나가 떨어졌어요. 툭!........건조한 날이 오래 계속되다가 비가 흠뻑 내렸어요. 그러자 곧 땅을 뚫고 선인장 싹 하나가 비죽이 고개를 내밀었어요.......오십 년이 지났습니다. 선인장은 엄마 키 두 배만큼 자라 늙은 팔로버드 나무 옆에 곧고 늠름하게 섰지요. 선인장은 해마다 봄이면 꽃을 피웠습니다. 새와 벌, 박쥐들이 꿀을 먹으러 끊임없이 모여들었지요. 딱따구리가 열매를 먹으러 왔다가 안전하고 먹이가 많은 선인장에서 살기로 했습니다. 새 호텔을 짓기에 딱 알맞은 곳을 찾은 것입니다.' (선인장 호텔, 마루벌)

 나무로 치자면, 그의 몸에도 딱따구리가 호텔을 지을 수 있을 정도의 나이가 된 어느 가을 저녁, 남편은 요양원에 있는 제 어미를 집에 모셨다. 한가위였다. 구십을 열흘 앞 둔 어미는 노쇠하여 앉아있기도 힘겨워했다. 남편은 손수 따뜻한 밥을 짓고 소고기무국을 끓여 틀니를 한 제 어미의 쪼그라든 입에 한 숟갈 한 숟갈 정성스레 떠 넣어주었다. 섬에서 나고 섬에서 자란 제 어미는 특히 굴국을 좋아했는데 아직 굴철이 아닌 것을 그는 몹시 아쉬워했다.

'육십 년이 지났습니다....옆에서 큰 가지가 뻗어 나와 선인장 호텔도 더 넓어졌습니다. 딱따구리는 이제 새 구멍에서 삽니다. 전에 쓰던 구멍에는 올빼미가 들어와 살고요. 그 위 옆 가지에는 흰줄 비둘기가 둥지를 틀었지요.'

제 어미가 그깟 밥 한 숟갈을 가지고 대단한 시험에 들기나 한 듯 오물오물 힘겹게 씹는 동안 남편은 제 어미의 낡은 얼굴이며 낡은 눈, 낡은 영혼 따위를 찬찬히 살폈다. 어미가, 몸에 여러 개의 방을 지닌 사와로 선인장 호텔 같다고 그는 생각했다.

각각의 방에는 유년의 그도 선명히 기억하는 동네 사람들 그리고 그들의 이야기가 느릅나무 겨울눈 속 열두 잎처럼 꼼지락꼼지락 포개져 들어있었다. 어미의 몸에 난 호텔방들 중 하나에서 욕쟁이 작은 엄마가 비죽 얼굴을 내밀었다. 그리고는 새까맣고 심술궂은 얼굴을 하고 그를 향해 갑자기 차가운 물 한 바가지를 퍼부었다.

달랑 딸 하나만 둔 그의 작은 엄마는 동네서 소문난 욕쟁이였다. 입만 벌리면 욕이 튀어나왔다. 단추같이 작고 까만 눈이 언제나 반짝반짝 빛났다. 성질도 고약하여, 그가 오줌을 싸서 소금이라도 얻으러 가면 잠깐 기다리라고 하고는 갑자기 나타나 찬물 한 바가지를 끼얹곤 했다.
 작은 아버지는, 그 마을 과부를 그만 사랑하여 과부와의 사이에 아들 하나를 두었다. 과부가 아들을 낳던 날 욕쟁이 작은 엄마는 딸을 데리고 파시(波市)를 떠나버렸다. 이번에는 욕 한 마디 없이 조용했다. 파시는, 바다에서 열리던 생선 시장인데 예를 들어 조기철이면 어선이며 상선이며 수백 척이 바다에 모여 갓 잡은 생선을 팔거나 사거나 하는 곳이었다. 마을에는 작은 엄마가 파시를 하러가 색싯집 여자가 되었다는 소문이 퍼졌고 그러자 작은 아버지는 살던 집을 팔고 혼자 뭍으로 가버렸다.
 바다를 떠돌던 작은 엄마는 몇 년 후 다시 섬으로 돌아왔는데 왔을 적에는 수중에 번 것 하나, 집 한 칸도 없었다. 돌아오던 날 작은 엄마는 달빛 하얗게 깔린 고샅을 걸어 남편의 어미가 사는 집을 찾아왔다. 그리고, 성님! 집이 읎어 집을 지서야겠소, 이 집 문간방 문짝이며 들보며 내가 뜯어갈라요, 했다. 마음대로 하라고 남편의 어미는 말했고 작은 엄마는 그길로 그 집의 문간방 문짝과 들보를 뜯어 어깨에 짊어지고 다시 달밤을 걸었다. 그리고 며칠을 걸려 혼자 흙집을 지었는데 그 흙집은 아주 작아서 작은 엄마와 그 딸이 누우면 가득 찼다고 남편은 기억했다.
 제 어미가 밥 한 숟갈을 온전히 삼킨 것을 확인하자 남편은 이번에는 열무김치 국물을 떠 찬찬히 그 입에 넣어주었다. 사레가 들렸던지 어미가 기침을 조금 했다. 남편이 다시 밥 한 숟갈을 떠 그 위에 조깃살을 올려 어미에게 건넸다. 어미는 아이처럼 잘 받아먹었다. 맛나다, 맛나다, 하며 어미가 조깃살을 받아먹는 동안 그는 이번에는 어미의 호텔 곁가지 어디쯤에 난 과부의 방을 흘깃거렸다.

 과부의 방은 작고 춥고 어두웠다. 작은 아버지를 만나기 전, 과부는 엿을 팔러 그 섬에 들어온 엿장수와 눈이 맞았다. 하룻밤을 보내고 엿장수는 뭍으로 가버렸고 과부는 열 달 후 엿장수의 아이를 낳았다. 엿장수가 아이 소식을 들었는지 어떤지는 알 수 없지만 엿장수는 그 후로는 마을에 나타나지 않았다. 작은 아버지를 만나 배가 다른 세 번째 아이를 낳고 얼마 후 과부는 병을 얻어 죽었다. 아무도 과부의 시신을 거두려하지 않았다. 남편의 어미는 그러자 장정 몇을 사, 마을 저수지가 내려다보이는 낮은 산 한 귀퉁이에 과부의 육신을 묻어주었다.

 어미의 가슴 정중앙 유난히 크고 깊은 구멍에는 남편의 아버지 그러니까 나의 시아버지가 누워있었다. 시아버지는 마을 사내들과 의형제를 맺어 간척이다 뭐다 허구한 날 일을 벌이고 다녔다. 바다를 막겠다고 관의 사람들을 만나러 뭍으로 간지 사흘이 된 어느 날 저녁 시아버지는 통통배를 타고 섬으로 돌아왔다. 시신으로였다. 그는 아직 어미 등에 업혀 손가락을 빨던 나이였다.

 남편이 다시 아비를 만난 건 서른여덟인가 부근인데 그 섬

동쪽 바다 소나무숲에서였다. 지천이 뻘인 섬에서 그곳만 유일하게 바다가 맑았다. 아비의 봉분이 내려앉아 이장을 하기로 한 터였다. 몇 십 년 만에 지상으로 나온 아버지는, 산 사람들이 전해주던 전설과는 달리 체구가 몹시 작았다. 머리뼈에는 머리칼 몇 올이 미련처럼 달라붙어 있었다. 청결한 화선지에 수습된 그의 뼈를 처음 보았을 때 나는 속으로 아이의 것이라고 생각했다.

 몇 십 년 만에 지상으로 끌어올려진 그의 아비를 대하자 그의 형은, 나도 익히 아는 눈물의 신금단 얘기를 꺼냈다.
-읍에 하나 뿐인 영화관에 막 들어가려는데 수위가 내를 불러 세우는 거라. 야야 느그 아버지 죽었단다. 얼른 가봐라. 그때 상영 중이던 영화가 눈물의 신금단이었어. 잊지도 않아.

 그는 형이, 눈물의 신금단을 다 보고 나와서야 아버지가 죽었단 얘기를 들었으면 좋았을 거라고 생각했다. 그러면 큰 형은 환갑이 넘어서까지 눈물의 신금단, 을 눈물로 기억하지 않아도 될 거였으니까.

'백오십 년이 지나자 선인장에도 크고 작은 구멍들이 수없이 생겼지요. 이제 이 거대한 선인장은 더 이상 자라지 않았어요. 아빠 키 열 배나 되는 키에 가지는 일곱 개나 뻗었습니다. 무게는 팔천 킬로그램, 자동차 다섯 대를 합한 것만큼 무거웠지요. 모두들 선인장 호텔에서 살고 싶어 했어요. 여기서 새들은 알을 낳고 사막쥐는 새끼를 길렀지요.'

허름한 술집 골목에서였나, 영타운 문예극장 뒤에서였나. 도시로 나와 그림 공부를 하게 된 그가 어느 봄밤 내게 맥주를 한 잔 하자며 자신이 나고 자란 섬 얘기를 들려주었다.

―잠에서 깨자마자 맨 발로 마당에 달려 나가는 거야. 간밤에 감꽃이 얼마나 떨어졌는지 보려고 말이야. 감나무 아래는 감꽃이 수북해. 하나 주워 입에 넣으면 달착지근하지. 또 안 떨어지나 고개 젖히고 올려다보면 그때부터 감꽃은 하나도 안 떨어져. 그러면 바다로 가. 바다는 안개가 잔뜩 끼었어. 죽 뻗은 내 손도 안보여. 마구 달리면 모래에 점점이 발자국이 찍혀. 쪼그리고 앉아 내 발자국에, 바닷물이 차오르는 걸 지켜봐. 아주 조금씩 천천히 차오르는데, 맑아.

말똥말똥 그를 바라보던 나는 그 밤, 고작 감꽃 몇 개와 해무(海霧) 따위에 반해 그와 함께 그의 어미의 선인장 호텔에 깃들기로 마음을 먹었다. 작은 엄마가 지은 흙집과 별로 다르지 않을 아주 작은 선인장 호텔에서 그와 나는, 새가 아니라서 알은 못 낳고 대신 새끼를 낳아 곱게 키웠다.

이제 열흘만 있으면 구십이 되고 인생에서는 아흔 번째 한가위를 맞게 되는 그의 어미, 풀잎처럼 가벼워진 어미에게 그는 어릴 적 아이에게 읽어주었던 그림책을 다시 읽어주고 싶은 마음이 들었다. 하지만 기력이 쇠하여 어미는 아들의 무릎에라도 오래 앉아있지 못했고 무엇보다도 오래 전 귀가 멀어 듣지를 못했다. 눈은 서서히 어둠 속으로 침잠하여 낮과 밤만을 구분했다.

'이백 년이 지났습니다. 마침내 늙은 선인장 호텔이 거센 바람에 휩쓸려 모래 바닥에 쿵! 하고 쓰러졌어요.'

 제 어미가 설령 들을 수 있고 볼 수 있다 할지라도 이 대목만큼은 그는 어미에게는 읽어주고 싶지 않았다. 밥상을 물리고 나서 그는 휴지로 어미의 기름기 묻은 손과 입을 깨끗이 닦아주었다. 예나 지금이나 그의 어미는 순했다.

'여러 달이 더 지났습니다. 이제 선인장 호텔을 지탱해 주던 줄기의 뼈대만 앙상하게 남았어요. 알록도마뱀이 벌레를 찾아 선인장 위로 줄달음을 쳤습니다. 땅뱀도 그늘 밑에 똬리를 틀었지요. 그리고 주위에는 온통 아주 조금씩 조금씩 자라는 선인장 숲이 생겼습니다. 이 가운데 몇은 뜨겁고, 춥고, 비 오고, 메마른 날들을 다 견뎌내고 또 다른 선인장 호텔이 될 만큼 크게 자라나겠지요.'

 그는 멍하니 앉아있는 어미의 손에 얇게 썬 사과를 쥐어주었다. 어미는 틀니로 사각사각 사과를 베어 먹었다. 시선 둘 곳 모르는 것이 아니라 둘 시선이 온전치 않아 어미는, 고요했다. 어미의 주변도 고요했다. 속이 텅 빈 늙은 갈참나무 같았다. 사과 씹는 소리만이 그 방에서 유일하게 젊음처럼 싱싱했다.
 그는 막연히 허공을 헤매는 어미의 눈, 어미의 마른 몸을 응시했다.
 어미가 뽑아 올린 거대한 나무의 무수한 가지 어디쯤에 그의 작은 엄마가 깃들어 있었다. 큰 형이 깃들고 큰 누나가 깃들어있었다. 섬에서 가장 손이 빨라 굴 따기라면 1인자였던, 육십을 바라보는 지금에도 야간 아르바이트를 하는 작은 누나가 깃들어 있었다. 과부와 엿장수가 깃들어 있었다.
 일곱 자식 중 막내인 그는, 그리고 그의 어린 것과 안사람은 오래된 갈참나무 저 위쪽 우듬지 어디쯤에 깃들어 있을 거였다. 모두 나무에서 태어나 나무로 돌아갈 영혼들이었다.
 그는 베란다에 나가 아파트 숲 사이로, 슈퍼문이라는 올해의 달을 바라보았다. 아픈 그의 마음은 아랑곳없이 둥실 떠오른 달은 숨이 막히도록 크고 밝았다.

2014년 9월

신의 길

　오리나무숲에 바람이 분다. 높이 솟은 우듬지가 천천히 흔들린다. 우듬지 사이 늦털매미 울음도 따라 흔들린다. 10월 어느 멋진 날 왕릉에 앉아 눈앞에 난 두 개의 길을 바라본다. 길은 박석을 깔아 환하고 정자각 계단 아래서 홍살문까지 길게 뻗어있다. 넓은 것은 신의 길, 나란히 난 좁은 것은 왕의 길. 두 길의 높이는 딱 한 뼘 차이. 왕릉을 방문한 누구도 신의 길은 감히 딛지 않는다.
　길의 왼편으로는 은행나무들이 노랗게 빛나고 있다. 원재훈의 시처럼 은행나무 아래서 우산을 쓰고 마냥 그대를 기다리고 싶은 날이다.

'은행나무 아래서 우산을 쓰고 그대를 기다린다/ 뚝뚝 떨어지는 빗방울들/ 저것 좀 봐, 꼭 시간이 떨어지는 것 같아/ 기다린다 저 빗방울이 흐르고 흘러 강물이 되고 바다가 되고/ 저 우주의 끝까지 흘러가/ 다시 은행나무 아래의 빗방울로 돌아올 때까지……(중략)……은행나무 아래서 우산을

쓰고 그대를 기다리다 보면／ 내 삶은 내가 어쩔 수 있는 것이 아니었다'

 우산을 쓰는 대신, 정자각 지붕이 만들어낸 그늘에 들어 눈으로 먼 은행나무를 좇으며 능의 해설가에게 묻는다. 신의 길은 사람은 걸을 수 없나요. 가면극에 나오는 입술 같은 새빨간 입술을 신축성 있게 늘였다 오므렸다 하며 해설가가 답한다. 제관은 걸을 수 있습니다.
 제관은, 제례를 지낼 적에 향과 축문을 들고 신의 길에 오르는 사람이다. 몸과 마음을 정결히 하고 옥빛 도포에 검은 유건을 쓰고 신에게 축문을 읽어주는 사람이다.
 갑자기 큰 바람이 불며 갈참나무 낙엽이 떼를 지어 다람쥐처럼 대지를 달려가자 길은 더 비어 보인다. 빈 길을 제관이 걷는다. 그럴 수 없이 경건한 몸짓을 하고 걷는다. 그의 눈은 평온하여 흔들리지 않고 나의 눈은 그가 받쳐 든, 축문이 든 황금빛 보자기에 흔들리며 가 멎는다.
 아름다운 것, 고운 것이 그 안에 들었을 것 같다. 시인의 시에나 나오는, 은행나무 아래서 우산을 쓰고 기다리는 그대라든가 그대가 오는 이렇게 아름다운 한 순간이라든가 하는 것들 말이다. 사람의 길이 신의 길에 바짝 붙어 나란히 갈 적에는 제관으로 하여금 그의 손에 가장 고운 것들을 들려 신을 우러르게 하라는 뜻 아니겠는가.
 제관은 계단을 올라 정자각 제단에 이르자 황금빛 보자기를 내려놓는다. 그리고 향을 살라 신을 부른다. 활짝 열린

뒷문, 그 사각의 틀 안으로 푸른 언덕이 들어와 있다. 언덕은 푸른 풀이 대부분이고 신의 기운이 감도는 아름다운 소나무들은 틀 밖 어딘가에 장대하게 솟아 그림자로만 풀밭에 어른거린다. 능은 그 위에 있을 것이다. 신에게 술 석 잔을 올린 제관은 곧 보자기를 풀어 사람의 기원이 담긴 축문(祝文)을 꺼낸다. 사람은 읽고, 신은 듣는다.

함(函) 안에는 그런데 그대가 없다. 그대가 오는 아름다운 순간도 없다. 사납게 찢어져 살이 흉하게 드러난 지친 우산이 있고 그대가 내뿜는 비난과 증오의 말들이 있다. 피로한 얼굴을 하고 내게로 오는 그대가 있고, 또 그렇게 그대에게 가는 내가 있다. 우리 서로가 어쩔 수 없었던 지겹고 비루한 삶의 순간들이 있다. 악다구니처럼 얽히고설켰다.

며칠 전 데이빗 핀쳐(David Fincher) 감독의 '나를 찾아서'를 봤다. 사랑하여 결혼했지만 아내는 남편이 지금보다는 좀 더 괜찮은 남자가 되기를 원한다. 정신적으로나 경제적으로나 자신을 향한 사랑에서나 말이다. 남자는 어느 새 그런 아내가 지긋지긋해지고 결국 바람을 피운다. 자신의 오랜 헌신과 애정이 무시당했다고 생각한 아내는 남편이 자신을 살해한 것으로 음모를 꾸민다.

글쎄, 배우자건 애인이건 자식이건 시간이 흐르면서 사람인 우리는, 신의 길을 걷지 못하는 서로가 원망스러워진다. 내가 닿기 힘든 것을 그가 대신 이루어주었으면 한다. 부와 명예도 그렇고 사랑 또한 그렇다. 나의 헌신과 채찍질에 그가 마침내 신의 길에 오르고 그러면 나도 덩달아 신이 되어 그 길을 걷고 싶은 것이다.

 신의 길과 사람의 길 사이 딱 한 뼘, 그 한 뼘만 넘어서면 되는데 그 한 뼘이 어렵다. 올라설 수도 없고 그렇다고 아예 벗어나기는 더 어렵다. 벗어나 숲으로 들어가면 은둔이 되고 신의 길에 마침내 올라서면 육신을 벗어던진 혼(魂)이 된다. 신의 길과 떨어져 갈지자(之)로 걸으면 그건 길이 아니다. 신의 길과 나란히 가는 법, 올라서 하나가 되지 않고 그렇다고 갈라서지도 않으며 딱 한 뼘의 차이를 유지하는 법을 찾으라고 왕릉에는 나란한 두 개의 길이 있는 걸까.

 정자각을 내려와 왕의 길을 걷는다. 왕, 저나 내나 이제는 누가 더 존귀하고 비천할 리 없는 똑같은 사람이니 이제는 내 맘대로 그 길을 걷는다. 경쾌하게 홍살문을 향하는데 부슬부슬 안개비처럼 다시 늦털매미 소리. 신이 우는가 보다. 한 해 두 번 신은, 그러니까 꽃피는 봄과 잎 지는 가을, 축문에 담긴 사람의 악다구니를 듣다 지쳐 그만 오래된 오리나무숲 우듬지에 올라 잠시 늦털매미 같은 것이 되어 지이익 지이익 울어버리는가 보다.

 가을 햇살 내려앉은 오리나무숲 우듬지는 사금파리라도 흩뿌려진 듯 쉼 없이 반짝인다. 문득 축문이 들었던 함에 채 읽지 못한 시인의 시의 한 귀퉁이가 남아있을지 모른다는 생각.

'나뭇잎이 속삭이는 소리를 들으며/ 이건 빗방울들의 소리인 줄도 몰라하면서/ 빗방울보다 아니 그 속의 더 작은 물

방울보다 작아지는/ 내가, 내 삶에 그대가 오는 이렇게 아름다운 한 순간을/ 기다려온 것인 줄 몰라한다'

 제관이 채 읽지 못한, 그래서 사람에게 들려주지 못한 마지막 싯귀를 신은 알고 계시는 걸까. 그래서 술 석잔 받아들고 우리가 내지르는 악다구니를 조용히 듣다가는, 제 풀에 지쳐 사람이 땅바닥에 주저앉는 순간, '내 삶에 그대가 오는 이렇게 아름다운 한 순간'이 그대에게도 있었다는 사실을 넌지시 알려주려고 신은 사람의 길옆에 나란히 자신의 길을 두었을까.

2014년 10월

영화가 시작되기 십 분 전

10년 동안 나무를, 그중에도 특히 겨울나무를 사랑해온 사람들이 있다. 추운 겨울이면 뜨듯한 영화관에 들어앉아 달달한 핫쵸코에 설탕 듬뿍 묻힌 도넛 먹으며 말랑말랑한 로맨스 영화 보는 게 제일이던 내가 연달아 두 해 그 사람들 틈에 끼어 겨울나무를 보러갔다.

사랑하러 간 건 아니고 사랑해서도 아니고 그야말로 어찌어찌하다 갔다. 봄 여름 가을 다 제치고 하필 겨울에 갔다. 또, 나무들은 산에 사니까 멀리까지 갔다. 방수등산화에 양말 두 켤레, 장갑 두 켤레, 귀달이 모자, 방한 마스크를 했다. 점심은 눈밭에 쭈그리고 앉아 컵라면으로 때웠다. 춥고 배고팠다. 첫 해 갔다 오고는 이젠 안가야지 했는데 어찌어찌하다 다음 해 또 갔다. 또 춥고 배가 고팠다.

얼마 전, 겨울나무를 사랑하는 사람들이 모여 만든 한 인터넷 카페의 카페지기가 내게 부탁을 해왔다. 올해가 카페 생긴 지 10년째예요. 카페에 올라온 사진들 모아 동영상 만들어봐 주세요. 평소 카페지기한테 얻어먹은 것이 좀 있어 그러지요 했다. 시간 되는 대로 카페에 들어가 10년 치 사진들을 살폈다. 두 해는 따라다녔으니 최근 두 해 분량의 사진은 익숙했다.

세 번째 겨울, 그러니까 2014년을 기준으로 과거를 향할 적의 세 번째 겨울부터는 보지 못한 사진들이 많았다. 정확히는 보지 못한 사람들이 많았다. 십 년이면 강산이 변한다는데 십 년 전 태백산이나 지금 태백산이나 눈에 띄는 변화는 찾지 못했다. 다만 사람들이 달랐다. 그때 노총각이었는데 지금도 총각인 사람, 어쩌면 그리 크게 입을 벌리고 깔깔 웃는 중년 여인 몇은 안면이 있었다. 시간을 거슬러 올라갈수록 사람들은 빠르게 낯설어졌다.

2010년 해발 1560미터 태백산 꼭대기, 앳된 여자, 낯선 첫 번째 여자. 매서운 겨울바람에 머리칼이 하늘로 끌려올라갈 듯 곤두섰다. 이정표를 망망대해 부표(浮標)처럼 끌어안고 환하게 웃고 있었다. 2007년 오대산, 눈밭 위에 한 남자, 낯선 두 번째 사람. 가만히 눈을 감았는데 얼굴 가득 깊은 주름이 겹겹이 능선처럼 들어앉았다.

대여섯 아름 되는 전나무를 끌어안고 지그시 눈을 감은 남자, 눈밭에서 열심히 나무도감을 뒤적이는 여자, 머리 위로 곤줄박이 한 마리가 날아와 앉자 기뻐 어쩔 줄 몰라 하는 남자도 있었다.

지나간 그들의 시간과 현재 나의 시간은 달랐다. 하지만 우리는, 만약 그런 표현이 가능하다면, 단박에 서로를 이해했다. 2006년 겨울 계룡산, 물박달나무에 갸웃이 머리를 기댄 여자, 동백꽃 같은 그 여자의 어쩌면 은밀한 사랑을 나는 사진에서 읽었다. 2003년 겨울, 1800년 된 주목 아래 선 한 남자, 사진 속에서 나무와 그는 깊은 바다에 가라앉은 듯 고요했지만 그가 탄식처럼 내뱉는 경이와 감탄의 숨소리를 나는 들을 수 있었다.

사람만 낯선 것은 아니었다. 나무도 그랬다. 가슴팍에 돌처럼 종양 덩어리를 매단 것이 있었다. 줄기가 덩굴에 감겨 낚싯대처럼 휘어진 것도 있고 덩굴이 나선형으로 줄기를 옭아매 물관과 체관을 누르며 결국 숨이 막혀 죽은 것도 있었다. 어떤 것은 온 몸에 버섯 꽃을 피우고 쓸쓸한 기념비처럼 서있기도 하고 어떤 것은, 나무좀이 휩쓸고 간 흉흉한 내부를 드러낸 채 성한 것에 기대 천천히 죽어가고 있었다.

어느 산 산기슭에는 개버찌나무가 누워있었다. 바람인지 번개인지에 맞아 세로로 두 조각으로 찢어졌다. 누운 나무에서 그런데 무수한 가지들이 돋아났다. 나무가 쓰러진 후의 일이었다. 가지는 얼핏 수십 개는 되었다. 빼곡하여 작은 숲과도 같았다. 곤줄박이가 놀러오고 어린 뱀이 숨고 노린재가 사랑을 나누기에는 충분해보였다.

나무, 그는 실의니 절망이니 하는 단어를 알지 못하는 것 같았다. 나무의 삶에 그런 일은 없는가보았다.

시간을 거슬러 올라간 그 며칠, 나는 한 마리 은어였다. 짠 내 나는 바다의 기억은 잊고 신선한 민물 냄새를 맡으며 상류로 상류로 거슬러 올라갔다. 그러다 문득 돌아본 강은 사방에 은어떼가 가득했다. 반짝였다. 겨울나무를 보러 가는 길에 사람들은 은어가 되어, 생에 몇 안 되는 빛나는 순간을 보내고 있었다. 은어들은 공중에 물방울 튀기듯 획획 댓글도 날렸다. 이러했다.

'다시 가고 싶은 산!'
'사진 속 숲길로 들어가고 싶어 마우스를 올려보지만……!'
'겨울 숲은 가난하다. 꽃의 향기도 나비의 날갯짓도 없다. 세찬 바람만이 빈 숲에 가득하다. 그러나 이 빈 숲에 모든 것이 담겨있다.'
'준비하고 준비하자, 이 겨울엔.'
'나무 한 그루에서 배려와 공존을 봅니다. 햇빛을 많이 받는 쪽 가지가 더 잘 자라도록, 다른 쪽 가지가 양보하는군요.' (다음 카페 '겨울나무사랑'에서 인용)

햇빛을 많이 받는 쪽 가지의 성장과 다른 쪽 가지의 쇠퇴를 내가 '경쟁'으로 읽을 때 다른 누군가는 '양보'로 읽었던가 보다. 겨울나무를 보았으나 미처 사랑하지는 못한 자와, 겨울나무를 보았으며 또한 사랑한 자의 차이일까.

조금 있으면 겨울. 올해는 지난해들만큼 열심히 겨울 산을 다니지는 못할 것이다. 대신 가끔 핫쵸코에 도넛 들고 영화관을 찾겠지. 어렸을 적 영화관에 가면 영화가 시작되기 전 애국가가 흘러 나왔다. 모두 자리에서 일어나 따라 불러야 했다. 군부독재의 잔재라 하여 지금은 없어졌지만 그 시절 실은 나는 애국가를 따라 부르며 가슴이 벅찼다. 조국에 쓸모 있는 사람이 되리라 다짐했었다. 지금은 영화관에서 애국가를 부르면 쫓겨난다.

영화가 시작되기 십 분 전, 따라 부를 노래도 없는 그 시간, 이제 나는 무엇을 할까. 겨울나무를 찾아가는 은어들의 행렬, 그 십 년의 사랑을 떠올리지는 않을까. 어디서도 본 적 없는 감동적인 영화를.

2014년 11월

청계산 통신 11월

 가을도 아니고 겨울도 아니다. 잎은 벌써 져 숲은 텅 비어, 마땅히 시선 둘 곳이 없다. 겨울은 올해는 이 숲을 들르지 않을 것만 같다. 익숙한 네 개의 계절 말고 내가 모르는 다른 계절이 숲에 슬쩍 들어앉은 느낌. 11월의 청계산이 그렇다

 계절 얘기가 나와서 말인데 계절이 꼭 '계절'로만 읽히는 것은 아니다. 고등학교 때였다. 미팅에서 남자애를 만났다. 마음에 들었다. 그 애 집에 놀러갔다. 그 애 방 창문엔 연보랏빛 등나무 꽃이 주렴처럼 드리워져 있고 두 개의 벽은 온전히 책으로 채워져 있었다. 그 애가 더 좋아졌다. 책장에 시집 한 권이 눈에 띄었다. 그 애 손길이 닿았을 거였다. 나는 손을 뻗어 시집을 꺼냈다. 그리고 나직이 소리 내어 시집 제목을 중얼거렸다.

 -지나가는 이절.....

 그 애가 가만히 나를 바라보았다. 안경 너머 그 애 눈이 그윽하고 깊어 나는 잠깐 숨이 막혔다. 우리는 그날 날이 어두워지도록 그 애 방에서 써머셋 모옴(William Somerse t Maugham) 얘기를 했다. 캄캄해져서야 그 애 집을 나왔고 그 애는 버스정거장까지 나를 바래다주었다. 우리집 가는 버스가 오자 그 애가 머뭇거리며 말했다.

-그거 이절 아니고 계절이야.

-.........

시집 제목의 한자 '계절(季節)'을 '이절'로 잘못 읽었던가 보았다. 아무튼 그 후 그 애는 연락을 하지 않았고 나는 그때부터는 어떤 남자 앞에서도 소리 내어 한자를 읽지 않았다.

한자 때문은 아닐 텐데도 청계산 입구 아카시 나무들은 그때 그 밤 버스정거장의 나처럼 망연해 보인다. 수명의 끝을 향해 가는 것들이 많아서인가보다. 죽은 가지, 꺾인 가지, 버섯꽃이 핀 가지들이 눈에 들어온다. 잎에 가려 보이지 않던 지난 계절의 고단한 사연들이 잎 지자 보인다.

활엽수 사이 소나무 한 그루, 세 계절 내내 그가 거기 있는 줄 몰랐다. 철갑을 두르고 남산 위에나 섰을 법한 그런 소나무가 아니다. 비루하고 비쩍 말랐다. 활엽수 등살에 고달팠던가보다. 이제 숨 좀 트이려나.

계곡 옆 낙엽송 아래는 크림 듬뿍 든 커피같이 짙고 부드러운 갈색 바늘잎이 소복이 쌓였다. 침엽수인데도 매년 가을 한꺼번에 잎을 갈아 잎갈나무다. 시선이 덩달아 부드러워진다. 맨발로 걸어도 부드럽다.

그 유명한 시몬, 그러니까 '시몬 너는 좋으냐 낙엽 밟는 소리가'에 나오는 그 서양 남자 시몬이 낙엽을 밟을 적에는 낙엽은 '쓸쓸하고 버림받고 바람에 흩어지고 영혼처럼 운다'고 했다. 반면 낙엽송 아래 낙엽은 간밤에 내린 눈같이 조용하다. 바스락 소리를 내기보다는 오히려 소리를 묻는다. 버림받고 영혼처럼 울기보다는 자박자박 삭힌다. 낙엽송 아래는 그래서 고라니 같은 것, 순하고 여린 것이 서있어야 어울린다.

비오톱 안 큰나무수국에 마른 꽃송이가 대롱대롱. 오래된 장롱 밑에서 끌어낸 커다란 먼지 덩어리 같다. 을씨년스럽다. 수정되면 분분히 날려 땅에 떨어지는 보통의 꽃잎과 달리 겨우내 허공에 매달려 사소한 바람에도 버석거린다. 열매를 맺지 못하도록 개량되었다. 사랑을 모르는 무언(無言), 무심(無心), 무감(無感) 덩어리. 그는 꽃일까.

은행나무 다리를 건너자 숲은 온통 동고비며 박새, 쇠박새. 아니 박새 모습보다 먼저 소리가, 저희들처럼 자잘하고 부산한 뽀시락 뽀시락 소리가 숲에 가득하다. 상수리와 아카시 잔가지 사이에서 왔다 갔다 한다. 아카시 씨앗 꼬투리는 먹을 것이니 이해가 가는데 상수리는 잘 모르겠다. 도토리 한 알 없이 다 떨어졌는데 왜 거기 모여 있을까.

잎 다 지고, 허공에 맨 가지를 뻗은 나무의 모양새를 보면 그가 참 대단한 예술가라는 생각을 하게 된다. 그는 '생각'하는 존재라기보다 '느끼는' 존재다. 바람과 대기와 빛을 느끼고, 느끼는 곳으로 뻗고 느끼는 만큼 뻗는다. 부딪히면 틀거나 섞인다. 그는 느낌의 물화(物化)다. 흉내 낼 수 없는 그의 감수성을 두고 그가 뇌가 있느니 없느니 분분해하는 것은 사람이 지어낸 무용한 일이지 싶다. 그는 우리와 다르고 우리도 그와 다르다.

늙은 은사시 나무, 이 계절에 어째 저리 푸른 잎을 달았나 했더니 실은 으름 덩굴이 그를 칭칭 감고 올라갔다. 여름만은 못해도 이 계절 숲에서 저 혼자 푸르다. 기후 온난화 때문인지 이제 중부에서도 으름은 푸르게 겨울을 나려는가 보다. 중부지방에서 태어나 중부에서 내내 살아온 나는 이런 11월 풍경이 낯설다. 꼭 한 겨울에 흰 눈 속에서 새빨간 딸기를 본 것 같다. 겨울이 오지 않을 것 같아 기분이 또 이상하다.

숲 바닥은 빈틈없이 낙엽. 나무마다, 제 몸에서 떨어져나간 낙엽 위에 길게 그림자를 드리웠다. 그림자는 종일, 해를 따라 둥그렇게 낙엽 위를 돈다. 꼭 죽은 자식을 어루만지는 어미의 손길 같다. 한때 푸르렀으며, 제 품에 안겨 바람과 햇살에 깔깔거렸을 어린 것들을 다시는 돌아오지 못할 차가운 대지로 내치는 일이 나무도 쉽지 않았을 것이다. 그림자로라도 쓰다듬으라고 해는, 동쪽 나무들을 지나 서쪽 나무들로 움직여가는 걸까.

그 애와 써머셋 모옴 얘기를 할 적에 내가 그 애에게 들려준 소설 한 대목이 있었다.

'스페인, 코르도바, 톨레도, 레온……의사 자격증을 딴 후 필립이 제일 먼저 하고 싶었던 일은 선의(船醫)를 고용하는 배를 타고 세계를 돌아다니는 일이었다. 배들이 기항하는 항구들 이름 하나 하나가 필립에게 강렬한 삶의 환상을 일으켜주었다. 열대의 햇빛과 마법의 색채로 가득 찬 삶, 그가 원하는 것은 바로 그것이었다.' (써머셋 모음, 인간의 굴레)

 그날 이후 그 애 방 창문엔 연보랏빛 등꽃이 수도 없이 피었다 지고 어둔 버스정거장으로 버스들이 낙엽처럼 지나갔을 것이다. 2014년 지금, 나는 아직도 그 낯선 땅들을 가보지 못했다. 오랜 열망에 닳아 이제는 무감해진 그 이름들 사이로 가끔 '이절'이 이국(異國)처럼 지나갈 뿐.

2014년 11월

예술의 전당 맞은편에서

예술의 전당 맞은편 국수집에서 아는 여자와 밥을 먹었다. 엄마를 버스터미널까지 바래다주고 오는 길이었다. 밖은 비가 오다 눈이 오다를 반복하고, 국수집 창밖 왕벚나무는 눈비에 젖어 늪처럼 검었다. 국수를 먹으며 여자가 말했다.
 ―엊그제 지역아동센터에 수업을 갔는데 어떤 아이가 저한테 다가오더니 그러는 거예요. 저 선생님 알아요. 놀라서 제가, 어머 어떻게 아니? 했더니 몇 달 전 자기네 학교에 제가 수업을 왔다는 거예요.
 나는 문자도 하고 호루룩 면발도 건져먹고 창밖 풍경도 힐끔 보면서 건성으로 여자의 말을 들었다.
 ―수업이 끝나고 센터를 나서는데 갑자기 눈물이 나는 거예요. 걔가 나를 기억해줬다는 게 고맙고 그리고, 사람과 사람이 만났는데 이렇게 헤어져서는 안 된다는 생각이 번쩍 드는 거예요. 이렇게 헤어지면 걔는 나중에 커서 사람과 사람이 만나 이렇게 헤어져도 되는 거라고 생각할 거 아녜요.

문자를 하다말고 여자를 보았다. 여자는 평소 성품이 온화하고 순했다.

 -급히 수퍼를 찾았죠. 모르는 동네라 골목 골목 헤맸어요. 드디어 찾아서는 빵이랑 음료수랑 잔뜩 샀죠. 그리고 다시 센터로 달려가 걔를 불러냈어요. 걔 손을 꼭 잡고 말했죠. 이건 친구들이랑 나눠 먹고 그리고 이건, 이건 있지 꼭 너만 먹어. 너한테 주는 선물이야.

 그 대목에서 여자는 국수를 먹다말고 덥석 내 손을 잡았다. 그 애 손을 아마도 그렇게 잡았을 거였다. 얼결에 손을 통해 건너온 여자의 온기가 어색해 나는 창밖을 보았다. 어느새 비가 눈으로 변해 검은 벚나무에 하얗게 눈이 쌓여가고 있었다. 문득 엄마 생각이 났다.

 엄마는 잘 가고 있을까. 령 하나를 넘어야하는데 엄마를 태운 버스는 잘 달리고 있을까.

 시골에 사는 엄마는 며칠 전, 친척 결혼식도 참석하고 무릎 검사도 받을 겸 서울에 왔다. 관절병원 두어 군데를 돌고 다시 시골로 가는 길이었다. 어떤 의사는 수술 말고 길이 없다고 했고 어떤 의사는 견딜 만 하면 좀 더 기다려보라고 했다. 함께 간 언니는 병원을 나서자 엄마와 팔짱을 하고 말없이 터덕터덕 걷다 이렇게 속삭였다. 엄마 미안해.

 버스 출발까지는 시간이 좀 남아 대합실에서 엄마와 돌솥비빔밥을 먹었다. 엄마는 돌솥 바닥에 고스란히 누룽지를 남겼다. 나는 누룽지가 너무 좋은데 엄마는 왜 안 먹느냐고 했더니 원래 누룽지를 싫어한단다. 엄마가 누룽지를 싫어한다는 걸 처음 알았다. 엄마도 싫어하는 뭔가가 있다는 걸 또 처음 알았다.

 엄마 돌솥까지 내 앞으로 가져와 박박 누룽지를 긁고 있는데 시골 아버지 전화. 오늘이 할머니 제사인데 저녁때 엄마가 시간 맞춰 도착할 수 있는지를 묻고 있었다. 엄마는 절박해져서 얼굴에 땀까지 흘리며, 예기치 않게 병원을 여러 군데 도느라 출발이 늦었다고, 혹시라도 자신이 늦으면 아버지 혼자라도 먼저 지내고 있으라고 당부에 당부를 거듭했다.

 -알았지요? 며느리가 무릎이 아파 검사받고 가느라 그리 되었다고, 다음 달 할아버지 제사 때는 예를 갖추어 잘 지내겠노라고 당신이 꼭 내 대신 어머님께 잘 좀 말씀드려주소. 냉장고에 나물하고, 베란다에 생선 말린 거하고.......

 사람과 사람으로 만나 반평생이 흘렀고, 이제는 사람과 혼령으로 만나고 있는 나의 엄마와 나의 할머니. 1년에 한 번 그렇게 만날 적에 매번 이런저런 나물을 볶고 탕을 끓이는 엄마의 마음에 귀찮아하는 법이 손톱만큼도 없다는 것을 나는 잘 안다. 아주 오래 엄마와 같이 살았으므로.

 엄마가 사람을 만나는 법은 아무래도 가닿을 수 없는 저 별 같은 먼 것들을 떠올리게 한다.

 대합실에 앉아 버스를 기다리며 엄마와 쇠무릎 얘기를 했다. 쇠무릎은 우리나라 지천에 흔한 풀인데 옛날부터 관절 아픈 데 약으로 써왔단다. 쇠비름이 얼마나 힘 센 풀인지에 대해 얘기했다. 콜라겐이 많은 닭발을 삶아먹는 것에 대해서도 얘기했다. 아버지 밭 마가목 빨간 열매가 얼마나 고운지에 대해 얘기할 때는 엄마도 나도 덩달아 뺨이 달아올라, 그 붉은 열매 안에 전등이 켜지며 그것이 마치 서로의 눈 안에 들어차있는 듯이나 서로의 얼굴을 살피며 환하게 웃었다.

 대합실 벽에 걸린 커다란 스크린에서는 끊임없이 정치 얘기가 나왔다. 모 항공사 땅콩리턴 얘기가 나오고 비밀 문건 유출 얘기가 나왔다. 아직 어린 티가 나는 군인들이 샌드백을 메고 대합실을 서성였다. 부대로 돌아갈 시간이었다.

 버스가 출발할 시간이 되자 엄마는, 아픈 자신의 무릎이 무슨 짐 꾸러미나 되는 듯 두 손으로 아무렇게나 끌어안고 느리게 버스에 올랐다. 내린 후의 일에 대해서는 걱정하지 않았다. 그 초라한 시골 대합실 창문 앞에도 왕벚나무가 있는데 아버지는 분명, 만약 버스가 아홉시에 도착한다면 여덟시부터 그 왕벚나무 앞에서 서성이며 엄마를 기다리고 있을 테니까.

 한 해가 저물어가는 2014년 12월 어느 오후, 밖에는 눈인지 비인지 뭣인지가 후회처럼 무겁게 휘날리는데 예술의 전당 맞은편에 앉아 따뜻한 밥 한 끼를 먹는다. 예술의 전당 화강암 벽에는 제목만으로도 으리으리한 예술작품들의 상연과 전시를 알리는 플래카드가 황실의 휘장처럼 근엄하게 걸려 있다. 그 작품들 중에, 나무를 닮은 사람들 그러니까 사람과 사람이 만나 헤어질 적에는 그냥 헤어져선 안 된다고 믿는 여자, 그날 받은 강사비를 몽땅 털어 먹을 것을 산 여자 그리고, 혼령과 만날 적에는 더더욱 정성껏 지은 밥 한 끼로 만나야한다고 믿으며 늙은 여자의 이야기도 있을까.
 창밖 검은 왕벚나무는 이 계절 아마 생장을 거의 멈추었을 것이다. 얼어붙은 땅, 얼어붙은 대기를 견디기 위해 스스로 먹을 것을 끊었을 것이다. 먹을 것을 끊은 나무 한 그루를 옆에 두고 먹는 밥은 한 숟갈 한 숟갈이 다짐이다.

2014년 12월

청계산 통신 12월

2014년 12월 31일 마지막 날, 청계산에 갔다. 왜 마지막 날에 갔냐하면 그냥 그래야 할 것 같아서 갔다.

여기는 새벽에 잠깐 눈이 왔던가보다. 바닥에 종이처럼 얇고 성긴 눈. 숲 바닥은 완전히 얼어붙었다. 발바닥에 전해지는 대지는 차고 딱딱하다. 동토(凍土), 라는 말이 실감난다. 오래 알아온 다정한 사람이 어느 날 갑자기 차갑게 변해버린 것처럼 섭섭하기까지 하다.

비오톱(biotope) 가기 전 오른쪽으로 주목 몇 그루. 그간 별로 관심 갖지 않았는데 푸른빛이 귀한 철이라 눈길뿐 아니라 발길까지 절로 그리로 간다. 성북동 간송 미술관에도 주목이 있다. 그런데 그곳 주목 안에는 닭들이 산다. 방사상으로 뻗은 주목 가지 하나씩을 햇대 삼았다. 생김새며 걷는 모습이 고고하다. 미술관에 살다보면 보통 닭들도 그리 되는 것인지 아니면 보통 닭들이 아니어서 미술관에 사는지는 잘 모르겠다.

가까이 다가가서 본 주목 중 두 그루가 그런데 좀 이상하다. 나란히 선 두 그루 중 한 그루가 다른 나무 사이로 가지 하나를 뻗었다. 뻗은 가지는 다른 가지에 닿자 흔적도 없이 사라져버렸다. 성인 팔뚝만한 것 두 개가 합쳐졌으니 내 생각엔, 합쳐진 부분이 두 배쯤 된다든가 아니면 최소한 뭉툭하기라도 해야 할 것 같은데 칼로 잘라 갖다 붙인 듯 감쪽같다. 이유가 있을 것인데 잘 모르겠다.

 다만 프랑스 조각가 오귀스트 로댕(Auguste Rodin)의 연인 까미유 끌로델(Camille Claude) 그리고 그녀의 1900년 작품 '애원'을 떠올릴 뿐.

 로댕과의 불같고 꿈같은 사랑이 끝난 후 까미유는 '중년', '애원', '왈츠' 등을 제작한다. 작품 '애원'은 젊은 여인이 뭔가를 향해 혹은 누군가를 향해 두 팔을 벌리고 가지 말라고 간절히 애원하는 형상이다. 아마 로댕에 대한, 떠나가는 사랑에 대한 애원일 것이라고 후세 사람들은 추측한다. 그녀는 푸른 주목 가지처럼 그냥 로댕 속으로 들어가 버리고 싶었던 걸까. 흔적도 없이 다른 존재가 되고 싶었던 걸까.

 로댕과 헤어진 후 까미유는 가난과 피해망상, 로댕에 대한 애증을 삭이지 못하고 결국 몽드베르그 정신병원에 입원한다. 그곳에서 30년의 세월을 보낸 후 혹한이 지속되던 어느 날 병원 침대에서 동사(凍死)한 채 발견된다.

 은행나무 다리를 건넌다. 신록처럼 가득하던 11월의 새 소리는 한 달 만에 거짓말처럼 사라졌다. 상수리 마른 잎도 사라졌다. 으름 푸른빛도 사라졌다.

 고개를 한껏 뒤로 젖혀야만 우듬지가 보이는 고욤나무 세 그루 맞은편으로 한 아름이 넘는 갈참나무 한 그루. 단순하고 명료하다. 깊은 숨을 토하고 그대로 정지해버린 것 같다. 생의 남루(襤褸)와 비루(鄙陋)는 이제 그의 것이 아닌가 보다. 사랑하게 되었다, 많은 나무들 중 그를.

계곡 쪽 은사시나무는 은사시, 라는 아름다운 이름을 가져다붙이기도 민망할 만큼 늙어버렸다. 곁을 스치기만 해도 나무의 노쇠한 한숨이 들리는 듯하다. 한때 은사시는 씨앗의 갓털이 알레르기를 일으킨다고 하여 대량으로 잘려나갔다.

은사시 나무는 속성으로 크게 빨리 자라는 나무다. 하지만 은사시라는 이름만은 여리고 자잘하여, 마음에 두면 어느새 눈앞에 은빛 잔물결이 인다. 은빛과 관련된 것들 그러니까 은비령, 은어, 은어낚시, 은백양, 은파, 은하수, 은꿩, 은잠 같은 것들은 반짝이고 흔들리고 그리고, 사라진다. 금과는 느낌이 다르다. 산본 어디에 가면 은사시나무숲이 있다. 얼마 전 몹시 추울 적에 갔다 왔다. 봄이 되면 다시 갈 건데 그 숲에 봄이 올 것을 생각하자 왜 자꾸 한숨이 나는지 모르겠다.

물오리나무 옆 벤치에 앉았는데 호드득 새소리. 급히 땅콩하고 호두 몇 알 꺼내 잘게 부숴 벤치에 늘어놓는다. 곤줄박이가 제일 먼저 날아온다. 이어 동고비가 날아오고 마지막으로 박새와 쇠박새가 날아왔는데 박새는 도대체 몇 번이나 호두 바로 앞까지 날아왔다가는 끼이익, 급 유턴해서 다시 날아간다. 간신히 한 마리, 초긴장하여 다가왔는데 가루와 다름없는 부스러기만 부리에 묻히고 또 급히 달아난다. 그새 곤줄박이며 동고비는 수시로 날아오고 한 무더기였던 땅콩과 호두는 금세 바닥나버렸다. 이제 박새는 용기를 내어도 더 먹을 것이 없고, 나도 커피 말고는 줄 것이 없다.

산을 내려오는 데 뭐가 자꾸 뒤를 따라오는 느낌. 한 줌도 안 되는 작은 손으로 내 옷 자락을 붙잡고 타닥타닥 나를 따라 걷던 기억 속의 내 어린 것 같기도 하고 한 해의 마지막달 마지막 날 같기도 하고 배고픈 박새 같기도 하고. 아니면 푸른 주목 그늘, 그 안에 든 까미유일까. 스승이자 스물넷 연상의 연인이었던 로댕은 열아홉 까미유에게 이렇게 말한다.

-중요한 것은 감동하기, 사랑하기, 소망하기, 걱정하기, 살아있기이다. 예술가가 되기 전에 먼저 뜨거운 가슴을 가져라.

감동하고 사랑하고 소망하고 걱정하였으나 사랑이 지나쳐 '온전히' 살아있기에는 실패한 여자, 은사시 이파리 같이 반짝이고 흔들리다 어느 날 사라진 여자. 그게 우리가 아니라고 자신 있게 말할 수 있을까. 살다보면 인생에 그렇게 다른 존재 속으로 와락 숨어들어가고 싶은 때가 있지 않던가. 사랑이건 집착이건 고단함 때문이건.

숲을 지나는 바람이 날카롭다. 얼굴이 시리다. 내일 아침, 그러니까 2015년 아침은 영하 10도가 될 거란다. 땅은 더 얼어붙을 것이고 나무는 더 움츠리며 새는 또 더 배고플 것이다. 잘 견뎌서 봄이 올 적에는 늙은 은사시도, 겁 많은 박새도, 푸른 주목 그늘도 사라지지 않으면 좋겠다.
 청계산을 나와 2차선 도로 흙길에 서서 버스가 오는 쪽을 바라보는데 나는 꼭 버스가 오기만을 기다리는 건 아닌 것 같다. 바람은 여기도 차다.

2014년 12월

갑사는 왜 갔던 걸까

2015년 1월 마지막 날, 계룡산에 갔다. 사람주나무, 합다리나무, 대팻집나무를 보러 갔다. 내가 사는 서울에서는 구경하기 힘든 나무들이다. 동학사 쪽에서 올라 남매탑까지 갔다가 다시 동학사로 내려오는 코스.

동학사는 스물여섯에 처음 갔다. 갑사에서 넘어가던 길이었다. 그간 강산은 몇 번 변했고 나도 시속으로 닳고 변해 그 길도 산도 기억에 없다.

2015년 겨울 동학사 가는 길은 굴참나무건 느티나무건 고욤나무건, 굳건하고 우람하기가 한결같다. 영험한 산이라고 소문나, 함부로 산에 들어 나무를 베는 사람이 없어 나무들마다 그리 잘 자랐을 거란다.

올라가면 갈수록 그런데 이 산의 나무들은 좀 특별하다. 나무마다 바위 하나씩을 끌어안았다. 큰 바위 옆 사람주나무 한 그루. 바위에 바짝 붙어 줄기를 올리다가 어느 순간 바위의 튀어나온 부분과 맞닥뜨렸다. 순순히 피해가면 될 것인데 기어이 그 방향으로 솟고자 부질없이 바위에 머리를 박았다. 박고 또 박고 비비고 또 비볐다. 반대편에서 다른 가지가 돋아 그것이 줄기가 되어 뻗어나가는 동안도 먼젓번 줄기는 단단한 바위에 끊임없이 제 몸을 부딪쳤다. 이 악물고 달려오는 파도 모양으로 닳고 닳았다. 치열한 맹목(盲目)의 기록일까, 그의 수피(樹皮)는 뼈처럼 희다.

 북사면(北斜面) 어디 책가방만한 바위 한가운데 어린 상수리. 자라면서 한때 바위를 부수리라 결심도 했을 것이다. 하지만 바위는 그렇게 부드러운 것이 아니었다. 자라고 자라다 결국 제 몸의 무게를 이기지 못하고 상수리는 바위에 줄기를 쏟았다. 나무는 액체가 아니므로 쏟았다는 표현은 이상하지만 분명 그는 막 쑨 찹쌀풀처럼 바위에 제 몸을 쏟아, 쏟은 그 몸으로 바위를 감싸 우람하게 자랐다. 그는 아름드리 커다란 상수리 한 그루가 되었다.

 남매탑에 닿아 한숨 돌리고 작은 절에 들어 한 해의 안녕을 기원하고 막 내려가려는데 산마루 왼쪽으로 커다란 헛개나무. 위엄(威嚴)이, 검은 두루마기 모양 갑옷을 입고 큰 칼 옆에 찬 전설의 고구려 무사 같다.

 헛개나무 열매는 입에 넣고 굴리면 달아, 땅에 떨어진 열매를 찾으려고 나무 아래 쪼그리고 앉는다. 눈과 낙엽과 흙을 파헤치며 맴을 도는데 고개 들다 우연히 마주친 헛개나무 줄기. 지상에서 백 미터 조금 안 되는 부분에서 두 갈래로 분기했다.

 그런데 분기 지점에 사람 머리통만한 날카로운 돌멩이가 박혀있다. 그저 가볍게 박혀있는 정도가 아니라 나무의 살점을 깊숙이 파고들어 사람의 힘으로는 도무지 빼낼 수가 없다. 기어이 빼내려면 나무도 일부 잘라내야 할 터. 잔혹하다.

 어느 못된 사람이 이런 짓을 했나 싶어 혀를 차며 살펴보니 줄기 아랫부분에 커다란 바위 하나. 돌멩이는 그러니까 누가 일부러 끼워 넣은 것이 아니라 헛개나무가 터전으로 삼고 자라난 바위의 뾰족한 윗부분이었던 것. 빙산으로 치자면 수면 위로 드러난 빙산의 일각이었던 셈이다. 나무는 그러나 바위보다 높이 자라 결국 제 몸으로 그 큰 바위를 덮어버렸다. 덮어, 용맹한 무사가 되었다.

 헛개나무 줄기를 안는다. 갈라지고 들뜬 나무 조각 하나하나가 무사의 찰갑(札甲)에 달린 빛나는 미늘 같다.

 철렁철렁 철렁철렁.

 계룡산 추운 산마루에, 쇠를 저며 만든 맑은 미늘 소리가 풍경처럼 번지고 저벅저벅 내 안으로 무사가 걸어 들어온다. 나는 그에게 묻고 싶어진다. 바위와 나무, 그 둘 사이는 애정인지 애증인지. 얼핏 이질적으로 보이는 둘이 지금처럼 얽히고설키게 된 데에는 사람의 짐작으로는 헤아릴 수 없는 시간과 사연이 있었을 것이다.

 미늘에 가만히 뺨을 댄다. 거칠고 묵직하다. 우리 엄마 발 같다. 모두 잠든 늦은 밤 집안일을 마친 엄마는 내 이불 속으로 들어와 투박한 두 발로 차가운 내 발을 오래 문질러주었다. 깜박 잠들었다가도 희뜩 깨서 문지르고, 잠 속으로 미끄러져 들어가면서도 문질렀다. 내가 엄마가 된 지금, 내 발은 여전히 차고 나는 엄마 발 대신 극세사 수면 양말 두 짝으로 차가운 두 발을 데운다. 헛개나무 같은 엄마 발은 내 유년의 평안한 갑옷이었다.

내내 눈으로 사방의 나무와 바위를 좇다 뜬금없이 '여우누이' 생각. 밤이면 꼬리 아홉 달린 여우로 둔갑해 가족을 잡아먹던 전래동화 속의 누이동생 여우누이는 어느 날 말을 타고 집에 돌아온 셋째 아들을 보고 입맛을 다시며 이렇게 중얼거린다. "히히히...오라비 한 끼, 말 한 끼"

나무를 보며 나도 중얼거린다. "나무 하나, 바위 하나……" 강산이 변하는 동안 나는 실없어졌나보다.

시간이 없어 동학사는 들르지 못하고 서둘러 갑사 주차장으로 향하는데 계곡을 가로지르는 다리 옆으로 넓고 평편한 바위 하나. 다리만큼 한 높이에 다리만큼 한 부피를 하고 계곡 한 가운데 자리 잡고 있다.

바위에 시선이 닿고 고작 1초가 지났을까. 마법처럼 불쑥 내 스물여섯이 떠오른다. 바위 맞은편에 서있던 나는 그때 무슨 이유에선지 폴짝 지상에서 뛰어올라 저 바위로 건너갔다. 함께 간 그 사람은, 무모하게 이편에서 저편 바위로 건너가는 나를 향해 다급하게 조심해, 라고 외쳤다.

무슨 얘기를 하고 싶은 것인가 하면 스물여섯에 나는 갑사를 지나 동학사로 간 것까지는 기억이 나는데 그때 저 바위를 본 것은 전혀 기억에 없다가 강산이 몇 번 변한 지금에 와서 저 바위를 대하자 그때 폴짝 바위로 건너뛰던 것 그리고 그것을 걱정하던 그의 다정한 음성이 떠오르며 몹시 마음이 아프던 것이다. 그가 여전히 내 옆에 있음에도 말이다.

 이제 우리는 중년이 되었고 그는 지금은 전처럼 다정하지 않다. 그가 다정하지 않은 것이 그의 잘못인지 나의 잘못인지 아니면 우리 둘 다의 잘못인지 혹은 시간의 잘못인지 잘 모르겠다. 다만 그때 그의 다정한 음성을 떠올리자 그 음성이 마치 저 큰 바위의 내부에 오래 숨어 있다가, 숨어서 따뜻하게 나를 기다리다가 내가 오랜만에 갑사에 오자 그때 내가 저를 향해 폴짝 건너뛰던 것처럼 이번에는 그가 내게로 폴짝 건너뛰어 달려오는 듯이 생각되었다.

 내게로 건너온 그의 음성을 품에 안고 나는 쓸쓸해졌다. 그간 우리는 무엇이 잘못된 걸까.

 내 스물여섯 때와 비교하면 바위는 크기나 모양에서나 특별히 변한 것은 없다. 다만 그새 키 작은 매화말발도리 몇 그루를 제 몸에 얹었다.

 5월에 나무가 종 모양 고운 흰 꽃을 피우게 되면, 그러면 바위는 알게 될지도 모르겠다. 자신의 내부에 스스로도 모르는 따뜻한 음성, 꽃을 피우게 할 만큼 다정한 언어가 들어있다는 것을.

2015년 2월

4월 어느 아침 6시 40분

여느 날처럼 새벽에 일어나 밥을 지었다. 간밤 해감해 둔 바지락으로 순두부국을 끓이고 아버지가 부쳐준 울릉도 취로 나물을 볶았다. 새우젓에는 매운 고추 두 개를 썰어 넣었다가 급히 절반 넘게 건져, 버렸다. 맵다고 아이가 또 투덜댈 것이다. 시계를 보니 여섯시 사십분. 아이를 깨워야 한다. 깨우기 전, 명태와 채 썬 무를 버무린 식혜를 가지러 베란다로 갔다. 식혜를 담을 바가지를 들고 베란다에 섰는데 유리창 너머로 이른 아침 풍경.

 차도를 따라 늘어선 중국단풍나무에 새잎이 돋았다. 아직 여려, 어린 것 귓불때기처럼 말캉말캉하다. 그 잎에 4월 어느 아침 6시 40분의 햇살이 비친다. 지구 반대편에서부터 뚜벅뚜벅 어둠을 걸어온 해는 아침에는, 강렬하기보다 온화하다. 그 해를 안은 신록은 빛으로 빚은 듯 눈이 부신데 고요 또한 그만큼 깊어 대체로 적막한 눈앞의 풍경은 아무래도 지상의 것이 아닌 것 같다.

 무슨 의식이라도 치르는 걸까, 해를 맞이하는 나무들이 한

결같이 조심스럽고 경건하다. 바람은 차마 불지 못하고 스트로브잣나무숲에 숨어 기다리고, 차들은 가끔 한 대씩 소리 죽이며 지나간다.

지난 계절에 본 영화 한 편이 생각난다.

적요한 우주 공간에서 두 대의 우주선이 도킹을 시도하고 있었다. 도킹(docking)이란 인공위성이나 우주선 따위가 우주 공간에서 서로 결합하는 것 또는 그런 일이란다. 사위는 눈이 멀 듯 캄캄한데 망망한 우주에 저희 단 둘이었다. 소리도 빛도 없는 고요의 바다에서 서로 다른 두 존재가 서로에게 집중하고 서로만을 욕망하며 하나가 되고 있었다. 생(生)과 사(死)의 외로움이 도킹을 통해 비로소 아름다움으로 승화되고 있었다. 지켜보던 나는 그만 캄캄한 영화관에서 목이 메어버렸다.

4월 어느 아침 6시 40분, 해와 나무가 교감하는 순간이 그랬다. 그 순간은, 외로운 두 존재가 온몸과 마음을 다해 교접하는 순간이고 고독을 넘어서는 순간이며 부재(不在)가 존재(存在)로 바뀌는 순간이었다. 나무는 온 몸으로 해를 받아들여 고독을 물리치고 푸르게 자라났다. 그리하여 무성해진 품에, 벌레를 들이고 바람을 들이고 새를 들이고 사람을 들였다. 세상의 근본이 되었다.

바가지는 베란다에 버려두고 급히 아이 방으로 달려갔다. 잠이 덜 깬 채 맨발로 베란다에 끌려 나온 아이는 연실 하품만 해댄다.

-장엄하지 않니.

-........?
 열일곱 살 먹은 사내아이에게 통하는 말이 아니라는 걸 알면서도 나는 계속 중얼거렸다.
  -세상의 모든 아침이 나무 한 그루에서 시작되는 거 같지 않니.
 우리가 베란다에 머문 시간은 채 3분이 안되었다. 열일곱 해를 같이한 우리는, 열일곱 해 전 우리에게 찾아와 가족이 된 아이는, 몇 겁(劫)의 시간을 지나 내게로 온 걸까. 내가 늙어 세상에서 사라지면 다시 또 얼마의 겁을 지나 우리는 만나게 될까.
 몇 년 후면 아이는 어른이 될 것이다. 돈을 벌고 결혼을 하고 곧 사상이나 영혼 따위 베란다 광에 처박아놓을지도 모르겠다. 그러다 어느 저물녘 복잡한 종로2가 뒷골목을 걷다 불현듯 세상에 나고 살고 지는 일이 덧없구나 외롭구나 생각하게 될지도 모르겠다. 그럴 적에, 제 어미와 함께 했던 4월 어느 아침 6시 40분을 기억해주면 좋겠다. 바지락 순두부국과 취나물과 식혜뿐인 소소한 아침밥상을 기억해주면 좋겠다. 후다닥 달려와 자신을 깨운 어미는 아마 그때 생사의 외로움과 덧없음의 고개를 넘어가고 있었구나 짐작해주면 좋겠다. 어떻게 넘어갔을까, 어미는. 그 답이 사랑, 인줄로 알면 더 좋겠다.

2015년 4월

시월의 어느 멋진 날에

누군가와 말다툼을 했다. 손에 꼽을, 몇 안 되는 심한 말다툼이었다. 억울해 내리 이틀 잠을 못 잤다. 사놓고 읽지는 않은 시집에 우연히 눈길이 닿아 밤새 한 장 한 장 공들여 읽었다. 조금 진정이 되었다. 며칠 후, 다툰 사람의 일터를 들러야할 일이 생겼다. 부러 그가 거기에 없는 시간대를 골라 일터로 갔다.

일터는, 보통 사람 기준으로는 알아보기 힘들 것이지만 평소의 그답지 않게 흐트러져 있었다. 그는 흐트러짐이 없는 사람이었으므로 나는 좀 놀랐다.

그의 일터에서는 물걸레는 손바닥 크기로 반듯하게 접혀 있어야했고 전기포트는 하루 일과가 끝나면 물 한 방울 없이 비워져 있어야 했다. 물건들은 일렬로 정리되어야 하고 먼지는 내려앉지 말아야 하며 수반의 물은 매일 갈아져야 했다. 데스크의 노트북컴퓨터는 그 놓인 자리가 비뚤어져서는 안 되었다. 일터를 비운 사이 손님이 올 것을 걱정해 그는 양껏 물을 마시는 일도 자제했다.

또한 그의 주변 사람들은 그 자신이 그러한 것처럼, 성실

해야했다. 성실하지 않은 자가 존재한다는 것을 그는 이해하지 못했다. 늘 물건을 흘리고 다니고 잘 잊어버리고 성실하지 못한 나는 아마 그래서 그를 좀 미워했던 것 같다. 그에 대하여, 그는 거의 음식을 먹지 않으며 잘 때는 칼처럼 반듯이 누워 잔다는 식으로 상상하곤 했다.

일터는 며칠 청소하지 않은 흔적이 역력했다. 나는 걸레를 꺼내 선반의 먼지를 닦고 바닥을 닦았다. 삐뚤빼뚤 흐트러진 물건들을 일렬로 정리하고, 빈자리는 새 물건들로 채웠다. 물이 그대로 담긴 전기 포트를 비우고 먼지가 둥둥 떠다니는 수반의 물을 갈았다.

마지막으로 그가 앉아 일하는 곳을 치우려고 안쪽을 살펴보니 구석에 찐 밤이며 땅콩, 비스킷 등이 든 비닐봉지. 아무렇게나 입이 벌어져 먹다 만 밤 껍질, 바스라진 땅콩 껍질 등이 지저분하게 드러나 보였다. 그가 사용했을 컵은 바닥에 갈색 찌꺼기가 말라붙어 지저분했다. 그의 평소의 행실을 생각하건대 그의 컵, 그의 비닐봉지라고는 상상할 수가 없었다. 그의 내부를 훔쳐보기라도 한 듯 내 얼굴이 잠깐 붉어졌다.

그는 평소 세 끼 이외 군것질은 하지 않았다. 주전부리할 것을 건네도 매번 거절했다. 그런 그가 단 것을 좋아하는구나, 긴긴 성실의 시간이 지루해 가끔 땅콩에게 심심풀이를 하는구나, 그도 뭔가를 먹는구나, 그것도 정돈된 사각의 틀이 아니라 아무렇게나 비닐 봉다리에 담아.

그의 먹을 것들 앞에서 비로소 나는 마음이 아파졌다. 그리고 그에게 미안해졌다. 흐트러진 일터는 그의 성정으로 짐작하건대 그 역시 나 못지않은 심란과 피로를 겪고 있다는 뜻이리라.

 그가 없는 그의 자리에 앉아 통유리 너머 바깥 풍경을 바라보았다. 가을바람이 요란했다. 구름 한 점 없는 맑은 하늘에 나뭇잎이 소용돌이치며 날아오르고 맞은편 빌딩 플래카드는 금방이라도 떨어져 나올 것 같았다. 잉잉 그것이 울며 내는 소리가, 내가 있는 가게 유리문 틈으로까지 비집고 들어왔다. 빌딩과 빌딩 사이 좁다란 골목길 초입, 그러니까 내가 앉은 자리 바로 맞은편에서는 흰 자작나무가 급류에 휩싸인 물풀처럼 격렬히 흔들리고 있었다.

 자작 그는 도톰하고 빛나는 무수한 이파리를 가졌다. 그 이파리 끝에는, 가엾은 여자의 유난히 가늘고 긴 모가지를 닮은 잎자루가 달려 누가 뭐라고 야단친 것이 아닌데도 저 혼자 울고불고 하듯 끊임없이 흔들렸다.

 어쩔 때는 햇살이 건드리고만 가도 흔들리고 어쩔 때는 아무도 건드리지 않았는데도 저희들끼리 떼를 지어, 그러니까 일제히 소리 지르며 교문 밖으로 쏟아져 나오는 어린 것들처럼 와락 와락 함께 흔들렸다. 그런 여린 그는 그런데 고향이 여기가 아니다. 훨씬 추운 북쪽, 동토의 땅이다.

 지난여름, 바람 한 점 없는 뜨거운 한낮에도 그는 하루 몇 차례씩 열렬히 흔들렸다. 과학적으로 따지자면 고층 빌딩과 빌딩 사이 좁은 골목길을 휘돌아 흐르는 기류의 영향이겠지만 그렇게 미친 듯 흔들릴 적의 그는 주체할 수 없는 어떤 열망을 좇아 기어이 스스로 제 뿌리를 뽑아 어디 다른 곳으로 떠나려는 듯이 보였다.

그런 그의 열망은 덩달아 나도 자극해, 나의 마음은 흔들리는 그를 따라 당장 먼 곳들 그러니까 순백의 눈에 덮인 시베리아나 블라디보스토크, 혹은 아무르강 같은 곳으로 내달리곤 했던 것이다.

청소를 끝내고 깨끗이 걸레를 빨아 손바닥 크기로 딱딱 네 귀를 내어 접었다. 그의 잔은 깨끗이 부셔 물기를 닦고 그의 먹을 것들이 담긴 비닐봉지 세 개는 벌레가 들지 않게 꼭꼭 동여맸다. 그러다 혹시 너무 세게 맨 것은 아닌가, 그는 그런 것을 싫어하지 않을까 싶어 다시 풀어 이번에는 좀 느슨하게 묶었다. 숫자가 적힌 메모지와 영수증 그리고 그가 사용했을 손수건을 또 비율에 맞게 각을 내어 접어 가지런히 줄을 맞췄다. 그리고 휴대폰으로 그에게 문자를 쓰기 시작했다.

간간이, 무언가 더 쓰고 싶은 욕망 혹은 덜 쓰고 싶은 욕망과 싸웠다. 더 솔직하게 털어놓고 싶은 욕망 혹은 덜 솔직하고 싶은 욕망과도 싸웠다. 잘잘못의 비중을 은근하게라도 가리고 싶은 욕망 혹은 깨끗이 인정하고자 하는 욕망과도 싸웠다. 내 옹졸한 심사를 가릴 품위 있는 말을 고르다 결국 지쳐, 그저 건강을 당부하는 평범한 말로 문자를 마무리했다.

그날 밤 그에게서 답장이 왔다. 그도 많이 힘들며 후회하고 있다고 했다. 하지만 나는 그의 문자에서 여전히 흐트러

짐 없는 그를 읽었고 또 근본적으로는 물러서지 않는 그를 읽었다. 그 역시 내가 보낸 문자에서 여전히 매사 제멋대로인 나와 여전히 물러설 생각이 없는 나를 읽었을 것이다. 우리는 실은 한 발짝도 뒤로 물러서지 못했다.

 그것은 결국 도시에 살며 밥을 빌어 먹어야하는 자들의 비애였을까. 나약함이었을까. 그의 빈자리에 앉아 시인 김사인의 '코스모스'를 떠올렸다.

'누구도 핍박해본 적 없는 자의/ 빈 호주머니여/언제나 우리는 고향에 돌아가/그간의 일들을/울며 아버님께 여쭐 것인가'

 다시 도시의 골목길에 바람이 불고 그러자 유리창 너머 자작은 착란(錯亂)이라도 일으키듯 또 격렬히 흔들렸다. 그는 추운 고향에 돌아가 아버님께 무엇을 여쭈려고 저러는 것인가. 먹지 않고는 살 수 없는 것들의 외로움과 쓸쓸함에 대해 여쭈려는 것인가.

 그의 일터를 나서기 전 나는 데스크에 그를 위해 껌 하나를 올려놓았다. 포장지에 힘내세요, 라는 네 글자가 인쇄되어 있었다. 출입문을 향해 걸어가다 돌아섰다. 그리고 껌을 집어 들고 만지작거렸다. 그러다 다시 데스크에 내려놓고 또 망설이다 결국 주머니에 넣고 말았다.

 그 얇고 납작한 껌, 물기 하나 슬픔 하나 없는 껌을 데스크에 놓아두는 일이 나는 왜 그렇게 힘이 들었을까.

유리문을 밀고 밖으로 나와 맞은편 골목 입구 자작과 마주 섰다. 올려다본 그는 빛나는 검(劍)으로 챙챙, 몸에 닿는 햇살을 사정없이 튕겨내기라도 하듯 눈부시게 흔들리고 있었다. 거침없었다. 문득 그가 저렇듯 흔들리는 것은 고향에 돌아가 울며 아버님께 여쭐 것이 있어서라기보다, 사람의 한 생(生) 집요하게 따라붙는 비루한 자존심을 떨쳐버리고자 함은 아니었을까 생각하게 되었다. 하필 시월의 멋진 날들을 골라.

2015년 10월

벌레 우는 밤

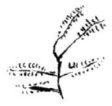밤 12시가 가까워온다. 베란다와 바로 맞닿은 마루 가장자리에 담요를 깔고 베란다를 향해 돌아눕는다. 어깨와 옆구리에 차고 울퉁불퉁한 베란다 창틀이 느껴진다.

활짝 열어놓은 베란다 창으로 10월의 싸늘한 밤공기와 함께 가을 밤벌레 소리. 베짱이와 귀뚜라미, 왕귀뚜라미, 긴꼬리, 방울벌레들일 것이다. 담요를 목까지 끌어당겨 덮고는, 그렇게 하면 밤벌레 노래를 더 잘 들을 수 있을까 하여 베란다에 다리 한 짝을 내밀어보는데 이러다 어쩌면 난간을 넘어 저 아래 풀밭으로 떨어질지도 몰라.

내가 사는 아파트 베란다 쪽에는 아이들이 잘 찾지 않는 응달진 놀이터와 풀밭이 있다. 인적이 드문 탓에 풀밭은 제초기의 칼날을 면했고 그래서 가을밤이면 풀벌레 소리가 내가 사는 6층에까지 선명하게 울려 퍼진다.

가을밤 풀벌레 소리는 풀밭에 내려앉은, 별을 엮어 만든 그물이다. 그 그물에는 용암처럼 뜨거운 별의 강이 흐르고, 푸른 고등어와 갈치와 멸치떼가 걸려 파닥이고, 먼 령 너머 우리 엄마 달그락 달그락 저녁밥 짓는 소리가 뱃고동처럼 아련히 담겨 들려온다. 내가 귀 기울이기만 하면 밤벌레 노래를 빌어 먼 곳에서 시간이 오고 바다가 오고 언니며 동생이 오는 것이다. 이렇듯 좋은 데 밤공기가 차다고 차마 베란다 창을 꼭꼭 닫을 수는 없지 않은가.

그런데 생각해보면 이러한 풀밭은 가을밤에나 있던 것은 아니다. 내 젊은 청춘에도 이렇듯 아름다운 풀밭이 있었다. 그 풀밭은 다만 활자로 이루어져, 밤벌레 대신 사람이 시를 짓고 철학을 짓고 생각을 지어 노래를 불렀다. 사람이 지어 부른 그 노래들을 들으며 나는 청춘을 보냈고 삶의 이정표로 삼았다. 사상이니 영혼이니 가치니 하는 것들을 배웠다. 결혼을 하고 아이를 낳으면서 풀밭에서의 기억은 희미해졌지만 문득, 끝내 지켜야할 가치란 무엇인가로 고민할 적에는 내 청춘의 풀밭을 뒤져 그 옳고 그름을 가렸다.

요즘, 어느 작가의 표절 문제 그리고 그 작가의 책을 펴낸 출판사의 솔직하지 못한 입장 표명으로 언론이 시끄럽다. 작가 개인의 양심의 문제라고도 하고 권력이 되어버린 출판사가 문제라고도 한다. 별 것 아닌 것을 문제 삼는 태도 자체가 문제라는 사람들도 있다. 뭐가 답인지는 모르겠다.

표절이 문제가 된 작가의 책을 출판한 그 출판사는 그런데 다름 아닌 내 청춘의 풀밭이었다. 나는 점심을 거른 돈으로 망설임 없이 그 출판사의 책을 샀고 식당에서 아르바이트를 해 모은 돈으로도 그 출판사의 책을 샀다. 그 책들을 내 것으로 얻으면 세상을 얻은 듯 행복했다.

 암흑의 시대, 라고 불리던 때 그 출판사는 권력을 가진 자들이 무섭지도 않았던지 황량한 불모지에 감히 시인을 들이고 철학자를 들여 자유를 노래하고 인권과 사상을 노래했다. 그 노래를 듣고자 사방에서 사람들이 모여들었다.

 불모지에는 곧 여린 흰 꽃다지가 돋고 별꽃이 돋고 환삼덩굴이 돋았다. 그 위로 네발나비며 부전나비가 날고 쑥부쟁이 무성한 잎 사이로는 검은다리실베짱이 어린 것이 숨어들었다. 사위질빵에는 무당거미가 황금빛 집을 지었다. 불모지는 얼마 안가 사시사철 젖과 꿀이 흐르는 아름다운 풀밭이 되었다. 그 출판사는 그 시대, 그러한 일을 했다.

 이제 부자가 되었을 그 출판사는 그때와는 다른 이유로 더 이상 권력을 가진 자들을 무서워하지 않는다. 그 출판사 자체가 이제는 권력이 되었으므로. 그런데 권력, 그 힘은 어디서 나오는 것일까. 출판사의 주주? 이사? 편집위원? 아니면 작가?

 먹고 사는 일로 어쩌다 마음을 다쳐 우울할 적이면 나는 여전히 그 출판사에서 펴낸 시를 읽는다. 그때 사놓은 먼지 앉은 철학책들을 읽는다. 이틀 밤이고 사흘 밤이고 꼼꼼히 읽어 마음을 가라앉힌다. 나이 들수록 그러한 책들이 주는 위안은 보석이나 다름없어 내 소망은, 늙어 방구들 신세를 지더라도 시력만은 온전하여 책을 벗으로 삼는 것이다.

 얼마 전 천 년 된 은행나무를 보러 용문사에 갔다. 철책을 따라, 각자의 소망을 적어 넣은 노란 플라스틱 은행잎 모양

표찰이 빼곡하게 걸려 있었다. 그중 하나에 '집 차 땅'이라고 써있다.

　사람들 중에는 집과 차와 땅을 모두 가진 이가 있고 또 어느 하나도 가지지 못한 이가 있을 것인데 가을 밤벌레들은 그 셋은 애당초 목록에도 없는 듯 달랑 노래 하나로 구애를 한다. 노래가 끝나면 제 삶도 끝나는 줄을 아는지 모르는지 그저 가을밤 내내 사랑하는 그대를 향해.

　표절시비의 정답을 모르는 나는 내 청춘의 출판사에 가만히 묻고 싶다. 자유를 노래하던 그 당시 시인과 철학자들에게도 묻고 싶다. 암흑의 시대라던 때로부터 꽤 긴 시간이 지난 지금, 그대들도 여전히 가을 밤벌레 소리에 잠 못 이루고 베란다 창을 닫지 못하는지, 그대들이 짓는 시와 철학은 여전히 가을 밤벌레 소리만큼은 아름다운지.

2015년 11월

대숲 끄트머리 마을

마당에는 단풍나무 한 그루와 장독대 그리고 수둣가가 있었다. 손님들은 저녁에 왔고 아버지는 서둘러 퇴근한다고 했는데도 늦어, 마당에 들어섰을 때는 이미 손님들은 저녁 식사를 끝낸 후였다. 아버지는 마루에 앉아있는 손님들을 보자 내가 한 번도 본 적이 없는 기쁜 얼굴을 하고 마당에서부터 두 팔을 내어 뻗었다.

엄마도 그날은 설거지물이 튄 축축한 옷 대신 깨끗한 월남치마와 직접 짠 스웨터를 꺼내 입었다. 손님들은 한결같이 며칠째 수염을 깍지 않은 얼굴을 했는데 심심해진 내가 안방과 건넌방, 마루를 하릴 없이 건너다니면 상에서 과일도 집어주고 과자도 집어주고 또 가만 안아 머리도 쓰다듬어주었다. 싫지 않았다.

아버지는 오랜만에 단풍나무 아래 알전구를 켰다. 마당에 성큼 들어선 밤은 알전구 불빛에 놀라 저만치 대문간으로 쫓겨 갔고 그제야 나는 안방과 마루를 건너다니는 일을 그만두고 엄마 월남치마 폭을 비집고 들어갔다. 그리고 밀려

드는 검은 밤과 쓸데없이 대적하며, 도저히 알아먹을 수 없는 손님들의 대화를 들었다.

 판독할 수 없는 손님들의 대화에는 그런데 반복되는 단어가 하나 있었다. 죽변, 이었다.

 일곱 살은, 죽변이 사람 이름인지 나라 이름인지 그 밖의 무엇인지 고민할 나이가 아니었으므로 굳이 그것의 정체를 궁금해 하지는 않았다. 다만 손님들과 아버지가 죽변, 이라고 말할 적에 그들 얼굴에 번지던 어떤 자긍(自矜)의 불빛 그러니까 단풍나무 아래 알전구 불빛이 그대로 옮겨온 듯 한없이 다정하고 뿌듯해하던 것은 선명히 기억한다.

 아버지와 손님들은 또 나직하게 노래도 불렀는데 어린 나는 아버지를 지켜보다 혹시 아버지가 울까 걱정이 되었다. 아직 학교도 들어가기 전이었으므로 아버지가 운다는 것은 상상할 수가 없었다.

 마당에 들어찬 검은 밤 때문일까. 나는 우리가, 그러니까 손님들과 아버지와 내가, 잠수함을 타고 오래 해저를 떠도는 중이라고 생각하게 되었다. 게다가 우리는 특별한 임무를 띠었는데 그건 해적질과 같은 사적인 것이 아니라 나라의 안위와 관련되었거나 불을 옮기는 것과 같은 경건하고 중차대한 임무라고 상상해버렸다. 우리는 아주 오래 가족들과 떨어져 항해중이고 잠깐 육지로 올라왔으며 이 밤이 지나면 다시 저 어둡고 추운 해저로 내려가야 하는 것이다.

 그 밤 엄마 치마폭에 들어 나는 눈앞의 검은 밤이 잠수함의 모니터라도 되는 듯 한없이 노려보았다. 죽변, 이라는 임무를 완수하기 위해 내가 할 일은 모니터에 나타나는 해류와 좌표와 암초와 목표지점을 면밀히 살피는 것이었다. 그러다 잠이 들었고, 눈을 떠보니 아침이었다.

손님들도 아버지도 잠수함도 모두 사라지고 엄마 혼자 부엌에서 달그락달그락 풍로에 밥을 짓고 있었다.

시간이 흘러 어른이 되었고 그 사이 죽변은 까맣게 잊었다. 그러다 아이가 자라 이제 내 품을 떠날 날이 가까워지고 있다고 생각하자 뜬금없이 죽변이 떠올랐다. 생애 처음으로 죽변, 을 검색했다. 대나무가 많은 바닷가, 대숲 끄트머리 마을, 이란다.

이런, 대나무가 있는 포구라니, 바닷가라니.

그 뜻을 모르던 그때 혹시 그래서 나는 죽변에서 바다냄새를 맡았을까. 어떠어떠한 연유로 손님들은 잠시 육지에 올라 단풍나무 한 그루 심어진 우리집을 다녀갔을까. 가만히 내 머리를 쓰다듬었을까. 죽변, 을 전해주러 왔을까.

미당 서정주의 시에 '침향'이라는 것이 있다.

'침향을 만들려는 이들은, 산골 물이 바다를 만나러 흘러내려 가다가 바로 따악 그 바닷물과 만나는 언저리에 굵직굵직한 참나무 토막들을 잠가 넣어둡니다/ 침향은, 물론 꽤 오랜 세월이 지난 뒤에, 이 잠근 참나무 토막들을 다시 건져 말려서 빠개어 쓰는 겁니다만, 아무리 짧아도 2~3백년은 수저(水底)에 가라앉아 있은 것이라야 향내가 제대로 나기 비롯한다 합니다/ 천 년쯤씩 잠긴 것은 냄새가 더 좋굽시오

/ 그러니, 질마재 사람들이 침향을 만들려고 참나무 토막들을 하나씩하나씩 들어내다가 육수(陸水)와 조류(潮流)가 합수(合水)치는 속에 집어넣고 있는 것은 자기들이나 자기들 아들딸이나 손자손녀들이 건져서 쓰려는 게 아니고, 훨씬 더 먼 미래의 누군지 눈에 보이지도 않는 후대들을 위해섭니다……(후략)'

 달고 차고 시원한 것들을 챙겨 아이 방에 갔다. 최신 롤플레잉 게임을 하느라 정신이 없다. 입에 단 것을 물려주자 그제야, 얼굴은 여전히 컴퓨터 모니터에 둔 채 어깨 한쪽과 뺨 한 쪽의 반쪽을 슬쩍 내게로 튼다. 아, 오른발 엄지도 조금은 나를 향했던 것 같다.
 -죽변이 글쎄 그렇게 멋진 뜻인 줄 이제 알았지 뭐니. 거기 가서 살아야겠어.
 아마 나는 조금은 비장하게 말했을 것인데 아이는 나의 비장 따위 귓등으로 흘리고 금방이라도 모니터 속으로 헤엄쳐 들어갈 기세였다. 죽변이 끼어 들 여지는 조금도 없어 보였다.
 하지만 그 아주 약간의 비스듬히 기운 몸과 내 쪽을 향한 엄지발가락과 그리고 반의 반쪽의 뺨에는 분명 죽변이, 행정구역으로서의 죽변이 아닌 임무로서의 죽변이 한 귀퉁이쯤은 스며들었을 거라고 나는 믿는다. 어느 저녁 과거에서 온 손님들을 빌어 죽변이 내게로 왔듯, 동지섣달 차고 달고 시원한 것을 빌어 죽변은 또 아이의 비스듬한 어깨 한 쪽에 슬쩍 자신의 향을 묻었을 것이다. 그러다 어느 날 불현듯 침향처럼 스스로 아이 앞에 떠오르겠지. 어떤 모습일까.

마당에 단풍나무가 있는 저녁 풍경 따위는 물론 아니고 다만 6테라바이트 하드에 32기가 램, 쿼드코아 8쓰레드가 탑재된 고성능 컴퓨터 한 대는 꼭 등장하리. 뭐 상관없다.

침향은 산골짝의 물과 바다의 물이 만나는 지점에 묻혀 천년을 가라앉았다가 어느 날 스스로 물 위로 떠오른다고 했다. 죽변도 그렇다. 아니 죽변 뿐일까.

사람이 귀하게 여겨온 것들 그러니까 고향, 골짜기, 저녁에 온 손님들, 아버지, 눈물, 마당, 알전구 불빛, 나직한 노래 그리고 단풍나무 한 그루 같은 것들은 모두 그런 식으로 과거에서 현재로 전해져왔다. 대단한 사건을 통해서만이 아니라 소소한 우연과 일상을 통해 세대에서 세대로 전해졌다. 그리고 우리는 이러한 끊이지 않고 이어지는 가치들의 연속을 일컬어 아마 시간, 이라고 불렀다.

한 해가 저문다. 가치가 저무는 것은 아닐 것이다.

2015년 12월

당신의 옷을 지으며

옷 짓는 일과는 평생 인연이 없을 줄로 알았는데 어느 날, 북한산 산자락 그늘에 들어 당신의 옷을 짓게 되었다. 비단과 삼베로 지었다. 삼베로는 단속곳과 속적삼을 지었다. 버선 안감도 지었다. 짓다가 혼자 웃었다. 발볼이 넓고 퉁퉁하여 버선을 신고 벗을 적에 이리 뒤뚱 저리 뒤뚱 낑낑대던, 낑낑대다 그 끝에 그만 혼자 와락 웃어버리던 당신이 떠올랐기 때문이다.

오전에 얼추 삼베는 마감하고 다음번엔 흰 색 비단 한 필을 펼쳤다. 손으로 어루만질 적에 사각사각 또는 아삭아삭 소리가 났다. 누에 한 마리가 그 안에 들어 푸른 뽕잎을 갉아먹는가 싶었다. 손에 닿는 비단은 곱디 고와 새삼 늙고 추레한 당신의 몸이 떠올랐다. 속으로 좀 놀랐다. 당신의 늙은 몸에 놀랐다는 건지 고운 비단에 놀랐다는 건지는 스스로도 알 수 없었다.

비단으로는 속저고리를 지었다. 섶의 뾰족하니 작고 부드러운 코가 앙증맞고 좋았다. 그런데 당신에게도 그렇게 뾰족하며 작고 부드러운 것이 있다는 걸 당신은 아는지. 당신의 몸이 아직 젊고 탄력 있을 적, 당신도 열정과 욕망으로 밤마다 남자를 사랑할 적, 로맨틱한 당신의 남자이자 나의 아버지는 최신 펜탁스 카메라에 당신을 담았다.

 흑백사진 속 당신은 인적 드문 계곡 볕 잘 드는 바위에 앉아 환하게 웃고 있었다. 망측하게도 홀라당 옷을 벗고 가슴은 드러낸 채였다. 격자무늬 양산 아래 작은 젖꼭지 두 개가 꼭 저고리 섶의 뾰족하니 돌아간 코처럼 매혹적이고 섹시했다. 벗은 몸이 아름답다는 생각을 그 사진을 보며 처음으로 했다.

 그 사진의 행방을 그런데 당신은 모를 것이다. 어느 명절 당신의 집에 갔다가 내가 몰래 훔쳐 지금까지 보관하고 있다.

 배가 고파 시계를 보니 정오를 훌쩍 지났다. 새로 밥을 해 먹기도, 내가 사먹기도 귀찮아 라면을 끓였다. 찬밥 두 숟갈을 말아 국물까지 비웠다. 일곱 살이나 여덟 살쯤 되었을까. 어느 해 내 생일, 오랜만에 기름진 것을 먹고 이른 저녁잠이 든 나를 당신은 한밤중에 깨워 급히 라면 한 줄기를 먹였다. 어린 것의 명(命)이 문득 걱정되었을 것이다. 살아가는 일의 위태로움과 두려움이 당신의 여린 가슴을 엄습했을 것이다. 생일에 면을 먹어야 오래 산다는 옛말을 부랴부랴 떠올렸을 것이다. 내 어린 것에 대한 나의 마음이 지금 그러한 것처럼.

 청회색 비단 치마와 노랑 저고리는 이미 만들어진 것이 있어 건너뛰고 마지막으로 원삼을 지었다. 연분홍 길에 흰색

깃, 색동으로 소매를 하고 소매 끝에는 흰색 한삼을 대었다. 당신이 결혼식에 입었던 옷이다. 나비 날개 같이 곱다. 화려하다. 곱고 화려해서 그만 심란해진다. 산책을 나섰다.
 겨울 북한산 산자락은 무채색이다. 멀리 능선이 훤히 들여다보인다. 어깨며 허리며 그제사 아파와 에구 에구 하며 걷는데 개암나무 잔가지에 푸른 보석이 대롱대롱. 텅 빈 겨울 산에서 저 혼자 푸르다. 유리산누에나방 고치다. 흔들어보니 안에서 달그락 달그락 가볍게 허물 부딪는 소리가 난다. 빈 집이다.
 오랜 시간 벌레, 라고 불리던 이 집의 주인은 삶의 최전성기에 문득 고치를 짓고 세상과 인연을 끊었다. 죽은 듯 칩거하다 어느 날 고치를 찢고 하늘로 날아올랐다. 활짝 펴면 사람의 손바닥만큼 한 멋진 날개가 돋아있었다. 날개를 단 그는 이제 더는 구차하게 땅바닥을 기어 다니지 않고 더는 허겁지겁 적을 피해 차고 습한 지하로 숨어들지 않았다. 나아가 스스로 입을 꿰매 먹는 일에 연연하지 않게 되었다. 물 한 모금도 탐하지 않았다. 먹을 것에 목을 매지 않게 되자 사랑이 보였다.
 여름의 끝 가을의 문턱에서 열렬히 사랑을 하고, 깨알만한 자식을 낳았다. 찬바람이 일자 거짓말처럼 날개에서 힘이 빠지며 가을의 대지 위로 툭 떨어졌다. 바람이 그의 날개를 안 듯 하며 들어 올리려 애썼지만 가벼운 그의 날개는 그즈음에는 닳고 퇴색해 몽당 빗자루 모양으로 해져있었다.
 그가 가고 없는 빈 고치를 따 손바닥에 올린다. 손톱으로 표면을 살살 긁자 뭐랄까, 귓가에 다가온 작은 북이 수줍게 딩딩 울리는 것 같다. 그도 누에나방의 일종이므로 그의 고치도 비단과 크게 다르지 않을 거라고 멋대로 상상하고는 오전 내내 삼베와 비단으로 지은 당신의 옷을 떠올린다.

 한 마리 나방의 집을 빌어 지은 당신의 옷은 나방으로 치면 아름다운 날개다. 결혼식 때 처음으로 달았던 아름다운 날개는 이제는 닳고 닳아, 나는 지금 늙은 당신을 위해 새로 옷을 짓는다. 새로 지은 옷을 입은 당신을 상상하자 눈물이 핑 돈다. 아름다운 날개 같은 건 없는 당신, 부끄러움이라곤 손톱만큼도 모르고 싱싱한 젊은 육체로 한낮의 계곡에 앉아 환하게 웃는 당신, 흑백사진 속 격자무늬 양산을 들고 젖가슴에는 아기를 안고 있는 당신이 나는 더 좋다.

 찬바람 한 움큼 머리칼과 옷깃에 들이고 한껏 부스스해져서 다시 작업실로 왔다. 이제 당신이 베고 누울 베개 하나만 뚝딱 만들고 집에 가기로 한다. 다시 흰 색 비단을 펼쳤다. 마우스패드만한 크기로 재단을 하고 그 안에도 또 마우스패드만한 두께로 솜을 두었다. 소꿉질 같다. 가장자리 양쪽에는 프릴을 달았다.

 프릴은, 먼 바다에서부터 오는 잔물결을 닮았다.

 그렇게 멀지 않은 시간에 우리는, 나와 당신은, 서로 다른 시간 서로 다른 공간을 살게 될 것이다. 그럴 때 당신은 먼 데서부터 인 잔물결이 되어, 그 물결이 다음 물결을 일으키고 다음 물결이 다시 그 다음 물결을 일으키는 식으로 내 발목에 와 닿으면 좋겠는데 그렇게 먼데서부터 오는 당신을 느끼려면 나는 아직은 더 좌절하고 더 세상의 쓴맛을 보아야 할 것이다. 내 발목을 간질이는 당신을 느끼는 일은 이제부터는 당신의 몫이 아니라 내 몫, 당신의 고뇌와 고행의 결과가 아니라 나의 고뇌와 고행의 결과일 것이므로.

 종일토록 산자락 그늘에 들어 옷을 짓다보니 내가 지은 것이 당신의 옷인지 나의 옷인지도 몰라져버렸다. 아무튼 사람들은 그 옷을 수의(壽衣), 라고 부른다.

2016년 2월

그의 불륜한 애인들

그때 우리는 강 건너 남쪽에 볼 일이 있어 차를 타고 중랑천을 달리던 중이었다. 차창 너머 검은 교각 아래 왜가리 한 마리가 다리 하나를 목발처럼 세우고, 머리는 깃털 깊숙이 박고 졸고 있었다. 조금은 비장하고 조금은 무료해보였다. 말없이 운전을 하던 남편이, 왜가리의 꿈을 빌어 잠꼬대라도 하듯 뜬금없이 중얼거렸다.

-세상에서 나를 가장 사랑해준 건 J2야. 내가 사랑한 것도 J2고.

나는 놀란 시늉을 했다.

-당신이 사랑한 건 J1이잖아?

-아냐. 간밤에 문득 그런 생각이 들었어.

-그래?

나는 다시 차창에 얼굴을 가져다댔다. 중랑천에는 청둥오리와 고방오리, 민물가마우지, 재갈매기, 흰죽지, 넓적부리, 원앙 등이 날아와 겨울을 나고 있었다. 토요일이라 저희들도 쉬기로 한 건지 녀석들 대부분은 움직이거나 날아갈 생각 없이 고요했다. 그대로 풍경이 되어버린 것 같았다. 그러다 고방오리 한 마리가 정적을 깨고 꽁무니를 치켜들며 자맥질을 했다. 나도 따라 그와 함께 기억의 강을 자맥질해 물고기 대신 남편의 여자들 J1과 J2를 중랑천에서 건져 올렸다.

 J1과 J2는 남편이 십대 후반에서 이십대 초반에 걸쳐 열렬히 사랑했던 여자들 이름이다. 공교롭게도 둘 다 영어 이니셜 J로 시작하는 이름을 가졌다. 남편에 따르면 J1은 그가 세상에 태어나 처음으로 사랑을 하고 또 죽고 싶을 만치 사랑했던 여자. 덕분에 진짜로 수차례 눈물에 밥을 비벼먹어야 했다. 당시 그의 삶은 통째 J1에게 바쳐져 그의 시는 단지 J1을 위해 씌어졌고 그의 그림 또한 순전히 제이1을 위해 그려졌다. 그의 집에서 제이1의 집까지의 길은 그가 하도 걸어, 그 길이 닳는 데는 그가 한 역할이 만만치 않아 지자체에서 그에게만 유독 더 많은 세금을 매긴다 해도 할 말은 없을 만큼 그는 자주 제이1의 집 앞을 서성거렸다.

 J1을 만나는 일은 그런데 쉽지가 않았다. J1의 부모는 그림이나 그리고 시나 쓰는 비쩍 마른 동네 청년이 그들의 귀한 딸에게 접근하는 것에 대해 태생적으로 분노했다. J1 또한 태생적으로 그런 부모의 뜻을 받들어 그를 거의 만나주지 않았다. 그러던 어느 날, 그러니까 그가 집회 및 시위에 관한 법률 위반으로 수배를 당해 이리저리 도망을 다니게 되자 무슨 마음이 들었던지 J1은 부모의 눈을 피해 그를 만나러왔는데 달래꽃 꽃줄기를 닮은 가느다란 목에 잠자리 날

개 같은 가벼운 복숭아빛 스카프를 두르고였다. 다방에 들어서서는 잠자코 연달아 커피 두 잔을 마셨다. 내내 새침하게 있다가 어느 순간 폴짝, 일어나 가버렸다. 그의 커피까지 포함해 모두 세 잔 중 자신이 마신 두 잔 값만 저가 계산했다.

 그가 J1을 얼마나 사랑했으며 J1을 만날 수 없어 또 얼마나 절망했는가는 그의 노트 세 권에 시로, 산문으로, 스케치로 절절이 표현되어 있다. 특히 여기저기 노트 여백에 빼곡하게 그려진 제이1의 얼굴은 그럴 수 없이 환하고 고와 나는 거기 유월의 들장미가 한 가득 피어난 줄 알았다.

 그런데 이렇듯 열렬한 남편의 첫사랑을 전해 들으면서도 나는 J1에게 손톱만치도 질투를 느끼지 않았으니 그건 그 일이 이미 과거에 일어난 일이어서도 아니고 또 내 유전자에 면면히 전해져 내려오는 뿌리 깊은 유교 전통 즉 칠거지악(七去之惡) 중 세 번째 항목 '질투하지 말 것'에 대한 암묵적 동의 때문도 아니었다. 남편 친구들과 술자리를 같이 하던 어느 날이었다. 우연히 남편의 첫사랑이 화제에 올랐고 J1의 외모를 언급하는 대목에 이르렀다. 방금 전까지 유쾌하게 먹고 마시고 떠들던 그의 친구들은 이 대목에 이르자 마치 허공에 어떤 성스러운 것이 떠올라 그것을 목도(目睹)하게라도 된 듯 숙연해졌다. 그리고 동시에 허스키하게, 얼이 빠져 입을 모았던 것이다.

 -예뻤지. 정말 예뻤어.

 그들은 영원히 깨지 않을 꿈을 꾸고 있는 것 같았다. 그리고 그 순간 나는 깨달았다. J1을 질투하는 것이 어리석다는 것을. 질투라는 게 왠만해야 하는 것이지 자신보다 월등히 아름다운 것에 대해서는 물러설 줄 아는 게 사람의 도리 아니던가. 나는 다만 남편에게, 어쩌자고 그런 훌륭한 여자를 사랑해버린 것이냐, 당신 처지에 가당키냐 하느냐며 가볍게 질책한 것이 전부였다.

커피 두 잔 값만 계산하고 가버린 것이 내내 서운해 결국 마음에서 J1을 정리한지 몇 개월 후, 그는 다시 사랑을 시작했다. 이번에는 그보다 네 살 연상에 자신처럼 그림을 그리는 들꽃 같은 여자였다. 둘은 꽃피는 봄이면 도시 근교 산으로 들로 스케치를 갔다. 손만 잡았는지 입을 맞추었는지는 말을 하지 않으니 내가 알 길 없고 다만 여자는 꽃그늘 아래 자주 그에게 휘트먼이니 윌리엄 블레이크니 릴케니 하는 시인들을 읽어주었다. 그때까지 휘트먼은커녕 휘트밀이 영어로 밀인지 귀리인지 보리인지도 모르던 남편은 여자가 읽어주는 시들을 들으며 비로소 보다 넓은 세상으로 나갈 수 있었다. 꽃이 피는 게 좋은 거라는 걸 그는 그때 알았다. 여자와 함께 있으면서 느낀 감정이었다.

하지만 나는 J2에 대해서도 마찬가지로 질투를 하지 않았다. 칠거지악의 가르침 말고도 이번에는 다른 이유가 있었다. 이게 좀 말하기 껄끄러운데, 예를 들어 우리나라 20대 여성을 대상으로 몇 개의 미의 기준을 정해 그에 부합되는 개체수간의 관계를 그래프로 나타낸다고 치자. 또 이 그래프는 정규 분포 곡선 그러니까 이상적인 종 모양 곡선을 하고 있다고 치자. 이때 남편에게 시를 읽어주던 여자는 종의 꼭대기인 평균값에 위치하거나 또는 오른쪽 하단 꼬리, 그중에도 최상위(superior급)에 위치해야 괜찮은 러브스토리가 될 것인데 안타깝게도 그녀는 왼쪽 하단 꼬리, 그중에도 그만 최하위(poor급)에 자리하고 있었던 것이다. 우연히 남편과 그녀가 함께 찍은 사진을 보고 든 생각이었다.

하여간 여자가 자신을 많이 사랑한다는 것을 그는 알았다. 하지만 여자의 집에도 어떠어떠한 사정이 있었고 또 그도, 꽃을 보고 스케치 여행을 가고 휘트먼의 시를 읽는 것보다 더 가치 있고 중차대한 일이 세상에 있다는 어떤 그 당시 시류에 휘말려 그만 둘은 헤어지고 말았다.

토요일 오후, 중랑천을 따라 남으로 남으로 가는 길은 피란길이라도 되듯 체증이 심하다. 이제 중년이 된, 흰 머리칼과 검은 머리칼이 반반씩 섞여 무슨 쑥버무리를 뒤집어쓴 것 같은 남편은 세상에 움켜잡을 게 그것밖에 없다는 듯 힘주어 운전대를 잡고 있는 대로 미간을 찌푸리고 있다. 살곶이다리를 지날 적에 중랑천은 갑자기 넓어지고 하안(河岸) 여기저기서는 악취 나는 도시의 하수가 콸콸 흘러나와 멀리서도 불길하고 검었다. 도시고속화도로를 따라 길게 누워있는 것은 하천이 아니라 그간의 삶의 수고와 허망에 검게 타들어간 남편의 중년인 것 같았다.

간밤 그는 왜 새삼 젊은 날의 J들을 떠올렸을까. 외로웠던가.

그가 사랑한 것이 J1인지 J2인지 나는 실은 궁금하지가 않다. 지나간 날의 기억의 갈피 속에 J1, J2를 품고 있는 것은 남편만은 아닐 것이다. 우리 대부분은 J3, J4, J5 등 수많은 J들을 각자 기억의 갈피 속에 품고 있다. 그러다 어떤 중차대한 인생의 고비, 그러니까 허기지거나 고단하거나 외롭거나 할 적에 문득 꺼내어 들여다보고는 눈물 글썽해져버린다. 갈피에서 꺼낸 그 사금파리 조각들은 왜 하나같이 사파이어처럼 푸르고 빛나는지, 또 J들은 왜 그렇게 한없이 가벼운 복숭아빛 스카프를 두르고 눈부시게 웃는 건지 참 알다가도 모르겠다. 어쨌든 좋다. 피로한 남편의 중년에 그래도 복숭아빛으로 떠올라준 그의 불륜한 J들에게 나는 그만 울컥, 감사한 마음이 되는 것이다.

중랑천 둔덕, 지난 해 시든 풀에 희미하게 연두빛이 어렸다. 봄이 오려는가보다. 곧 중랑천의 겨울 철새들도 동토의 땅 시베리아를 향해 대장정을 시작할 것이다. 이렇듯 봄이 오고 여름이 오고 다시 겨울이 와서 중랑천에 또 청둥오리가 날아올 때는 사방에 진군의 나팔소리 북소리 둥둥 울리며, 온갖 유난과 요란 다 떨며 오면 좋겠다. 이빨 시린 시베리아의 한기, 날개 가득 몰고 오면 좋겠다. 그 한기에 그의 영혼이 깨고 그의 아름다운 J들도 덩달아 깨어 일 년에 한 번쯤 그의 늘어진 중년이 열렬해지면 좋겠다. 잠 못 이루면 좋겠다.

그런데 강을 건너는 일은 예나 지금이나 왜 이렇게 막히는 걸까.

2016년 4월

너와 헤어져 돌아오는 길에

이름도 생소한 경기도 귀여리 어디였던가.
계곡과 맞닿은, 지난 해 마른 달뿌리풀이 밀림처럼 빼곡이 들어선 산자락에서 너를 처음 만났다. 너는 갈참나무 사이에 숨어있었다.

 너를 집으로 데리고 올 때, 우리가 잘 맞을지 취미는 비슷할지 정치적 성향은 어떨지 등은 고려하지 않았다. 다만 너는 깨알보다 작아 나는 네가 생명체라고는 생각할 수 없었다. 집으로 데려와 네가 숨은 갈참나무 잔가지를 물병에 꽂아 베란다 볕 잘 드는 곳에 놓아두었다. 그리고는, 잊었다.
 이십 여일이 지났을까. 아직 잎 돋지 않은 갈색 겨울눈(冬芽)을 무심히 바라보다 그만 덜컥 놀라버렸다. 네다섯 개의 겨울눈들 속에 네가 있었다. 천적인 새들의 눈에 띄지 않기 위해 겨울눈인 것처럼 위장하고 있었지만 나는 본능적으로 네게서 동물의 온기를 감지했다. 동물의 피부의 결을 느꼈다. 너는 어느새 알에서 깨어 우리 호모 사피엔스 말로 '은날개녹색부전나비 애벌레'가 되어있었다.
 나는 츄리닝에 쓰레빠를 신은 채 헐레벌떡 동네 앞산으로 달려갔다. 그리고 가장 여린 신갈나무 어린 순을 따 집으로 가져와 네 보금자리에 놓아주었다. 너는 소심해서 낮에는 겨울눈인 척 미동도 않다가 저녁이 되어서야 조금씩 움직였다. 새침해보이더니만 아침이면 신갈나무 잔가지 아래는 네가 싼 똥이 수북했다. 기특했다. 베란다를 서성일 적에 나는 자주 두근거렸고 너는 대체로 무심했다.

 네가 수컷인지 암컷인지는 아직은 알 수 없었다. 다만 곤충도감에 실린 은날개녹색부전나비 수컷의 날개에는, 가본 적 없는 지중해 그 빛나는 바다와 태양이 통째 새파랗게 얹혀 있었다. 나는 들떠 네가 가져다줄 행운에 대하여 덧없이 상상하기도 했다. 너를 대하는 것이 더 각별해졌다. 날이 저물면 집안에 들이고 해가 뜨면 베란다에 내어놓았다. 네가 보금자리를 벗어나 다른 데로 도망갈까 걱정도 했지만 벌레인 너도 먹을 것으로부터는 자유롭지 못했다.

 너는 조금씩 커졌다. 그리고 네 몸집이 불어나는 만큼 갈참나무 겨울눈도 부풀어 어느덧 거기서 연두빛 싹이 텄다. 이제 너는 더 이상 겨울눈인 척 하고 있을 수 없었다. 네 어미는 이럴 경우 어찌하면 된다고 네게 방책을 일러주었을까. 문득 네 어미를 떠올렸다. 대부분의 곤충이 그러하듯 네 어미도 갈참나무 겨울눈 사이에 너를 낳고 겨울이 오기 전 생을 마감했을 것이다. 죽은 네 어미보다는, 어미 얼굴도 보지 못하고 세상에 나온 네가 더 애틋했다.

 더불어 아직까지 아이와 함께 살고 있는, 사람인 나는 무엇인가 생각하게도 되었다. 아이는 이제 완전히 자립할 만큼은 아니지만 그래도 제 발로 성큼성큼 세상 속으로 걸어 들어가고 있다. 가끔 고개 돌려 나를 보지만 머지않아 인파에 섞여, 조만간 나는 아이에 대한 추억에 의지해 살아가게 될 것이다. 그러면 그때 나는 무엇이 되어야 하는가. 어떤 존재가 되어야 마땅하겠는가. 어떤 마음과 위풍(威風)을 지녀야, 생식의 기능은 다했으나 아직 살 가치는 있는, 먹을 것을 축내도 덜 미안한 그런 존재가 되겠는가. 생각은 그런 정도로까지 치닫기도 했다.

나의 걱정은 기우였다. 너는 네 어미의 당부를 따라 잔가지 꼭대기로 기어 올라가 나뭇잎 뒤에 몸을 숨겼다. 그렇게 또 열흘이 흘렀다. 그리고 열 하루째 되던 날 너는 사라졌다. 옷장 밑으로 기어들어갔는가 싶어 막대기로 쑤셔도 보고 이불 속에 숨었는가 하여 몇 년간 사용한 적 없는 두툼한 솜이불까지 끄집어내 살폈지만 매번 막대기에 끌려 나오는 것은 먼지덩어리와 동전과 아이의 어릴 적 레고 조각 몇 개.

너를 잃고 허전했다. 집 안 어디서 번데기가 되었을 거라고 위안은 했지만 그래도 삼치를 굽거나 찌개를 끓이는 사이 사이 부질없이 또 옷장 밑을 뒤지거나 이불을 헤집었다. 너 없이 열여섯 날이 지났다.

열일곱 째 되던 날 마지막 봄비가 내렸다. 베란다 열린 창으로 비가 들이쳤다. 닫으려고 창에 손을 뻗다가 그만 나는 말을 잃고 말았다. 말간 유리창에 네가 있었다. 분명 너였다. 너는 그런데 이전의 겁 많고 소심하던 갈색 애벌레가 아니었다. 느릿느릿 바닥을 기던 구차한 존재가 아니었다. 날개가 돋아있었다.

날개는, 맑은 겨울 오후의 물억새 이삭처럼 부신 은빛을 했다. 눈은 검은 럭비공 모양이었다. 만약 이런 표현이 가능하다면, 우주의 푸른 여왕의 눈처럼 우아하고 도도해 오래 바라보면 기어이 우주의 찬 우물 바닥에 가 닿을 것 같았다.

더듬이에는 고리 모양의 흰 띠 스물 서너 개가 걸렸는데 어린 리듬체조 선수가 사뿐 발끝으로 걷다 휙 공중에 던져 버린 리본이 샤르륵, 원을 그리며 내려오는 것 같았다.

더듬이 양 끝, 성냥개비 머리처럼 볼록한 주홍빛은 네가 어두운 숲 속을 날 때 켜고 다니는 초롱불이라도 되는가 혼자 속으로 생각했다. 아쉽게도 푸른 날개를 가진 수컷은 아니었다. 하지만 네가 방안을 돌아다닐 때 언뜻 언뜻 보이는 윗면의 옅은 먹빛은 오래된 숲의 물푸레나무 줄기처럼 강건하고 믿음직했다.

비가 와서 다행이었다. 쾌청했다면 곧 너를 숲에 데려가야 하고 그럼 우리는 만나자마자 헤어져야 했을 테니 말이다. 나는 흰 접시에 꿀물을 타 조심스럽게 네 옆에 놓아주었다. 하지만 너는 쳐다보지도 않았다. 대신 초조한 듯 방안을 두 바퀴 돌아 소파 옆 흰 벽지에 내려앉았다.

나는 주저하다 조용히 네 옆으로 다가갔다. 너는 날아가지 않았다. 내가 내쉬는 숨이 기류(氣流)를 어지럽혀 너를 불안하게 하고 내 숨의 더러운 것이 네 날개의 인편(鱗片)에 달라붙어 너를 무겁게 할까봐 나는 숨 쉬는 것도 조심했다. 네가 피로할까 싶어 급히 전등도 껐다. 그렇게 우리는 처음이자 마지막으로 나란히 앉게 되었다. 밖은 종일 봄비가 내렸다.

 무슨 이야기를 나눠야할지 몰랐다. 네 번데기 시절이 우선은 궁금했다. 식물인지 동물인지 죽었는지 살았는지 알 수 없던 그 시절 너의 침묵과 숙고(熟考), 나비를 향한 염원을 듣고 싶었다. 너의 지향과 가치도 듣고 싶었다.

 하지만 너는 얇디얇은 꼬리돌기 두 개를 돛대처럼 세워 장난치듯 유혹하듯 살살 엇갈려 비비기만 했다. 지켜보다 깜박 잠이 들었다. 깨어 보니 분침은 방금 전보다 고작 세 눈금 앞서갔을 뿐. 그리고 그 3분의 시간이 흐른 뒤 나는 쓸쓸하게도 이런 생각을 하게 되었다.

 '너의 먹을 것과 나의 먹을 것은 다르다.'
 '너의 창공과 나의 지상은 다르다.'
 '따지고 계산하고 논리적 타당성을 고민하는 나의 셈법과, 배고프면 먹고 때가 되면 사랑하고 비가 오면 비에 젖어버리는 너의 셈법은 다르다. 우리는, 다르다......'

 얼마 후 비가 그쳤다.
 적어도 3일은 너와 함께 지내려던 계획을 바꿔 나는 서둘러 너를 데리고 집을 나섰다.

 신갈나무가 지천인 동네 앞산은 산 입구에서부터 새 소리가 요란했다. 평소 청량하게만 들리던 그 소리는 그날은 두려웠다. 네가 새들에게 먹히지는 않을까, 척박한 동네 숲에

너와 같은 은날개녹색부전나비 수컷은 있을까 걱정이 많았다. 이곳저곳 한참을 재고 기웃거리다 잎 고운 병꽃나무에 너를 내려놓았다. 너는, 잘 가라는 인사도 없이 옅은 먹빛 날개를 저어 저녁이 오는 숲으로 사라졌다. 나는 허공에 남은 너의 흔적을 헛되이 좇다 돌아서 숲을 나왔다.

 너와 헤어져 돌아오는 길, 머릿속으로 5월의 귀룽나무 흰 꽃잎이 장대비처럼 쏟아져 내렸다. 꽃비에 젖어 나는 후회했다.

 너의 먹을 것과 나의 먹을 것이 다르고 너의 셈법과 나의 셈법이 다르다고 해서 우리가 서로를 사랑하지 않은 것은 아니지 않은가. 우리가 헤어진 것이, 그 산 꼭대기까지 가지 않았다든가 그 기념품 가게에서 대추나무 빗을 사지 않았다든가 돌탑에 절을 하지 않았다든가 연등을 달지 않았다든가 또는 등을 달 때 만원을 깎았다든가 하는 이유 때문은 아니지 않은가.

 이유를 대자면 끝이 없지만 어떻든 부인할 수 없는 건 헤어져 아픈 우리의 마음. 너와 나의 가치와 지향이 다르다고 해서 아픈 마음까지 다른 건 아니지 않은가.

 이름도 생소한 경기도 귀여리, 갈참나무 사이에 숨은 너를 데리고 집으로 올 때 나는 사랑에 대해 많은 것을 모를 때였다.

2016년 5월

이성이 잠들면

밤나무산누에나방 고치를 우연히 얻게 되었다, 는 건 거짓말이고 중미산 산중턱 임도를 걷다가 버드나무 사이에서 우연히 발견하고는 몰래 집으로 데리고 왔다.

어른 손가락만한 크기에 여름철 죽부인(竹夫人) 모양을 했다. 짙은 고동색 그물망으로 되어있는데 손으로 이리저리 힘껏 잡아당겨도 끄떡없다. 그물눈 사이로 언뜻 보이는 애벌레는 아직 번데기는 되지 않은 듯 물컹한 느낌. 색깔이며 모양이며 조금 흉하다. 하지만 우화(羽化)하면 손바닥만 한 커다란 밤나무산누에나방을 보겠거니 들떠서 베란다 방충망에 고이 붙여놓았다.

이틀 후 토요일 오전. 고치가 격렬하게 흔들렸다. 놀라 아이를 불렀다. 내가 속삭였다.

-기생 당했나봐.

-……?

기생벌이라는 것이 있다. 무슨 연유인지 이 친구들은 나비목 애벌레 몸속에 산란관을 찔러 넣어 자신의 알을 낳는다.

나중에 그 알들이 깨어나면 마취된 살아있는 애벌레 몸을 파먹고 자라고 그러다 성충이 되면 애벌레 몸을 찢고 밖으로 나온다. 이렇게 기생당하는 나비목 애벌레의 비율은 호랑나비과(科) 애벌레의 경우 70 내지 80퍼센트.

고치를 앞에 두고 우리는 아마 조금 겁을 먹은 채 이런저런 얘기들을 나눴다. "우리가 잠든 사이 기생벌이 나와 집안을 날아다닐지도 몰라. 우리 몸에 알을 낳을 거야. 우리가 기생당하는 거지. 아침에 일어나면 우리는 거대한 벌로 변해 있을거야. 우리 아파트는 기생벌 좀비 아파트가 되고 곧 군대가 출동하겠지."

시시한 농담을 주고받으며, 그러나 속으로는 좀 으스스한 기분이 되어 아이는 약속이 있다고 나가고 나는 예매해 둔 영화를 보러 집을 나섰다. 현관을 나서기 전 아이는, 집에서 기생벌을 키우는 건 좋은 생각은 아닌 것 같다고 조심스레 제 마음을 내비치긴 했다.

영화는 소문대로 처음부터 피칠갑. 실눈을 뜨고 애써 초점을 흐려가며 간신히 보아내던 중인데 늘 그렇듯 죽었던 사람이 갑자기 살아난다. 독버섯을 잘못 먹었던지 돼지고기를 잘못 먹었던지 하여간 피부는 온통 벌겋게 무엇이 돋아가지고 눈동자는 이미 뒤로 넘어가 눈알이 허옇다.

산에서부터 인가(人家)를 향해 비틀거리며 내려오던 그자는 곧 그를 물리치려는 세 명의 사내들과 맞닥뜨리는데 다시 살아날 적에 괴력도 덤으로 얻었는지 도무지 게임이 안된다. 이빨로 한 명의 뺨을 닭 껍질처럼 물어뜯더니 곧 다른 한 명의 모가지를 물고, 나머지 한 명이 쇠스랑으로 그자의 머리를 내리치자 제 손으로 제 머리에 박힌 쇠스랑을 빼낸다. 그리고는 다시 으르렁거리며 주인공에게 달려들다가 당연히 결정적 순간에 입에서 쿨쿨 피를 토하고는 거꾸러진다. 긴장해, 빳빳해질 대로 빳빳해진 어깨와 목을 연실 비틀고 주무르다가 문득 집에 두고 온 밤나무산누에나방 고치에 생각이 미쳤다.

곤충의 시간은 사람의 시간에 대면 비할 수 없이 짧은데 그새 기생벌들이 밤나무산누에나방 애벌레 몸을 뚫고 밖으로 나온 것은 아닐까. 어른벌이 되어 무법천지로 온 집안을 날아다니고 있는 건 아닐까. 하여, 내 가족에게 불길한 일이 생기지는 않을까.

결국 자막이 올라가기도 전에 영화관을 나와 집으로 달렸다. 현관에 도착해 숨을 고르고 조용히 문을 열자 집 안은 한없는 정적. 마루를 가로질러 베란다와 마루가 접한 문틀에 까치발을 하고 서서 베란다 방충망을 살폈다. 고치는 여전히 간헐적으로 부르르 떨었지만 내가 상상한 최악의 상황은 아직 일어나지 않고 있었다.

나는 급히 채집통에 고치를 담아 다시 동네 앞산으로 달렸다. 그리고 제일 먼저 눈에 들어온 늙은 밤나무 가지에 후딱 고치를 걸어놓고는 뒤도 안돌아보고 산을 나왔다. 이제 우리 가족에게는 나쁜 일이 생기지 않는 것이다!

다음날 새벽 요란한 직박구리 소리에 잠이 깼다. 그리고 깨자마자 후회했다. 나는 도대체 얼마나 어리석은가. 밤나무산누에나방이 바로 눈앞에서 날개돋이하는 장면을 볼 기회를 놓쳤거니와 설사 기생 당했다 해도 그건 어쩔 수 없는 자연의 이치인데 잔인할지라도 그 광경도 직접 보아내야하지 않겠는가. 다시 데려올까 또 오전 내내 고민하다가 오후 느지막해서야 앞산에 갔다.

고치는 늙은 밤나무에 여전히 대롱대롱 매달려 있었다. 가지에서 내려 안을 살피는데 이런, 고치 안에 든 것은 이제 물컹한 애벌레가 아니라 번데기. 그러니까 녀석의 격렬한 떨림은 아무래도 기생보다는 번데기로 변하는 과정과 관련이 있던 것 같았다.

그물망 안의 번데기는 여지껏과 달리 미동이라곤 없었다. 다만 번데기 위쪽 3분의1 지점에 마치 가지런히 다리 여섯 개를 모은 듯한 자국이 있고 그 위로는 안으로 함몰된 두 개의 점 같은 것이 박혔는데 그의 눈 같기도 했다. 저를 버린, 그물 밖 나를 응시하듯 고요했다.

이번에는 집으로 도망 오는 대신 고치를 들고 산을 넘었다. 반대편 중턱에 작은 산사(山寺). 일요일 오후에다가 날은 더워 인적이 없다.

백중(百衆)이 가까워 법당 마당에는 흰 연등들이 걸렸다. 죽은 자의 천도와 평안을 비는 등(燈)이다. 바람이 불 때마다 연등 아래 표찰들이 서로 부딪히며 차르르, 맑은 소리를 낸다. 잠시 후 스님이 종루에 올라 목어(木魚)를 두드리고 운판(雲版)을 두드리고 종을 친다. 종소리는 동심원처럼 내 몸을 파고들고 그러면 나는 물결인 듯 가볍게 흔들리고, 흰 표찰들은 물풀처럼 일제히 한 곳으로 기우는데 기울며 생긴 빈자리에는 막막한 고요.

 나는 고치를 감싼 버드나무 가지를 손에 쥐고 속으로 물었다.

 두려운가.

 무엇이 두려워. 그깟 나방 한 마리 앞산에 갖다 버렸는가.

 무엇이 두려운지는 사람마다 다르다. 하지만 근본은 같다. 죽음이 두렵다. 나의 죽음이 두렵고 내가 사랑하는 사람들의 죽음이 두렵다. 순리대로 태어나 순리대로 살고 순리대로 사랑하다 늙어 죽어도 이렇듯 아쉬울진대, 하물며 폭력에 의해 타의로 죽음을 맞이해야 하는 상황이라면 그건 상상만으로도 끔찍하다.

 스페인 화가 프란시스 고야(1746년~1828년)의 그림 한 점을 떠올린다.

 왕정 시대 옷차림을 한 남자가 팔에 얼굴을 묻고 책상에 엎드려 있다. 지쳐 잠시 엎드린 것도 같고 잠이 든 것도 같다. 엎드린 그의 등과 머리 위로는 검은 부엉이와 박쥐 떼가 먹구름처럼 몰려오고 발치에는 살쾡이 한 마리가 앉아 무언가를 노려보고 있다. 음산하다. 남자가 엎드린 책상 앞면에는 이런 글귀가 쓰여 있다. '이성이 잠들면 악마가 나타난다'

 예술가의 감성을 강조한 글귀라고도 하고 그 당시 폭정에 대한 고발이라고도 한다. 의도야 어떻든 인간의 이성이 잠들어 제대로 작동하지 못하는 상태 또는 이성에 반하여 작동하는 상태를 역사는 비이성 내지는 반이성, 불합리라고 기록한다.

요즘 들어 두렵다.

나이를 먹어서만은 아니다. 비이성이나 반이성의 상태를 경험하게 되지는 않을까 하는 걱정 때문이다.

헬조선, 이라는 말이 공공연하게 떠돈다. 아름다운 이 땅에 지옥을 뜻하는 영어 hell이 붙어 그리 되었다. 헬조선, 이 진실을 담고 있는지 아닌지는 사람마다 생각이 다르다. 하지만 말과 글이 어떤 식으로든 현실을 반영한다고 했을 때 헬조선이 그 말 주변에 고야의 그림처럼, 불길하게 엄습해오는 한 패거리의 박쥐들을 거느리고 있는 것만은 사실이다.

끼니를 때우는 일, 목숨을 부지하는 일이 요즘처럼 급박하고 불안하게 느껴지기는 나로서는 처음이다. 대물림되는 부에 대한 분노와 좌절, 적의 미사일을 요격하기 위해 또 다른 최신식 미사일을 배치하겠다는 정치적 결정에 대한 두려움에 잠 못 이루는 이 또한 나 혼자 뿐은 아닐 것이다.

흉흉하긴 나라 밖도 마찬가지. 이름만 들어본 낯선 나라들의 내전소식은 내막을 알 길 없이 끝이 보이지 않고, 평생 한 번 가보고 죽을까 말까한 아름다운 지중해에는 난민들의 시신이 떠돈다고도 한다. hell이니 미사일이니 전쟁이니 학살이니 하는 것들은 비이성이나 반이성과 비슷한 말이다. 그렇다면 악마, 와도 비슷한 말이 된다.

이성이 잠든 시대, 악마가 깨어난 시대, 그것이 곧 헬조선과 같은 말 아니던가.

 다시 고치의 내부를 살핀다. 미동도 없다. 잠들었을까.

 질긴 그물망 안에 든 저 말없는 고요, 보름 후 스스로 고치를 녹이고 세상 밖으로 나올 때 그것은 단지 한 마리 펄럭이는 두려움일까 아니면 명료한 이성일까.

2016년 7월

뿌레쉬한 그녀

열대야로 내내 뒤척이다 자정이 넘어 잠이 들었다. 애써 든 잠의 갈피로 낯선 소리. 눈을 감은 채 소리의 정체를 가늠하는데 이건 귀뚜라미도 아니고 왕귀뚜라미도 아니다. 방울벌레도 여치도 베짱이도 아니다.

속눈썹이 더듬이라도 되는 듯 끊임없이 떨어가며 베란다 너머 어둠을 더듬다 어느 순간 놀라 숨을 죽였다. 사람 소리다. 그것도 잠꼬대나 고성방가가 아니라 젊은 남녀가 사랑을 할 때 내는 소리다. 여름이라 집집마다 창문을 열고 살다보니 이리 되었다. 처음엔 놀랍더니 그 다음은 민망하고 그 다음은 또, 파출소가 지척인데 순경 아저씨들은 이런 거는 단속은 안하는지 슬며시 심통이 나기 시작.

베란다 너머 젊은 남녀, 갈수록 요란하다. 게다가 뭐 또 그리 오래 하는지, 아침에 출근은 안할 건지, 공동주택에 살면서 좀 참지 뭐 자랑이라고 유난을 떨어가며 애써 든 주민의 잠을 방해하는지. 에잇, 하며 삼베 홑이불을 머리까지 뒤집어쓰고 잠을 청하지만 한번 깬 잠이 다시 올 리 없다.

호모 사피엔스 남녀의 열락의 소리 사이로 한여름 밤의 베란다 너머는 온통 고운 풀벌레 소리.
 리리리리, 지익지익, 스윽, 또르르, 띠리리리……
 저건 방울벌레 저건 왕귀뚜라미 하나하나 짚어가며 속으로 헤아리는데 풀벌레 소리들 사이로 인사동 그 아가씨, 연갈색 커다란 나비리본을 머리에 얹고 또록또록 가게에 들어오던 그 고운 아가씨 푸른 목소리.
 -이거, 뿌뤠쉬해요?
 인사동에서 향초를 팔 때였다.
 그날도 점심이 지나도록 손님은 없어 김밥 한 알 까먹고 책 한 줄 보고 또 김밥 한 알 까먹고 같은 줄을 반복해서 보며 졸던 중이었다. 갑자기 무슨 빛나는 햇살 같은 것이 확 품으로 안겨드는가 싶더니 세 평 남짓한 가게 안에는 어느 새 바비인형(Barbie Doll)이 하나 들어서 있었다.
 바비는 곧 스르르 팔을 움직이더니 쇼윈도우의 황금빛 밀랍 향초를 집어 들었다. 그리고 나를 향해 이거, 뿌뤠쉬해요? 하고 물었던 것이다. 입술에 번지르르하게 묻은 김밥 기름을 재빨리 소매로 닦고 나는 침착하게 바비를 살폈다.
 바비는 어깨까지 닿는 머리칼에, 끝단에는 시원하게 웨이브를 넣었는데 바다가 거기 매달려 싱싱하게 출렁이는 것 같았다. 머리에 얹은 커다란 연갈색 리본은 다른 사람이라면 한 소리 들었을 것을 바비에게는 어쩌면 그렇게 똑 어울렸다. 리본과 같은 색깔을 한 윤기 흐르는 면60수 연갈색 원피스는 허리께가 개미처럼 잘록하며 그 아래로 풍성하게 주름이 퍼져, 게다가 치맛단 아래 두 다리는 자작나무 줄기처럼 희고 곧아 아, 이것이 바비구나 착각하게 만든 결정적 계기가 되었다.

혹시 외국인인가 살폈으나 방금 전의 한국말 등을 종합하건대 동포가 확실했다. 입 안에 든 김밥을 마저 삼키느라 내가 입을 다물고 말을 않자 옆에 있던, 바비의 핸드백과 모자와 쇼핑백을 안아든 바비 또래 남자가 친절하게 설명을 덧붙였다.

-제조한 지 얼마 됐냐고 묻는 거예요. 신선하냐고요. 내일모레 캐나다로 가져갈 거거든요.

-…….

바비가 집어든 황금빛 밀랍 향초에 대해 설명하자면, 천연 왁스와 천연오일을 사용해 만든 것은 맞지만 가격이 만만찮아 일 년이 넘도록 팔리지 못하다가 며칠 전 사장님이 친히 가게로 전화를 걸어와 반값에라도 팔아버리라고 한 물건이었다.

아, 캐나다에서는 '신선한'이라는 뜻의 영어 '후레시'를 '뿌뤠쉬'라고도 하는구나, 또 하나 배우는구나, 하면 될 것을 나는 무슨 심통이 났던지 그만 여전히 김밥을 입에 문 채 바비를 향해 힘차게 고개를 끄덕여버렸다. 게다가 원래 정상가에 만원을 더 붙여 불렀다.

-……..

20대 초반의 바비가, 속을 헤아릴 길 없는 한없이 검은 눈으로 중년의 나를 응시했다. 그 눈이 또 얼마나 맑고 깊던지 나는 다시 심통이 났고 이어 딱 그 심통만큼 자신만만해져서, 지난 주 들어온 거예요! 뿌뤠쉬해요! 우겼던 것이다. 바비는 곧 중년의 마구잡이에 눌려 체념한 듯 이거 주세요, 했다.

그날 이후 다시 바비 혹은 바비를 닮은 사람은 보지 못했다. 하지만 바비는 그 후로도 가끔 내 묵직한 중년의 피로와 지리멸렬에 햇살처럼 번져 들어와 사방팔방 뿌뤠쉬한 기운을 뿌려놓고 사라지곤 했다.

베란다 너머 젊은 부부의 사랑은 이제는 수습되었던지 한여름 밤은 다시 고운 풀벌레 소리. 머리끝까지 뒤집어쓴 삼베 홑이불을 그제야 가슴께로 끌어내리고 시인 서정주의 시 상리 과원(上里 果園)을 더듬는다.

'꽃밭은 그 향기만으로 볼진대 한강수나 낙동강 상류와도 같은 융융한 흐름이다. 그러나 그 낱낱의 얼골들로 볼진대 우리 조카딸년들의 친구들의 웃음판과도 같은 굉장히 질거운 웃음판이다. 세상에 이렇게도 타고난 기쁨을 찬란히 터트리는 몸뚱아리들이 또 어디 있는가........(중략)........우리가 이것들을 사랑할려면 어떻게 했으면 좋겠는가......(중략)......하여간 이 한나도 서러울 것이 없는 것들 옆에서, 또 이것들을 서러워하는 미물 하나도 없는 곳에서, 우리는 섣불리 우리 어린 것들에게 설움 같은 걸 가르치지 말일이다.......(중략).......어둠이 우리와 우리 어린 것들과 산과 냇물을 까마득히 덮을 때가 되거던, 우리는 차라리 우리 어린

것들에게 제일 가까운 곳의 별을 가르쳐 뵈일 일이요, 제일 오래인 종소리를 들릴 일이다.'

 이제는 훌쩍 커버린 나의 어린 것. 그에게 나는 별을 가르쳐 뵈이지는 못했다. 대신 별보다 환하게 밤을 밝힌 도시의 대형마트를 뵈어주었다.
 제일 오래인 종소리에 대해서는 글쎄, 생각도 미치지 못했거니와 설사 미쳤다 해도 우리가 사는 곳에서는 너무 멀어, 전속력으로 심야를 가로지르는 총알택시와 트럭과 버스의 소음을 자주 아이의 어린 잠속에 밀어 넣었다. 가끔 아스팔트에 내리는 비 소리, 달리는 차바퀴에 둔하게 휘말려 들어가는 밤비 소리를 들으며 이유 없이 서글퍼지기는 했다.
 제일 가까운 곳의 별과 제일 오래인 종소리에 대한 기억은 그런데, 세상을 제대로 살아가기 위한 힘의 바탕인지도 모르겠다.
 옳지 못한 것을 옳지 못하다고 판단하는 힘, 잘못된 것을 잘못되었다고 말할 줄 아는 힘, 정당하지 못한 것을 끝까지 미워할 줄 아는 힘은 실은 제일 가까운 곳의 별과 제일 오래인 종소리, 베란다 너머 소소한 풀벌레소리, 도시의 4차선 도로 중앙분리대 가장자리에 얇게 피어난 강아지풀로부터 오는 건지도 모르겠다. 아파트 공터 개망초 흰 꽃 위를 날으는 손톱만한 남방부전나비, 그 작고 부지런한 날갯짓으로부터 그리고 종로통 세 평 남짓한 향초 가게를 햇살처럼 불쑥 비집고 들어온 뿌뤠쉬한 그녀로부터 오는 건지도.

여름이지만 새벽은 서늘하여 다시 홑이불을 목까지 끌어당긴다. 집 앞 공원 회화나무에서는 이 새벽 또 바람도 없이 후두둑 노란 꽃이 떨어져 내리겠지. 떨어져, 인도와 차도 사이 경계에 콩고물처럼 노란 길을 내고 있겠지.

  이제는 훌쩍 커버린 내 어린 것의 새벽에도 더러 비에 젖어 눈물처럼 반짝이는 도시의 저 노란 꽃길이 뿌뤠쉬하게 번져들면 좋겠다.

2016년 9월

돼지풀 사라진 저녁

　　가족 나들이를 갔다. 강을 지나게 되었다. 강가를 따라 늙은 버드나무 몇 그루. 물 쪽으로 비스듬히 기운 것이 말없이 성을 지켜온 노쇠한 문지기 같다.

버드나무 옆으로 탁 트인 강변은 온통 노랑코스모스 들판. 어림잡아 수 만 평은 되어 보인다. 사람들이 이리저리 돌아다니며 쉴 새 없이 사진을 찍고 있다. 길가에서 흔히 보아온 분홍 코스모스처럼, 노랑코스모스도 멕시코에서 왔다. 그런데 이름처럼 노랑이 아니라 타는 주홍이다. 들판 전체가 불탄다. 금방이라도 모래먼지 휘날리며 어디선가 석양의 총잡이들이 나타날 것 같다. 탄성이 절로 난다. 그러다 문득 마음 한 구석이 불편해진다.

　지난가을 이 강변의 주민(住民)은, 지금처럼 사람들의 사랑을 받는 노랑코스모스가 아니었다. 지금은 사라진 이 강변의 주민은 그 가을 내내 태양과 바람과 대지의 기운 말고도, 뒷박으로 쏟아지는 비난과 욕을 먹고 살았다. 욕을 먹은 첫 번째 이유는 무엇보다 그들의 끈질긴 생명력 때문이었다.

그들은 어디서나 잘 살았다. 쓰레기장에서도 잘 살고 파헤쳐진 하천에서도 잘 살고 척박하고 건조한 곳에서도 잘 살았다. 불우한 환경에서 오히려 그들은 맹렬하게 자라났다. 게다가, 없이 살면서도 자손은 쑥쑥 많이도 낳았다. 그 자손들 또한 악착같아 이러저러한 이유로 뜻을 펴기가 어려워지면 몇 십 년이고 납작 대지에 엎드릴 줄 알았다. 베란다 화분이나 종묘장에서 정성스레 키워지는 것들과는 달리 사람의 도움이나 인정 따위 구걸하지 않았다. 오히려 사람이 파헤쳐놓은 땅, 만신창이가 된 땅에서 그들은 보란 듯이 더 잘 살았다.

월등한 자기 방어력과 억척, 그것이 그들이 욕을 먹는 주된 이유였다. 그들과 비슷한 처지의 또 다른 주민 중에는 순백의 구절초 못지않게 희고 고운 낯빛을 자랑하는 이도 있었는데 그 곱고 이쁜 것의 죄목은 그늘에서도 잘 견딘다는 것이었다. 사람으로 치면 장점인 것이 그들에게는 비난의 이유가 되었다.

그런데 그들 대부분은 먼 이국땅에서 이 나라로 건너왔다. 배를 타고도 오고 비행기를 타고도 왔다. 태평양을 건너도 오고 대서양을 건너도 왔다. 어떤 자는 숨어들어오고 또 어떤 자는 떳떳이 입국 허가를 받고 들어왔다. 들어와서는, 맹렬한 삶의 의지를 불태우며 앞만 보고 달렸다. 번식하고 또 번식했다. 정신 차려보니 자신들의 손과 발이 때로 이 나라 원주민의 삶터까지 움켜쥐고 있기도 했다.

그러다 어느 날부터 미디어에, 인터뷰에 응한 적도 없건만 뜬금없이 그들의 얼굴과 이름이 대문짝만하게 오르락내리락했다. 곧 그들에 대한 대대적인 숙청 작업이 벌어졌다. 함께 이주한 동료들, 눈에 넣어도 아프지 않을 자식들이 뿌리째 뽑혀 허공에 허연 뿌리를 드러냈다. 숨이 끊어지기 전, 죄목(罪目)을 물었다. '생태계 교란 야생생물'이라고 했다. 돼지풀, 단풍잎돼지풀, 서양등골나물, 털물참새피, 도깨비가지, 애기수영, 가시박, 서양금혼초, 미국쑥부쟁이, 양미역취, 가시상추, 갯줄풀, 영국갯끈풀이 살생부(殺生簿)에 들어 있었다.

그들 중 발을 지닌 자는 없었다. 스스로의 힘으로 바다나 대륙을 건너지는 않았다는 얘기다. 발이 있는 동물이라고 크게 사정이 다르지는 않았다. 생태계 교란 야생동물인 황소개구리는 제 손으로 직접 뗏목을 만들어 타고 고국을 탈출해 이 땅에 오지는 않았다. 파랑볼우럭이나 큰입배스도 마찬가지였다. 식량자원 증진 차원에서 정책적으로 도입되었다. 모두 사람에 의해서였다.

우리 가족이 나들이를 가다 지나게 된 강변은 그러니까 지난 가을까지는 단풍잎돼지풀이 무리를 지어 자라던 곳이었다.

사람 키보다 크게 자라 강변을 점령하다시피 한 것을 보고 걱정은 했더랬다. 어느 정도의 조절과 통제는 필요하다고 생각했다. 그러나 그 통제는 근본적으로 사람에 의해서가 아니라 함께 살아가는 다른 생명체들과의 관계에 의해 이루어져야 한다고 믿었다.
 차는 이제 정체가 심한 국도를 지나 고속도로로 접어든다. 조금씩 속도가 난다. 그런데 4차선 차도 한가운데 비둘기 한 마리. 꼼짝도 안한다. 어디가 아픈가 보다. 놀라 남편에게 멈추라고 소리를 질렀다. 남편은 룸미러로, 뒤에 바짝 붙다시피 하며 달려오는 차들을 살피더니 비둘기가 왼쪽바퀴와 오른쪽바퀴 사이 중간에 오도록 차량 위치를 조금 조절하고는 저속으로 운전했다. 뒤돌아 도로를 살폈다. 비둘기는 무사했다.
 이어폰을 끼고 음악을 듣던 아들이 한 마디 했다.
 -쟤들은 개체수가 너무 많아. 조절해야 돼.
 내가 반박했다.
 -전체로서의 비둘기 무리가 유해하다는 것과, 살아있는 한 개체로서의 비둘기의 생사(生死)는 서로 다른 문제잖아.
 남편이 끼어들었다.
 -뭐가 그렇게 복잡해. 살아있는 걸 죽이는 건 누구나 싫어하잖아.
 -........
 그렇다.
 배가 고픈 게 아니라면 살아있는 걸 죽이는 건 누구나 싫어한다. 자신의 생존이 위협받지 않는 한 남의 생존도 위협하지 않고 공존하고자 하는 것이 모든 생명 가진 것들의 본능이다. 측은지심(惻隱之心)과 다르지 않다.
 그런데 측은지심은, 사회 구성원의 상위 10퍼센트가 부의

44.9퍼센트를 차지하는 곳(2012년 국회입법조사처), 소득 집중도가 세계에서 두 번째로 높은 곳, 페어플레이 대신 권력 밀착형 플레이로 언제나 승자가 미리 결정되어 있는 곳, 한 번 금수저는 대대손손 금수저인 곳, 변화가 불가능한 곳에서는 설 자리를 잃는다. 그리고 생태계 교란 유해식물은 바로 그 자리, 측은지심이 파헤쳐진 자리에 가장 먼저 뿌리를 내린다. 그것도 떼거지로.

그러고 보면 측은지심은 생태계를 근본에서부터 떠받치는 힘이다. 타고난 본능인 측은지심을 기저(基底)에서부터 교란하는 자, 그자야말로 어쩌면 진정한 생태계 교란 야생생물인지도 모르겠다. 뿌리째 뽑아내고 씨를 말려야할 악의 근원 말이다.

단풍을 보겠다고 나선 길은 전후좌우가 꽉꽉 막힌다. 나아갈 수도 물러설 수도 옆으로 빠질 수도 없다. 차라리 시동 끄고 한숨 자면 좋겠는데 그러면 돌 맞을 거고 조금 빠지는 기색이 보이는 옆 차선으로 끼어들면 좋겠는데 여지(餘地)라곤 없다. 이제는 뻣뻣해진 다리로 브레이크와 엑셀을 번갈아 밟으며 그저 앞만 보며 달리는 것 말고는 방법이 없다. 둘 중 어디에서도 발을 떼어서는 안 된다. 발을 떼는 순간이 곧 삶과 죽음의 갈림길이다.

힐긋 바라본 옆 차들은 대부분 우리와 같은 고만고만한 가족 나들이객. 단풍을 보겠다고, 일 년에 한 번쯤은 아내와 남편과 자식에게 그깟 핏빛 단풍 한 번 뵈어주겠다고 나선 길은 외견상으로는 답답하고 느리다. 하지만 그 속은 치열하다. 앞으로 나아가는 길만 있어 치열하고 브레이크와 엑셀 어디에서도 발을 뗄 수 없어 치열하다. 가족을 품고 가느라 더 치열하다. 치열해서 결국은, 측은하다.

 비록 단풍들지는 않지만 잎이 단풍나무 잎을 닮아 그런 이름이 붙은 단풍잎돼지풀도 속사정은 마찬가지일 것이다.

 아름다운 계절, 꽉 막힌 고속도로 옆으로 강은 유유히 흐르는데 노랑코스모스 혼자 덧없이 흔들리고 있다. 석양의 총잡이 하나 없이.

2016년 10월

11월의 연서

아들! 사진은 잘 찍고 있는지.
네가 아침 일찍 경춘선을 타고 친구들과 사진을 찍으러 간 사이 나는 홍천 내면 아는 사람 집에 잠깐 다니러 왔다. 같이 와도 좋았을 거라는 생각을 한다. 해발 700미터 고원분지에 자리 잡은 마을은 무엇보다 풍광(風光)이 좋다. 푸른 당근밭 위로 햇살이 무사의 칼처럼 쏟아져 내리고 산골짜기서 내려온 농수로(農水路) 물은 맑고 무심해, 거기 졸졸 연한 소리를 내며 흐르는 것은 물이 아니라 시간인 것만 같다. 농수로 가장자리에는 또 자작나무 세 그루가 우뚝 서있는데 어찌나 높고 우람한지 막 밭에서 뽑은 배추로 쌈을 싸먹던 나는 참지 못하고 그만 한 손엔 배추 속, 한 손엔 젓가락을 든 채 그대로 자작을 향해 달려가고 말았다.

자작나무는 이야기가 많다. 특히 그 흰 수피(樹皮)가 아름다워 많은 시인들이 자작을 소재로 노래를 지어 불렀다. 이야기들 중 그래도 역시 좋은 건 자작나무 껍질에 쓰는 연서(戀書)인데 요즘이야 손 편지라는 게 귀한 일이지만 예전에는 자작나무 얇은 껍질을 벗겨 거기에 연서를 썼다고 한다. 연서라니, 새삼 이 나이에 연서라니.

간밤은 잠이 오지 않았다. 엎치락뒤치락하다 결국 일어나 불을 켰다. 새벽 네 시를 넘어가고 있었다. 책꽂이를 뒤졌다. 읽을거리를 찾은 건 아니었다. 집 안의 책꽂이 세 개를 꼼꼼히 뒤지고 통장이 든 서랍과 옷장도 뒤졌지만 원하는 것은 찾을 수 없었다. 우두커니 형광등 아래 쪼그리고 앉았다가 베란다로 나갔다.

너도 알다시피 베란다에는 책꽂이가 두 개가 있다. 거기에는 우리 그러니까 너의 엄마와 아빠가 20대 때 읽은 책들이 빼곡하게 꽂혀있다. 누렇게 변색되고 먼지가 뽀얗게 내려앉아 한 번 펼쳐볼라치면 재채기와 근지러움은 기본으로 감수해야한다. 희미한 베란다 불빛에 의지해 손가락으로 일일이 짚어가며 책들을 살피는데 맨 위 칸 왼쪽 구석에 흰 봉투 하나. 찾던 것이다. 끄집어내 입으로 후, 먼지를 불고 봉투를 열었다. 짙은 남색 하드보드지 안에 종이 한 장이 상장처럼 들어있다.

맨 위 상단에 정부, 라는 금박이 보이고 그 아래는 검은 글씨로 '민주화운동관련자증서' 그리고 오른쪽에 너의 아비의 이름 세 글자가 박혀있다. 내용은 이렇다.

[귀하는 대한민국의 민주헌정질서 확립에 기여하고 국민의 자유와 권리를 회복 신장시켰으므로 '민주화운동 관련자 명예회복 및 보상 등에 관한 법률' 규정에 의하여 이 증서를

드립니다.]

　첨부된 민주화운동 관련자 인정 통지서를 살폈다. 통지서에 따르면 네 아비는 '총학생회 발대식의 사회를 맡고 집회 후 스크럼을 짜고 군부독재 타도하자 등의 구호를 외치며....화염병을 던지고……(중략)……같은 해 4월 18일 학생 150여 명이 참석한 가운데 개최된 4.19 기념식에 참석하여 4월 혁명이여, 라는 제하의 기념시를 낭독하고 집회가 끝난 다음 참가한 학생들이 스크럼을 짜고 교문진출을 시도하다 경찰에 의하여……(중략)……집회 및 시위에 관한 법률을 위반'하여 징역을 살았다. 통지 날짜는 2007년 7월이다.
　기억난다. 2007년이면 네가 아직 어릴 때다.
　민주화운동 관련자 명예회복 및 보상 등에 관한 법률에 의거, 명예회복 신청기간이 막바지에 이르도록 우리는 굳이 이 나라에 명예회복 신청을 하지 않았다. 글쎄, 몇 가지 이유가 있었다. 일단은 가치의 패러다임이 변하고 있었다. 너의 아비가 20대 내내 믿고 지키고자 했던 가치들 그러니까 자유, 정의, 정당한 노동의 대가(代價) 같은 것들은 그 즈음에는 무력하게 느껴졌다. 두 번째로, 우리 부부는 가난했다. 여전히 20대의 가치를 별처럼 마음에 두고 살기에는 먹고 사는 일이 급박했다. 명예 회복을 신청할 마음의 여유가 별로 없었다.
　그리고 무엇보다도, 가치라는 것은 그렇게 달랑 종이 한 장으로 증명할 수 있는 것이 아니라는 반발이 내심 너의 아비에게는 있었을 것이다. 증서 한 장에 한 사람의 치열했던 시기를 온전히 담아낼 수는 없으며, 증서와는 무관하게 그 시기는 언제나 그 자리에 그렇게 묵묵히 남아있는 거라고 너의 아비는 믿었던 것 같다.

신청 마감 하루를 남기고 그날도 서둘러 저녁 준비를 하던 중이었다. 너는 그때 집안에서 친구들과 놀고 있었다. 손가락만한, 페인트칠은 벗겨지고 문짝 하나가 떨어져나간 빨간 장난감 자동차 한 대로도 슝슝, 숑숑, 삐용삐용 어쩌면 그렇게 즐겁게 놀던지. 어린 것들이 흘리는 생명의 땀 냄새는 급하게 짓는 당장의 밥 냄새를 가볍게 능가했다. 문득 다급해졌다. 심장이 두근거리고 손바닥에 식은땀이 났다. 훗날 네가 우리에게, 그때 아버지는 무엇을 했냐고 물으면 우리는 무어라고 답을 해야 할까.

그날 너의 아비는 밤을 새워 신청서를 작성했다. 그리고 다음날 직접 해당 관청을 찾아가 신청서를 제출했다.

얼마 후 이 증서가 왔다. 몇 푼의 돈과 함께였다. 우리 처지에 그리 많지도 적지도 않은 돈이었다. 다음날 너의 아비는 그 돈으로 네 이름으로 된 통장을 만들었다. 지금도 다달이 붓고 있는 네 명의의 주택청약 통장은 그 돈을 종자돈으로 한 것이다.

배추 고갱이를 마저 삼키고 한껏 고개를 젖혀 먼 자작나무 우듬지를 올려다본다. 몇 안남은 황금빛 이파리가 푸른 허공에 별처럼 박혔다. 길고 탱탱한 잎자루가 무리지어 흔들릴 적에는 자꾸만 나도 그를 따라 먼 과거 속으로 자박자박 걸어 들어가고 싶어진다. 흰 수피에 햇살이 닿아 자작의 줄기가 눈이 부시다.
 네가 이걸 찍으면 좋겠는데.
 다시 아쉬워하며 새벽의 증서를 떠올린다. 노란 종이에 검은 글자 몇 개 근엄하게 박힌, 꽃 한 송이 없이 우편으로 전해진 민주화운동관련 증서는 솔직히는 뽄때라곤 없고 낭만이라곤 없다. 나무 앞에 서서 나는 너의 아비에게 다시 그것을 써보기로 한다. 이번에는 종이가 아닌 자작나무 껍질에, 그리고 증서가 아닌 '연서'를.

[그대는 그대의 온 청춘과 열정을 조국의 민주화에 바쳤습니다. 최고의 용기와 정의를 보여주었습니다. 부단히 자신을 뛰어넘어 동시대인 모두에게 가닿았습니다. 그대의 헌신과 용기에 온 마음으로 감사를 전합니다. 이 연서는 누구보다 그대의 아이에게 귀한 훈장이 될 것입니다. 투사를 아비로 둔 아이, 세상에 그만한 자랑이 또 있을까요.
자작나무는 기름이 많아 예로부터 횃불로 썼다고 합니다. 그대도 어두운 밤을 밝히는 횃불과 같아, 매일같이 찾아오는 밤에 그대를 기억하지 않는 날은 하루도 없을 것입니다. 다시 한 번 존경과 감사를 담아 자작나무 껍질에 이렇게 그대를 향한 연서를 써 봅니다.]

 지금은 2016년 11월, 그때로부터 9년이 지났다. 그리고 9년이 지난 지금 우리 부부는 주말마다 광화문 광장에 선다.

너의 아비가 맨몸으로 달려 나가 자유를 외쳤던 권력의 심장부 광화문 광장 말이다. 광장은 이제 소수이던 9년 전과는 달리 백만이 넘는 시민이 매일 정권 퇴진을 요구하며 촛불을 밝히고 있다.

곧 겨울이 올 것이다. 그들은 강하고, 어쩌면 우리는 패배할지도 모른다. 그들은 너무 오래, 너무 많은 것을 독점하고 축적해왔다. 재물과 병력, 정보는 대부분 그들의 것이다. 그럼 가난한 우리에게는 무엇이 있을까.

브리티쉬 콜롬비아대학 숲생태학 교수 수잔 시머드(Suzanne Simard)는 숲에서의 오랜 실험 결과를 토대로 이런 내용의 강연을 했다.

숲의 자작나무들은 뿌리에 붙어사는 곰팡이의 일종인 균근류에게서 질소와 인 등 무기물을 공급받는다. 그리고 광합성을 할 수 없는 지하의 균근류는 자작나무에게서 또 광합성의 결과물인 탄소를 제공받는다. 이런 공생 관계는 그런데 나무와 균근류에게만 국한된 것이 아니다. 동위원소를 이용해 추적한 결과 자작나무는 자신에게서 멀리 떨어진, 그늘에 있어 광합성이 원활하지 않은 전나무에게 자신이 가진 탄소와 무기물을 나누어주고 있었다.

뿐만 아니라 위험이 닥칠 때 방어신호와 공격용 화학물질도 서로 주고받았다. 잎사귀가 거의 떨어져 자작나무가 광합성을 못할 때에는 반대로 전나무가 자작에게 영양물질을 보내주었다. 즉 숲의 나무들은 지상 뿐 아니라 지하의 거대한 연결망을 통해 상호의존하고 대화하고 있었다는 것이다.

그리고 이런 상호간의 대화와 도움으로 그 공동체의 회복력과 탄력성은 높아지고 숲은 더 강인해졌다는 것이다.

굳이 숲을 예로 들지 않아도 가난한 우리는 본능으로 안다. 우리가 가진 것은 연대뿐이라는 것을. 물론 그들도 필요에 따라 연대한다. 그러나 그들의 연대는 연대가 아니라 결탁이다. 연대가 모두의 이익과 먹을거리의 공유 그리고 언제라도 가능한 페어플레이(Fair play) 환경의 조성을 목표로 한다면 결탁은, 극소수 그들만의 이익과 먹을거리의 독점 그리고 언제나 불가능한 페어플레이로 이어진다. 거기서는 페어플레이는 애초부터 원천봉쇄다.

눈에 넣을 수만 있다면 넣고 싶은 우리의 딸, 아들들에게 더는 기회가 없게 되는 것이다. 이런 생태계에서는 역동성을 찾아볼 수 없다. 역동성이 없는 생태계는 죽은 생태계다.

지금쯤 춘천 어디에서 닭갈비든 막국수든 삼각김밥이든 점심을 먹고 있겠구나. 이번에는 또 무엇을 카메라에 담아 오려나. 무엇이건 좋다. 고양이도 좋고 그림자도 좋고 빗방울도 좋고 우체통도 좋다.

우리로 하여금 살아가는 원동력이 되게 하는 너.

그런 너를 위해 우리는, 이 땅의 부모들은, 가을의 끝자락 11월에 다시 광장에 선다. 아직은 어린 너의 카메라가 언젠가는 증서가 아닌 연서를 담아낼 것을 믿으며, 또 우리가 지키고자 하는 가치를 마침내 담아낼 것을 믿으며.

2016년 11월

우이령에는 없는 것

우이령을 넘는다. 말이 령(嶺)이지 나지막하고 편안한 고갯길이다. 좀 과장하면 쓰레빠 신고 유모차 끌고도 갈 수 있다.

여느 숲들처럼 우이령도 겨울에 들었다. 길섶 생강나무 겨울눈은 콩알처럼 오동통하다. 얇디얇은 껍질 하나로 겨울을 나고 있다. 손톱보다 작은 겨울눈 속에는 꽃이 들어 있다. 아직 오지 않은 봄과, 또 다시 꿈꾸는 내년의 희망도 들어 있다.

오리나무는 저만치 높은 겨울 하늘에 길게 꽃눈을 늘어뜨렸다. 붉다. 새가 날아가며 남긴 발자국 같다. 내년 2월 아직 손 시리고 바람 찰 때, 생각 없이 올려다본 파란 하늘에 꽃이 되어 붉게 흔들리고 있을 것이다. 거기에 꽃이 핀 것을, 그 일대 하늘을 노을처럼 물들인 것이 꽃인 것을 아는 이는 많지 않다. 계속 올려다보고 있으면, 좀 쌀쌀맞은 여자의 맑은 귓불에 매달린 얇은 금속 귀고리 부딪히는 소리가 거기서 번져나는 것만 같다.

오르막길이 끝나 바위에 기대 한숨 돌리는데 바위 뒤 나뭇가지에 이상한 것이 보인다. 가까이 다가가 살펴보니 죽은 생쥐 한 마리. 그런데 그냥 죽은 게 아니라 누군가에게 처참하게 죽임을 당했다. 머리는 통째 잘려나갔고 뒷다리와 꼬리는 하늘을 향한 채 나뭇가지에 거꾸로 처박혔다. 흉측하다. 지옥의 묵시록 같다.

 생쥐의 작은 두 발이 안됐다고 생각하면서도 그만 피식 웃고 말았다. 때까치 짓이다. 생긴 건 참새처럼 예쁘장해가지고 부리는 매의 부리를 닮은 것이 물고기며 개구리며 사마귀며 닥치는 대로 사냥해 그렇게 나뭇가지에 꿰어놓는다. 겨울 동안 먹을 양식이다.

 바위 옆으로는 죽은 신갈나무 한 그루. 나무껍질이 떨어져 나가 줄기가 맨둥맨둥하다. 밑동 부근은 그나마 헐렁한 채로 조금 남아있다. 썩은 나무껍질을 살짝 젖히고 안을 들여다본다. 납작한 홍날개 애벌레 몇 마리가 겨울잠에 들어있다. 그 옆으로 방아벌레도 보이고 노래기도 보인다. 뿌리 쪽에는 어린 풍뎅이가 들어있다. 찬바람에 놀랐는지 살짝 몸을 뒤척인다. 나도 놀라 얼른 다시 나무껍질을 덮어주었다.

 돌멩이 아래는 땅지네, 낙엽 사이로는 늑대거미가 아직도 빨빨대며 돌아다니고 있다. 아까시나무 줄기에는 누에고치를 닮은 희고 폭신한 것이 붙어있다. 무당거미 알집이다. 지난 가을 알을 낳은 어미가 제 몸에서 실을 내어 만든 것이다. 아무 것도 먹지 않고 움직이지도 않고 온몸으로 알집을 감싼 채 어미는 찬바람에 그대로 말라갔을 것이다.

우이령에 깃들어 사는 어린 것들은 얼핏 보면 각자 혼자 힘으로 겨울을 나는 것처럼 보인다. 하지만 가만 살펴보면 꼭 그렇지는 않다. 나무의 온기와 낙엽의 온기, 대지의 온기가 그것들을 품는다. 함께 고단한 겨울을 나는 다른 살아 있는 것들의 여린 숨소리가 또 서로를 품는다. 그리고 생의 마지막, 식음을 전폐하고 알집을 지킨 어미의 마음이 허공을 떠돌며 어린 것들의 추운 기억의 머리맡을 지킨다. 세대에서 세대로 그 기억이 전해지며 우이령은 겨울을 이겨온 것이다.

이제부터 령은 내리막길이다. 하늘은 아까보다 흐리다. 오봉전망대에 섰는데 구름이 잔뜩 끼어 오봉 끄트머리만 살짝 보인다. 조금 더 걷자니 어디서 물소리. 오른편이 계곡이다. 계곡 가장자리는 마른 달뿌리풀이 넓게 번졌다.

울타리에 기대 달뿌리풀을 살피는데 눈썹에 차가운 것이 톡. 손가락을 대기도 전에 벌써 녹아 물기가 되어 눈두덩으로 흘러내린다. 흐린 하늘에서 눈송이가 드문드문 내려오고 있다. 올해 첫 눈이다. 다시 톡, 하고 차가운 눈송이 하나.

엠마인가.

가만히 눈송이가 내려앉은 눈썹을 매만지는데 문득 그리운 마음이 된다. 마른 달뿌리풀을 헤치고 엠마가 달려오고 있다.

'거울을 들여다보았을 때 엠마는 거기에 비친 자기의 얼굴을 보고 깜짝 놀랐다. 그녀의 눈이 이토록 커다랗고 이토록 검고 이토록 깊숙했던 적은 지금까지 없었다. '나에게 사랑

하는 사람이 있다!' 이렇게 생각하자 또 한 번 청춘이 되살아난 것처럼 즐거웠다.'

 엠마는 프랑스 작가 플로베르(Gustave Flaubert 1821~1880)의 '보바리 부인'에 나오는 여자 주인공이다. 처녀 시절 꿈꾸었던 로맨틱한 사랑과는 달리 잘 생기지도, 부유하지도 않은 평범한 시골 의사 샤를 보바리와 결혼해 지루한 나날을 보내던 중 부유하고 바람기 많은 독신 농장주 로돌프를 만나 사랑에 빠진다.

'그녀는 갑자기 로돌프를 당장 만나고 싶다는 충동을 느꼈다. 치미는 욕정에 숨이 막힐 것 같았다. 엠마는 목장을 빠져나가…….멀리서 애인의 집을 찾아냈다. 제비꼬리 같은 두 개의 바람개비가 희끄무레한 새벽 어스름 속에 검게 솟아있었다…….강둑은 꽤 미끄러웠다. 강가로 통하는 돌계단을 살금살금 내려가……..미끄러지지 않도록 시든 계란풀의 밑동에 매달리곤 했다. 그리고 밭을 가로지를 때에는 발이 빠져서 비틀거리고 화사한 반장화가 벗겨질 것만 같았다. 목에 두른 엷은 비단스카프가 잡초 속에서 바람에 펄럭거렸다. 그녀는 뺨을 장밋빛으로 물들이고 나무 냄새와 풀과 신선한 대기의 냄새를 온몸에서 마구 풍기며 숨을 헐떡거리고 저택에 도착했다. 로돌프는 그때까지 자고 있었다.' (문예출판사)

 강을 건너고 밭을 지나고 농장을 가로질러 허겁지겁 연인을 만나러 가는 길, 그 길에서 엠마는 무엇을 보았을까. '한없이 그리워했던 행복의 열정'을 가져다줄 신기루를 보았을까.

하지만 신기루는 곧 사라지고 만다. 함께 도망치기로 한 로돌프는 약속한 날이 되자 헤어지자는 편지를 보내고는 혼자 도망쳐버린다. 빚투성이가 된 엠마는 결국 비소(砒素)를 먹고 고통스러운 최후를 맞는다.

'혀는 입 밖으로 축 늘어졌다. 두 눈은 빙빙 돌면서 두 개의 꺼져가는 램프의 등피처럼 빛을 잃어갔다. 영혼이 몸에서 빠져나가려고 몸부림을 치는 것인지 늑골이 심한 숨결에 흔들려 움직였다........엠마는 웃기 시작했다. 소름이 끼치도록 잔인하게 미친 듯이 절망적으로 웃었다. 경련이 엠마를 이불 위에 쓰러뜨렸다. 모두 가까이 다가갔다. 엠마는 이미 숨이 끊어져 있었다.'

교현리가 가깝다. 우이령이 끝나간다. 뒤돌아서 지금껏 걸어온 길을 본다. 지나온 길도, 앞으로 나아갈 길도 그새 짙어진 눈에 덮여 하얗다. 바짝 마른 잎을 겨우내 달고 있는 단풍나무 위로도 눈이 내린다. 흰 눈에 덮인 붉은 것이, 금방이라도 지상에서 붕 떠오르려는 것도 같고 세상에서 곧 사라지려는 것도 같다.

계곡 너머 엠마는 아직 마른 달뿌리풀 사이를 서성이고 있다. 서성이며 무언가를 찾고 있다. '뺨은 장밋빛으로 물들이고 나무 냄새와 풀과 신선한 대기의 냄새를 온몸에서 마구 풍기며'.

나는 그만 서성이는 엠마의 불안한 손을 잡아 달뿌리풀 대신, 겨울잠에 든 어린 하늘소와 노래기와 홍날개들에게로 그녀를 이끌고만 싶어진다. 우리 속의 모든 엠마를 대신하여.

 12월의 우이령은 첫 눈으로 어린 것들의 겨울잠을 덮으며, 머리 잘린 생쥐의 작은 두 발을 덮으며, 오리나무 붉은 꽃눈을 덮으며, 그리고 연인 로돌프에게 '언제나 사나이의 편지가 너무 짧다고 나무라'던 엠마의 어리석은 투정마저 하얗게 덮으며 어느새 신기루가 되어있었다.

2016년 12월

진부령

진부령이 그쯤이라는 걸 안 건 열일곱 살 때다. 열일곱의 겨울, 나는 내 방 창가 책상에 앉아 내내 녹색 대문을 바라보았다. 공부를 한 건 아니었다. 책상에 앉으면 마당을 가로질러 녹색 대문이 보이는데 녹색 대문 안쪽, 뚜껑이 떨어져나간 편지함을 우두커니 바라보는 일이 그 겨울에 내가 한 일이었다.

겨울방학이 시작되기 며칠 전 그 애는 법원 옆 낡은 빵집 희미한 형광등 아래서 내게, 곧 편지를 하겠다고 약속했다. 그러면서 붉은 혀를 내밀어 가볍게 제 입술을 핥았는데 그럴 적 그 애의 입술은 당밀을 바른 것처럼 윤기가 돌아 남자의 것이라고는 도무지 믿어지지가 않았다. 아름다워, 조금 슬펐다.

개학을 하고도 그러나 그 애한테서는 연락이 없었다. 곧 봄방학이 시작되었고 큰 눈이 내렸다. 나는 옷장 서랍을 뒤져, 교복자율화 이후 입지 않았던 교복을 꺼내 주름진 곳을 다렸다. 흰 깃을 달자 정갈했다. 교복을 입고, 집에는 말도 없이, 태어나 처음으로 혼자 시외버스터미널에 갔다. 그리고 원통행 버스를 탔다. 내가 사는 C시에서 세 시간 넘게 걸리는 곳이었다.

추수가 끝난 빈 들판이 오래 이어졌다. 홍천을 지나면서는 멀미가 났다. 인제를 지나자 원통이었다. 원통 시외버스터미널은 질척하게 눈이 녹아 서너 걸음만 걸어도 치맛자락에 검은 물이 튀었다.

그 애의 아버지는 원통에서 참기름 집을 한다고 했다. 그 애는 중학교 때까지 원통에 살다가 고등학교 때 할머니와 함께 내가 사는 C시로 말하자면 유학을 왔다. 고작 열일곱에 그 애의 아버지를 만나 내가 뭘 어찌해보겠다고 원통을 간 것은 아니었다. 그 애를 만나러 간 것은 더욱 아니었다. 그 애는 내가 방금 떠나온 C시에 머물고 있었다. 삼십 분 정도 원통 시외버스터미널을 서성였을 것이다. 서성이다 어느 버스 앞 유리에 진부령, 이라고 적힌 것을 보았다. 원통에서 멀지 않다고 했다.

잠깐 아버지 생각을 했다. 아버지는 그 즈음 진부령 너머 어디로 발령이 나 가족과 떨어져 혼자 생활하고 있었다. 정확히 어디쯤인지는 가늠할 수 없지만 령, 이라는 말이 마음에 와 닿았다. 낯선 시외버스터미널처럼 령, 도 조금 먼 느낌이 나는 것이 좋았다. 다시 집으로 오는 버스를 탔고 열여덟이 되자 그 애는 잊었다. (연애를 하다 차일 경우 사귀던 사람의 고향을 갔다 오면 마음이 깨끗이 정리가 된다는 교훈을 이때 얻었다. 하지만 불행히도 이후의 연애에서는 그 교훈은 적용되지가 않았다.)

진부령을 실제로 넘은 것은 부모님 두 분이 진부령 너머 마을에 정착하고였다. 세상에 그렇게 빛나는 하얀 나무가 있다는 것을 령을 넘으며 처음 알았다. 나무들은 무슨 공작 부인이나 백작부인이나 되는 듯 우아하고 위엄이 넘쳐 나는 그 치맛자락 한 끝에 무릎을 꿇고 지나간 세기의 로맨스나 전사(戰士)들에 대해 밤새 듣고만 싶었다. 거기 햇살은 또 어찌나 맑은지 맨 눈에 닿으면 스윽 각막이 베일 것 같았다. 바람은 차고 달았으며 길은 내도록 굽이져 모퉁이를 돌아가는 맛이 신나고 좋았다.

결혼해 아이를 낳고는 여름 방학과 겨울 방학은 으레 진부령을 넘었다. 령 정상에 서면 하늘에는 청회색 구름인지 무언지가 희미하게 떠 있곤 했는데 령을 넘기도 전에 푸른 바다가 미리 달려와 인사를 건네는 것 같았다.

해마다 령을 넘으며 아이는 부쩍 커갔고 부모님은 또 조금씩 늙어갔다. 안녕히 계세요, 하고 인사하고 돌아설 적에 분분히 꽃잎이 날리는 것이 마음이 아팠다.

부부싸움을 하고도 혼자 진부령을 넘었다. 친정엄마는 왜 왔냐고는 묻지 않았다. 다만 내리 두 끼를 굶어 허겁지겁, 먹다 남은 된장찌개에 숟가락을 적시는 나를 억지로 밀쳐내고 새로 멸치와 표고와 다시마를 우려 찌개를 끓여주었다. 같이 몇 숟가락을 뜨다 지나가는 말로, 사람을 옆에 두고 밥을 먹어서는 안 되느니라, 했다. 신랑하고 싸우고 내일 당장 헤어지더라도 밥은 챙겨주어야 한다는 당부가 이어졌다.

그가 누구건 무슨 죄를 지었건 사람이 뻔히 옆에 있는데 나 몰라라 혼자 밥을 먹어서는 안 된다는 말인 것 같았다. 도서관에서 머리 싸매고 읽었던 어느 철학책보다, 이데올로기보다 그 말이 나는 속으로는 옳다고 생각했다.

엄마는 어디서 저런 말을 들었을까. 외할머니에게서일까. 그렇다면 외할머니는 또 어디서 그 말을 들었을까.

며칠 전 아이가 운전면허를 땄다. 주말에 운전연수를 해달라고 했다. 밤에 진부령에 별을 찍으러 갈 거란다. 하필 진부령이냐고 물으니 그냥 거기가 별을 찍기 좋단다. 고등학생이 되고는 최근 몇 년은 간 적이 없는데 어떻게 염두에 두었을까.

-자식 하나 키우는 게 인생이군.

토요일 점심, 아들의 운전연수를 해주고 혼자 집에 들어서며 남편이 중얼거렸다. 아이는 약속이 있다며 어디로 내빼고 중년 부부 둘이 오도카니 식탁에 앉아 늦은 점심을 먹었다.

진화생물학자 리처드 도킨스(Richard Dawkins)는 '이기적 유전자'라는 책에서 '인간은 유전자들의 생존기계다. 인간은 이기적 유전자를 보존하기 위해 맹목적으로 프로그램을 짜 넣은 로봇기계인 것이다. 이 유전자의 세계는 비정한 경쟁, 끊임없는 이기적 이용, 그리고 속임수로 가득 차있다.'고 했다. 해석의 여지는 학자들의 몫으로 하고, 도킨스에 따르면 우리 부부도 자식의 몸을 빌어 우리의 유전자를 남기는 일을 평생 해온 셈인데 우리는 그럼 어떤 유전자를 아이에게 넘겨주었을까. 곱슬머리, 작은 키, 통통 허벅지, 살짝 들창코, 약간의 수줍음 그리고 약간의 고집불통?

글쎄, 아이가 유전자를 보존하기 위해 프로그래밍된 로봇 기계인지는 잘 모르겠다. 살아남고 번식하고 증식하기 위해 끊임없이 경쟁하는 유전자 덩어리인지는 잘 모르겠다. 다만 새삼 진부령에 별을 찍으러가겠다는 이유에 대해서는 조금은 알 것 같다. 오래 입지 않은 교복을 꺼내 입고 그 애가 없는 그 애의 고향을 찾아간 열일곱의 나와, 가까운 데 산을 두고 굳이 진부령에 별을 찍으러 가겠다는 내 아이가 크게 다르지 않다는 생각이다.

달그락 달그락.

부부 둘이 밥을 먹자니 수저 부딪는 소리가 허전하게 느껴져 라디오를 틀었다. 사람의 노래가 흘러나온다. 곱다. 이스라엘의 역사학 교수 유발 하라리(Yuval Noah Harari)는 '사피엔스'에서 '산업혁명 이전부터 호모 사피엔스는 가장 많은 식물과 동물을 멸종으로 몰아넣은 기록을 보유하고 있었다. 우리는 생물학의 연대기에서 단연코 가장 치명적인 종이라는 불명예를 갖고 있다.'고 썼고, 미국의 사회운동가이자 작가 데릭 젠슨(Derrick Jensen)은 앞으로 4, 5백년 후면 호모 사피엔스는 절멸할 거라고 예언했다.

불과 몇 세대 후면 호모 사피엔스는 물론이고 사피엔스의 아름다운 노래마저 사라지겠구나, 기억하는 이 아무도 없게 되겠구나, 하고 내가 한탄하자 배춧국을 뜨다말고 남편이 말했다.

-새 소리가 있잖아.

-.........

 오백년 후에 사라질지 낼모레 사라질지, 지구가 뜨거워져 타죽게 될지 얼어 죽게 될지 앞날에 대해서는 손톱만큼도 알 수 없지만 그래도 '치명적인 종'인 우리는 어쨌든 여기까지 왔다. 그리고 여기까지 오는 데는 무엇보다 사피엔스의 월등한 지능과 과학기술이 핵심적인 역할을 했다고들 한다. 정말일까.

 유전자, 는 단지 유전자만은 아닐 것이다. 자신의 의지와는 무관하게 이 생존기계는 어떤 무형의 가치들도 실어 나르기 마련인데 그 무형의 가치들에는 권력, 독점과 같은 대단한 것도 있지만 소소한 것들 그러니까 청결한 교복과 그 애와 령 너머 아버지와 닿을 수 없는 꼭대기 저 별에 대한 그리움도 있어 그것들의 힘으로 실은 호모 사피엔스는 여기까지 올 수 있었던 게 아닐까. 더하여, 령의 골짝 골짝을 훑고 다니는 맑은 바람과 빛나는 나무 그리고 봄날의 딱새의 고요한 노래와 어우러져.

 단기 4350년이자 서기 2017년 정월 어느 토요일 오후가 그렇게 달그락달그락 넘어가고 있었다.

2017년 1월

그녀들의 카톡

'여자는 고개를 돌려 삼나무숲 속으로 천천히 들어 갔다. 그도 말없이 따라 들어갔다. 신사(神社)였다. 이끼 낀 돌사자 상(像) 옆 평평한 바위에 여자가 걸터앉았다.......(중략)......그 목덜미에 삼나무숲의 어두운 푸른빛이 감도는 것 같았다.......(중략).......그 삼나무는 손을 뒤로해서 바위를 짚고 가슴을 젖히지 않고서는 눈에 다 들어오지 않을 만큼 키가 컸고, 게다가 일직선으로 줄기가 뻗어 짙은 하늘을 가로막는 바람에 막막한 정적이 울릴 듯했다.'

본 적 없고 들은 적 없는 나무 한 그루를 동경하게 된 것은 전적으로 어느 소설에 나오는 이 문장들 때문이었다. 이후 나는 내 멋대로 삼나무를 상상해서, 어떨 때는 화가의 그림에 나오는 측백나무가 되기도 하고 어떨 때는 먼 이국의 가문비나무 같은 것이 되기도 했다. 숲해설가가 되어야겠다고 마음먹은 데는 삼나무숲 푸른 그늘도 큰 몫을 했다.

홍릉수목원에서 첫 숲 해설을 준비할 때였다. 답사 차 수목원을 살피던 중에 넓게 펼쳐진 조릿대가 끝나는 곳에 초라하게 서있는 나무 한 그루를 발견했다. 방금 전, 하늘로 도망쳐 오르듯 높이 자란 우람한 오리나무에 감탄하고 있던 터라 그의 비루함은 더 눈길을 끌었다. 침엽수임에도 바늘잎 여기저기가 누렇게 변색되고 잔가지들은 상한 물미역처럼 축축 늘어져 지켜보는 사람이 다 피로했다. 표찰이 없으면 나는 그가 누구인지 몰랐을 거였다. 삼나무, 라고 적혀 있었다.

실망스러웠다. 하지만 수목원이라는 게 원래 다양한 지역에서 자라는 다양한 종류의 나무들을 한 데 모아놓은 곳이고, 그러다보니 기후나 지형, 토양, 주변 환경 등이 본래 서식지와 맞지 않으면 그럴 수도 있을 터였다. 다음번에 남쪽의 다른 수목원에 갔을 때는 거기 삼나무는 건강하다 못해 용맹해 우람한 줄기에서 뻗어 나온 것은 가지가 아니라 끊임없이 혀를 날름거리고 비늘을 곤추세우며 사방의 허공을 물어뜯는 싱싱한 뱀인 것 같았다. 아름다웠다.

그러나 어느 수목원의 삼나무도 소설 속 여자의 목에 드리운 어두운 푸른빛을 한 삼나무와는 거리가 멀었다. 언제 시간이 되고 돈이 되면 소설 속의 삼나무숲을 꼭 방문하리라 마음먹고는, 잊었다. 다시 삼나무를 떠올린 것은 광화문 광장 뒤편 어느 카페, 27년 만에 다시 그녀들을 마주하고였다. 밖은 칼바람이 불었고 광장에서는 집회가 열리고 있었다.

그녀들.

그녀들을 처음 본 건 27년 전 어느 공장에서다. 그녀들은 그때 하루 12시간 노동, 24시간 맞교대, 환풍기도 없는 납땜일, 최저생계비에 못 미치는 임금을 받으며 하루하루를 살아내고 있었다. 몸뚱이 말고는 가진 것이 없는 그녀들은 몸을 놀려 일하는 자의 몸이 그렇게 대접받는 것은 옳지 않으며, 그러므로 몸뚱이 말고는 가진 것 없는 자들이 결국 세상을 바꿀 거라고 믿었다. 그녀들은 그러한 자신들의 신념을 더 많은 동료들과 나누었고 그러자 어찌어찌 그녀들의 생각과 움직임을 알게 된 회사는 곧 구사대(求社隊)를 만들어 그녀들을 회유하고 협박하고 내쫓았다.

그녀1은 노동조합을 만들다 쫓겨났다. 첫 가을비가 내리던 날 찬비를 맞으며 공장 정문 앞에서 해고 무효 싸움을 하던 그녀는 건장한 사내들에게 팔다리를 들려 길거리로 쫓겨났다. 공장 문이 굳게 닫히고도 한참을 그녀는 비 내리는 아스팔트에 주저앉아 있었다. 얼마 후 일어나 비칠비칠 황량한 공단 거리를 걸어 사라졌는데 그때 그녀가 조금 울었는지 망연히 앉아 있었는지는 기억에 없다.

그녀2는 해고되고 나서 10년 넘게 치매 어머니를 돌봤다. 딸 하나를 두었으며 지금은 혼자라고 했다. 몸과 마음이 많이 상한 그녀는 하루 종일 말 한 마디 않고 지내는 날이 많다고 했다. 그녀3은 그 당시 어머니가 덜컥 암에 걸려 공장을 그만두었다. 어머니는 몇 년 후 돌아가셨는데 그때 나이 쉰셋이라고 했다. 아깝구나, 우리가 탄식하자 그녀는 쉰셋에 죽으나 팔십에 죽으나 크게 다르지 않다, 살아보니 그렇다고 담담하게 말했다.

그녀4는 아버지 얘기를 했다. 떠돌이 악단에서 피아노와 색소폰과 기타를 연주했다는 그녀의 아버지는 외동딸이 공장을 다니는 동안 하루도 빠짐없이 모닝콜을 했다. 멘트는 이러했다.

-일어났나, 예쁜 딸. 해님이 벌써 반짝 떴구나.

그녀는 아버지가 그립다는 말은 하지 않았다. 하지만 아들을 기숙사에 보내고 혼자 지내는 그녀는 이제는 없는 아버지에 대한 기억에 의지해 세상을 살아가고 있는 것처럼 보였다.

얘기 도중 갑자기 그녀5가 끼어들었다. 그리고 뜬금없이, 인생이 참 찌질하지 않니, 라고 경쾌하게 말했고 우리는 비로소 크게 웃었다. 그녀6은 공장을 그만둔 후 귀농했다. 자신이 직접 짰다며 들기름을 가지고 왔다. 우리는 들기름의 놀라운 일곱 가지 효능 그러니까 항암, 두뇌발달, 심혈관 질환 예방, 피부 미용, 빈혈 개선 등을 확인하고는 그것이 마치 태어나 처음 듣는 낯선 언어라도 되는 듯 진정으로 놀라워했다.

계획대로라면 우리는 오후 여섯시 집회에 참석하기로 되어 있었다. 하지만 허겁지겁 얘기를 나누느라 집회가 끝나가는 것도, 어둠이 유리창 밖에 넘실 몰려와 정보원처럼 슬쩍 우리를 엿보는 것도 알지 못했다. 카페가 아니라 무슨 바다 속에 들어앉은 것 같았다. 거기서는 창밖의 함성 소리도 희미했다.

이러저런 두서없는 얘기들은 그런데 바람이 불어오는 것과 같은 어떤 일정한 방향을 가지며 나아가고 있었는데 이를테면 더 늙기 전에 시골에 가서 모여 사는 것, 작은 농장을 함께 일구며 생계 수단을 마련하는 것, 함께 밥을 먹는 것 그리고, 27년이 지난 지금에도 가진 것이라곤 여전히 몸뚱이뿐인 처지에 몸이 더 말을 듣지 않게 되면 그때는 구차하게 삶에 매달리기보다 스스로 곡기를 끊을 수 있어야한다는 것, 그런 허망한 것들을 우리는 서로에게 강요라도 하듯 그러나 결국은 스스로에게 다짐하듯 얘기하고 있었다.

소로(Henry David Thoreau)는 그의 저서 '월든'에서 '매일 모험과 위험과 발견의 세계에서 새로운 것을 경험해 새로운 인간이 되어 집으로 돌아와야 한다'고 했지만 그 저녁 우리는 매일의 모험과 위험과 발견보다는 돌아갈 집에 대해 아마 더 많이 이야기했다.

카페를 나왔을 때는 광장은 이미 집회가 끝나 시위대가 행진을 시작한 후였다. 우리는 경찰에게 휴대폰을 내밀며 단체 사진을 찍어달라고 했다. 날을 정해 다시 보기로도 했다. 하지만 멀리 흩어져 사는 우리가 쉽사리 기약 같은 것을 할 수는 없으며 또 기약을 할 수 없는 이유가 꼭 멀리 흩어져 살아서만은 아니라는 것도 우리는 살아봐서 알고 있었다.

사진 속의 우리는 환하게 웃었고 우리 뒤로는 광화문 광장을 배경으로 시위대에 미처 합류하지 못한 촛불 몇 개가도깨비불처럼 떠다니고 있었다. 영하의 날씨에 우리는 잔뜩 어깨를 움츠리고 목에는 다들 무슨 오소리나 너구리 한 마리를 통째 얹은 듯 칭칭 목도리를 둘렀는데 그 목을 무심히 바라보다 문득 나는 알게 되었다. 세상의 어느 장대한 숲에 가더라도, 심지어 소설 속의 삼나무숲에 가더라도 삼나무, 그가 내는 어두운 푸른빛은 볼 수 없으리라는 것을. 그 어두운 푸른빛은 삼나무 자체의 빛이라기보다 나무 한 그루가 사람에게 스며 내는 빛이라는 것을.

 그녀들과 헤어져 밤 버스를 타고 집으로 돌아가는데 휴대폰에서는 만나 반가웠다는 그녀들의 문자가 쉴 새 없이 울려 퍼졌다.

 카톡카톡카톡. 밤벌레 소리 같기도 하고 바다 깊은 곳에서 나는 희미한 조난신호 같기도 했다. 그녀들은 잘 가고 있는 걸까.

 다음번에 다시 그녀들을 만나면 그녀들의 나이든 추운 목에 '어두운 푸른빛'의 목도리 하나씩을 선물해야겠다는 생각이 들었다. 그러자 부질없던 기약이 더는 부질없지 않은 것으로 느껴졌다.

2017년 2월

동백꽃 무덤

 금오도(金鰲島) 비렁길 해안 절벽 어디쯤엔 무덤이 하나 있다. 무덤 아래는 90미터쯤 되는 깎아지른 절벽이고, 말편자 모양을 한 절벽을 향해서는 파도가 쉼 없이 달려들며, 망망한 바다에서는 독한 바람이 불어온다. 바람이 얼굴에 닿을 때는 꼭 써레가 사정없이 맨 살을 긁고 가듯 아프다. 무덤은, 가파른 돌투성이 능선을 몇 번이고 오르락내리락하던 중에 있어 일부러 마음먹고 살피지 않으면 발견하기 어렵다.

 이 무덤이 눈길을 끄는 건 그런데 높고 험한 해안 절벽에 혼자 동그마니 자리 잡고 있어서만은 아니다. 무덤은 사방이 동백이다. 물론 동백이야 금오도 전체에 흔하지만 이 무덤은 아예 동백숲 안에 자리하고 있다. 무덤 자리도 원래 있던 동백 일부를 베어내고 쓴 것이다. 무덤을 만든 이는 동백숲에 묏자리를 쓴 것만으로는 부족했던지 경사면에 튼튼한 돌 기단도 쌓았다. 두 켜로 포갰는데 폭이며 높이며 제법 규모가 있어 무지한 내가 보기에도 정성과 내공이 느껴진다.

무덤을 만든 이와 죽은 이 사이에는 혹, 생전에 이곳에 묻어 달라 묻어 주마는 약속이라도 있었던 걸까. 또는 둘은 남의 눈을 피해 만나야 하는 처지였을까. 그래서 마을에서 가장 높고 험하며 게다가 숲이 울창해 사람 눈에 잘 뜨이지 않는 안전한 이곳에서 만나게 되었을까. 뜬금없는 상상을 하고는 시인 서정주의 '영산홍'을 떠올린다.

 영산홍 꽃잎에는/산이 어리고/산자락에 낮잠 든 슬픈 소실댁/소실댁 툇마루에/놓인 놋요강/산 너머 바다는/보름 살이 때/소금밭이 쓰려서/우는 갈매기

 묻힌 이와 묻은 이가 어떤 관계였는지는 모르지만 무덤이 자리한 이곳 동백숲은 내가 자주 보아온 중부지방의 잣나무숲과는 많이 다르다. 잣나무숲이 장대하고 서늘하며 남성적이라면 이곳 동백숲은 소실댁이라는 말이 어쩌면 가장 잘 어울리는 그만의 은밀함과 내밀함을 품고 있다. 여기 동백은 대체로 그만그만한 키에 줄기는 흠 없이 단단하고 매끈해, 그 매끈한 것이 또 젊은 처녀의 드러난 맨 어깨처럼 당당하고 윤기가 돌아, 바라보는 이는 어느 결에 하릴없이 아찔해지는 것이다. 무엇보다 이곳의 동백숲은 오랜 세월 그들만의 군락지를 이뤄온 탓에 햇살도 그 우듬지를 뚫고 들어오기 어려울 만큼 조밀하고 빽빽하다. 그러다보니 빛은 우듬지에서 한 차례 걸러져 동백의 짙고 푸른 잎과 섞이며 숲 안의 대기를 신비한 색으로 물들이는데 꼭, 모습은 보이

지 않고 노랫소리만 들리는, 노르스름하니 녹색 빛이 도는 동박새 빛깔을 닮았다.

 오래 그 숲을 바라보고 있으면 그래서 스르르 눈이 멀고 팔 다리가 떨어져나가고 마침내 뜨거운 심장과 비장과 간 같은 것들도 떨어져나가, 눈알 두 개로만 나는 동동 우주 공간을 떠다니는 것 같은 기분이 된다.

 무덤에 묻힌 이와 무덤을 만든 이 그 둘은 아마 황녹색의 이 은밀하고 어두운 동백숲을 함께 서성였을 것이다. 어쩌면 팔짱을 끼고 어쩌면 부둥켜안고, 목이 마르면 가끔 새빨간 동백꽃 하나 뚝 따 서로의 입술에 대어주었으리.

 동백숲 사이로 바다 저만치 저녁 해가 창백하게 지고야 몸에 문득 동박새 빛깔이 내려앉은 듯 해 바짓단이며 옷자락이며 툭툭 털어내다가 문득 무덤이 낡았다는 것에 생각이 미친다. 다가가 유심히 살펴보니 봉분은 전체적으로 주저앉았고 시든 풀 몇 포기가 간신히 봉분의 흙을 잡고 있다. 봉분 표면은 빗줄기에 깎여 자잘한 절벽이 수없이 들어찬 모양을 하고 있다. 바다와 면한 무덤 앞은 삼나무와 머귀나무를 칡이 타고 올라가 그 일대 허공은 무슨 거대한 그물을 씌워놓은 난파선 같다. 이토록 정성들여 무덤을 만든 이가 이 지경을 그대로 보아 넘겼을 리는 없다.

 그는 아마 이제 더는 세상에 없거나, 노쇠하여 이 높고 험한 곳은 올라올 수 없게 되었을 것이다.

 무덤 자리만큼 베어지고 물러났던 동백은 이제, 총검을 겨누며 차근차근 포위망을 좁혀오는 병사들처럼 위협적으로 무덤을 향해 가지를 뻗고 있다. 이대로라면 몇 년 후면 무덤에도 동백이 자랄 것이다. 무덤 위 둥그렇게 열린 하늘도 다시 짙고 푸른 동백 잎으로 어둑하게 채워질 것이다.

그렇게 25만년이 흐르면 무덤과 동백숲은 무엇이 되어 있을까.

25만년은 사람의 머리로는 도무지 가늠하기 힘든 시간이다. 그런데 그 시간은 우리와 같은 속(屬)의 또 다른 인류 네안데르탈렌시스(Homo sapiens neanderthalensis)가 지상에 온 시간이기도 하다. 얼마 전 우리보다 먼저 온 인류 네안데르탈인의 무덤에서 꽃이 발견되었다는 기사를 읽었다. 물론 지금의 동백꽃처럼 붉고 생생한 꽃은 아니고 꽃가루와 꽃술의 흔적이 발견되었다는 사연이다.

짐작컨대 그들에게도 죽은 자를 위한 장례와 헌화의식, 애도, 내세에 대한 믿음 같은 것이 있었나본데 그 소식에 가슴 뭉클해지는 건 그 먼 시기의 꽃가루까지 찾아내는 우리 호모 사피엔스의 위대한 능력 때문은 아니다. 25만 년 전의 그들도 우리처럼 사랑을 했다는 것, 또 25만 년 후의 우리도 그들처럼 변함없이 사랑을 해왔다는 것, 그 긴 시간의 사랑이 그만 마음을 아프게 하는 것이다.

내 앞의 25만년 그리고 내 뒤로 오는 25만년이 합쳐지면 그때 새로 오는 인류는 어떤 모습일까. 인공지능이 탑재된, 지금까지 보지 못한 새로운 종일까. 우리와 같은 호모(homo)속이기는 할까. 감정은 지니고 있을까. 지니고 있다면 거기 사랑은 탑재되어 있을까.

그 새로운 종에 속한 자가 어느 날 우연히 금오도 비렁길에서 나무뿌리에 얽히고설킨 뼈를 발견한다면, 그리고 그 뼈 위에 켜켜이 쌓인 붉은 동백꽃의 흔적을 발견한다면 그는 무슨 생각을 할까. 어디서 들은 것도 같고 본 것도 같은, 동굴에서부터 전해오듯 아득한, 그러나 저물어가는 저녁처럼 불안하고 미묘한, 우리 호모 사피엔스가 동백꽃과 무덤이라고 부른 그것들을 그는 해독할 수 있을까.

 해독하느라 그는 밤을 새울지도 모른다. 그러다 알 수 없는 어떤 슬픔, 어떤 비애에 잠 못 이룰 지도 모른다.

 그 새로운 종이 맞닥뜨릴 비애를 위하여, 수 천 수만의 인공지능과 어떤 방대한 알고리즘으로도 해결하지 못할 캄캄한 비애를 위하여, 나는 동백꽃 무덤 옆에 깨끗이 부신 소실댁의 놋요강이라도 가만 놓아두면 어떨까하는 생각을 해보는 것이다.

2017년 3월

귀에 남은 그대 음성

강둑에 풀이 푸르다. 방금 봄비가 그쳐 한결 산뜻하다. 애기똥풀, 개망초, 별꽃, 쇠뜨기 사이로 군데군데 무리지어 돋은 은빛 도는 푸른빛은 쑥.
 몇 년 전 섬진강변에서 처음으로 도다리쑥국을 먹었다. 담백하고 고소했다. 음식점 사장님에게 비결을 물으니 그냥 맹물에 싱싱한 도다리와 갓 뜯은 쑥을 넣은 것이 전부란다. 집으로 돌아와, 한 번 해먹어야지 하던 것을 몇 번의 봄이 지나도록 해먹지 못했다. 음식 솜씨가 없어서이기는 했다. 한번은 마음먹고 주변에 물었더니 육수를 쓴다는 이도 있고 된장을 푼다는 이도 있고 마늘과 고춧가루를 듬뿍 넣는다는 이도 있었다. 그 맑고 담백한 것에 된장이며 고춧가루를 푼다고 생각하자 속으로는 그만 질려버렸다. 도다리쑥국에 대한 예의가 아니라는 생각이 들었다. 그리고 그러한 생각의 뒤로 띠링띠링, 그 애의 자전거 벨 소리가 이어졌다. 맑은 도다리쑥국 안으로 그 애가 오고 있었다. 풀이 돋은 봄날의 긴 강둑을 따라.
 갓 고등학생이 된 그때, 그 애와 나는 함께 자전거를 타게

되었다. 강둑을 따라 능수버들 잔가지가 길게 늘어져 자전거를 타고 지나갈 때는 그것에 닿지 않기 위해 머리를 숙여야했다. 그래도 가끔은 쓰다듬듯이 혹은 말을 걸듯이 부드럽고 서늘하게 머리칼에 그것이 와 닿곤 했다. 내가 앞서 달렸고 그 애가 뒤따랐다. 가끔 돌아보면 그 애는 있는 듯 없는 듯 고요히 그러나 변함없는 간격을 유지하며 뒤를 따라오고 있었다. 강둑은 흙길이라 패인 곳이 많았다. 조심하라고 말하기 위해 잠깐 그 애를 돌아보았는데 곧바로 앞쪽에서 여자의 비명소리가 들렸다. 다시 앞을 바라보았을 때는 감색 스커트를 입은 중년 여자가 두 손으로 자신의 치마를 움켜쥐고 나를 향해 날카롭게 소리를 지르고 있었다.

 -어제 산 건데 찢어졌잖아! 어떡할 거야? 어떡할 거야?

 -.........!

놀라 자전거에서 내릴 생각도 못하고 내가 멍하니 여자를 바라보는 동안 그 애가 자전거에서 먼저 내려 성큼 여자에게 다가갔다. 그리고 여자의 치마를 살폈다. 찢어졌다기보다는 쌀알만큼 한 올 하나가 살짝 삐져나온 것 같았다. 그 애가 여자의 치마를 살피는 동안도 여자는 내게, 무슨 자전거를 앞도 안보고 타느냐, 학생이 왜 그렇게 부주의 하냐, 어떻게 할 거냐, 물어내라며 끊임없이 나무랐다. 기세등등했다. 말없이 여자를 바라보던 그 애가 갑자기 자신의 바지주머니를 뒤져 집히는 대로 지폐와 동전을 꺼냈다. 그리고 여자에게 건네며, 말했다.

 -애한테 그런 식으로 말하지 마세요!

-.........

 그렇게 말할 적의 그 애는 엄숙하고 단호했다. 돈 때문이었는지 아니면 그 애에게서 풍기는 위엄 때문이었는지 여자는 곧 더듬거리며 그 애가 내민 돈을 받았다. 그 애는, 그때까지 푹 고개를 숙이고 있던 나를 재촉해 자전거에 타게 하고는 좀 전까지 그랬던 것처럼 말없이 내 뒤를 따랐다.
 평일에는 그 애와는 야간자율학습이 끝나고 만났다. 버스를 타면 집까지 20여분은 걸리는 거리를 둘이 내내 걸었다. 걸으면서는 아마 각자 읽은 소설책 이야기를 했다. 그 애가 읽은 책은 도서관을 뒤지거나 서점에서 사서라도 읽었고 그 애 역시 내가 말한 책은 대부분 구해 읽었다. 집 전화와 손편지가 주된 통신 수단이던 시절, 지방의 소도시의 밤은 지금의 대도시와는 달라 밤 10시를 넘으면 차량도 인적도 드물어지며 고요했다. 청량하고 한적한 밤길에는 그 애의 가방에서 나는 빈 도시락 달그락거리는 소리 그리고 닳고 닳은 그 애의 구두 뒷굽에 박혀 달싹이는 자갈 소리가 맑게 퍼졌다. 서로 마주보며 잠깐 웃었다.
 조금씩 더워지던 어느 토요일, 그날도 역시 자전거를 타고 강둑을 달리는데 그 애가 갑자기 멈춰 섰다. 그리고 덥석 내 손을 잡으며 함께 강가의 나룻배를 타자고 했다. 나는 그만 얼굴이 붉어져 휙 그 애의 손을 뿌리치고 말았다. 그 애가 아무 말도 하지 못하고 우두커니 강둑에 서있는 동안 나는 자전거를 타고 혼자 둑길을 달려 집으로 와버리고 말았다. 그 밤 집으로 돌아와서는 잠을 이루지 못했다. 밤새 그 애가, 정확히는 그 애의 부드럽고 고운 입술이 떠올랐다.

다음 번 그 애를 만났을 때는 차마 그 애의 눈을 볼 수가 없었다. 그 맑고 청결한 애에게 실은 밤새 너의 입술을 떠올렸다는 불경스런 고백을 어찌 할 수가 있을까. 그런 고백을 하면 그 애는 나한테 얼마나 실망할까. 그 애 입술이 떠오를수록, 그래서 괴로울수록 자꾸 그 애가 미워졌다. 그 애가 가만히 나를 바라만 봐도 밉고 다정하게 웃어도 미웠다. 결국 공부에 전념하겠다는 마음에도 없는 선언을 엄마에게 하고는 그 애의 전화는 무조건 끊어달라고 부탁했다. 영문을 모르는 그 애는 내가 계속 피하자 한번은 늦은 밤 우리 학교 정문 앞에서, 한 번은 우리집 앞에서 나를 기다렸다. 두 번 다 내가 먼저 휙 고개를 돌렸으므로 그 애가 어떤 표정을 지었는지는 기억에 없다. 어쨌든 그 후 연락은 끊어졌고 고등학교를 졸업하고는 서로 다른 지역에 살게 되었다.

다시 만난 건 이듬해 봄이었다. 어찌어찌 우리집 전화번호를 알아 그 애가 먼저 연락을 해왔다.

그 애가 사는 곳과 내가 사는 곳 중간 지점에서 만나기로 했다. 둘 다 새벽 첫 기차를 탔다. 북한강 줄기를 따라 난 그 낯선 동네에 내렸을 때는 산허리며 골짝이며 거리마다 안개가 가득했다. 그 애는 변함없이 고요한 얼굴을 하고 기차역 앞마당 화단가에 앉아 있었다. 그 계절에 어울리지 않게 손에는 얼음이 가득 든 차갑고 큰 콜라 컵을 들고서. 무슨 이유에선지 나는 그 애를 보자마자 정치 얘기를 늘어놓았다. 당시 시국이 좀 급박하긴 했다. 조국의 민주화와 부패한 현 정권과 우리의 마땅히 나아갈 길에 대해 강변하다시피 했을 것이다. 그런데 그 얘기들을 늘어놓으면서 실은 나는 몇 년 만에 만나는 그 애에게 그런 얘기를 할 생각은 정말 손톱만치도 없었다. 나는 속으로는 미안하다는 말이 하고 싶었다.

옆에서 그 애가 조심스럽게 콜라 넘기는 소리, 얼음 씹는 소리가 들렸다. 얼음을 삼키고 있어서였을까. 고요한 그 애의 얼굴이 마치 투명하게 얼어 그 얼음에 내가 늘어놓는 말들이 돌멩이가 되어 쨍, 하고 부딪쳐서는 다시 튕겨져 나가는 것만 같았다. 두서없이 계속 떠들어대던 중에 그 애가 갑자기 일어섰다. 그리고 성큼 기차역 앞마당으로 걸어가서는 뒤도 돌아보지 않고 곧바로 안개 속으로 달려가 버렸다.

-..........

한없이 뒤로 물러나는 차창 밖 풍경처럼, 내 생(生)에 몹시 중요한 것이 돌이킬 수 없이 물러나고 있다는 생각을 하게 된 건 그 애가 사라지고도 한참이 지난 후였다. 다급해져서 나는 그 애가 사라진 쪽을 향해 달렸다. 하지만 그 애가 사라진 기차역 앞 오거리는 안개가 짙어 그 애는커녕 오거리 허공에 걸린 이정표조차 제대로 읽을 수 없었다. 더듬듯 안개를 헤치며, 인적 없는 아침의 골목 몇 개와 나지막하게 웅크린 집들 그리고 낡은 건물 뒤편과 공터를 뒤졌다. 다시 기차역으로 돌아왔을 때는 머리칼도 옷도 마음도 안개에 젖어 축축했다. 그 애는 다음 기차 그리고 그 다음 다음 번 기차가 도착할 때까지도 역에 나타나지 않았다.

아마 그 애는 그날 기차를 타지 않았을 것이다. 대신 길게 뻗은 푸른 강줄기를 따라 터덕터덕 걸어서 제가 사는 곳으로 돌아갔을 것이다. 이번에는 빈 도시락 달그락거리는 소리 하나 없이. 그리고 나는 미안하다는 말은 끝내 하지 못하고.

강산(江山)이 여러 번 변하는 동안 그 애는 잊었다. 다시 그 애가 생각난 것은 섬진강변에서 도다리쑥국을 먹을 때, 는 아니었다. 오히려 몇 년이 지나, 그 맑은 것에 된장이며 고춧가루며 마늘이며를 넣기도 한다는 얘기를 듣고야 비로소 섬진강 도다리쑥국이 얼마나 맑고 담백한지에 생각이 미쳤고 이어 그 애가 떠올랐던 것이다. 그러고 보면 그간 도다리쑥국을 해먹지 않은 것은 꼭 솜씨가 없어서만은 아니었던 것 같다.

귀에 이어폰을 꽂고 방금 봄비가 그친 집 근처 천변(川邊)을 걷는다. 라디오에서 비제(Georges Bizet)의 아리아 '귀에 남은 그대 음성'이 흘러나온다. 생각해보니 내 인생에, 얘한테 그런 식으로 말하지 마세요, 라고 말해준 사람은 그 애 이전에도 그 애 이후에도 없었다.

봄비 그친 강둑이 산뜻하다. 덩달아 내 눈도 산뜻해졌다.

2017년 4월

그러면 당신은 언제나 오나요

 용문산에 갔다가 노박덩굴에 숨은 잠자리가지나방 애벌레를 발견했다. 노란빛 도는 흰 바탕에 검고 기다란 네모 무늬가 자잘하게 박혔는데 주로 노박덩굴 이파리만 먹는다고 했다. 손톱만한 것이 자로 잰 듯 따박따박, 옴찔옴찔 기어가는데 가슴이 두근거렸다. 그만 슬그머니 샬레에 넣어 또 집에 데려오고 말았다.
 그런데 집에 와보니 노박덩굴 이파리가 달랑 다섯 장. 그를 발견했을 때가 마침 산을 오르던 중이라 이따 내려갈 때 따야지 했던 것을 그만 깜박 잊고 집으로 왔던 것.
 노박덩굴은 예전에는 동네 야산에 흔했다는데 지금은 있는 곳에나 있고, 더구나 도심에서는 일부러 심은 경우가 아니면 만나기 힘들다. 가장 식욕이 왕성한 애벌레시기에 고작 다섯 장이라니 하루 또는 이틀이나 견딜까.
 일단 걸어서 이십 분 걸리는 동네 앞산에 가보기로 했다. 내리 몇 년을 올라 다녔지만 노박덩굴에 대한 기억은 딱히 없었다. 걱정했던 대로 호장근과 고마리, 참마, 쥐방울덩굴, 사위질빵은 보여도 노박덩굴은 눈에 띄지 않았다.

다시 용문산에 가야하나.

집에서 용문산까지는 차로 두 시간. 오며가며 대략 한나절은 걸릴 거였다. 그러자면 무엇보다 하루 돈벌이를 제쳐야 했다. 일당이 날아가고 기름 값이 날아가고 시간이 날아가고 몸도 피곤하고 등등 이런저런 생각을 하며 집으로 돌아오다 아파트 입구 화살나무에 눈이 멎었다. 반짝 생각이 떠오르기를, 화살나무도 노박덩굴과 같은 과(科) 식물이니 혹시 이것을 따다 주면 녀석도 마지못해 먹지 않을까.

근거 없는 낙관에 젖어 녀석의 저녁 밥상에 화살나무 이파리를 올려주었다. 다음날 저녁이 되도록 녀석은 그러나 화살나무 이파리 근처에도 가지 않았다.

이틀이 지나자 냉장고에 남은 노박덩굴 이파리는 달랑 한 장. 야무지게 먹어대는 녀석을 근심스럽게 바라보다 문득 같은 구(區)에 사는 숲해설가 한 사람이 생각나 전화를 걸어, 그 동네 어디 노박덩굴 본 적 있는가 물었다. 없다, 며 잠시 기다리라더니 인근 하천 제방 어디쯤에서 보았다는 이가 있으니 그리로 가보란다.

저녁 무렵에 찾아간 하천 제방 어디쯤은 그러나 일대가 포크레인으로 파헤쳐져 구덩이 몇 개와 모래언덕뿐 황량했다.

용문산에 진짜 가야하나.

심란해하다가 다시 퍼뜩, 내가 사는 구(區)와 맞붙은 다른 구의 자연학습장이 생각났다. 부랴부랴 차를 가지고 30분을 달렸다. 깔끔하게 구획된 넓은 학습장에는 그러나 인동덩굴 터널, 능소화 터널, 나팔꽃 터널은 있어도 노박덩굴 터널은 조성되어 있지 않았다. 갑자기 더워진 날씨에 땀으로 셔츠 깃이 흠뻑 젖을 정도가 되자 짜증까지 나면서 새삼 녀석의 까탈스런 식성을 탓하게 되었다.

그 많은 먹을 것을 놔두고 왜 하필 노박덩굴이냐. 눈 깜짝할 새 많은 것들이 사라지는 요즘에 입맛의 다변화를 도모하지 않고서야 어떻게 이 험한 세상 살아갈 것이냐. 용문산에서 녀석을 데려온 것을 처음으로 후회했다.

정말 용문산에 가야하나. 고작 손톱만한 저것을 위하여.

해가 막 서쪽 능선 뒤로 넘어가고 있었다. 몇 사람에게 더 전화를 걸었지만 흔하잖아, 라는 반문 혹은 용문산만큼이나 먼 다른 곳을 추천해주었다. 이제 용문산에 가는 것 말고는 다른 방법은 없다는 것을 받아들여야했다.

착잡한 마음이 되어 마지막으로 한 번 더 동네 앞산을 살피기로 했다. 동네 앞산에 미련을 버리지 못한 것은 그 산자락이 분지처럼 넓고 평탄하며 또 종일 은근히 해가 들어, 내가 못 찾을 뿐이지 노박덩굴이 자라기에는 마침하다는 판단 때문이었다.

동네 앞산이지만 해가 지자 조금 겁이 났다. 막대기 하나 집어 들고 산자락에 들어섰다. 눈으로만 살피던 지난번과는 달리 일일이 손으로 짚어가며, 또는 주저앉아 세심히 땅 위의 푸른 것들을 살폈다.

호장근 이파리 사이에서는 상아잎벌레 몇 마리를 만났고 사위질빵덩굴 안에서는 이름을 알 수 없는 푸른빛 자벌레

세 마리를 보았다. 개나리 덤불 뒤 축축한 습지에는 어린 버드나무 한 그루가 자라고 있었는데 사소한 바람에도 끊임없이 흔들리는 것이, 멀리 있는 어미를 부르는 듯이 보였다. 버드나무가 거기 사는 줄은 처음 알았다.

 새로운 것을 찾을 때마다 그것이 노박덩굴에게로 가는 징검다리인 것처럼 느껴졌다. 무서운 마음은 이미 사라져, 오솔길이 끝나고 이제 본격적으로 산을 올라가게 되는 입구에 서서 어두운 소나무 숲을 올려보았다. 그러다 지금까지의 오솔길과 눈앞의 소나무 숲 길 사이 너럭바위 같은 작은 평지에 잠깐 눈길이 멎었는데 거기 기적처럼 노박덩굴 하나가 고목을 감고 올라가고 있었다.

 아직 어려, 막 감고 올라가는 끝이 내 허벅지를 조금 넘었으며 이파리는 셀 수 있을 만큼만 되었다. 지면(地面)에서부터 햇가지 바로 아래까지가 한 마디인 것으로 보아 지난해 처음 싹을 틔운 것 같았다. 기쁘던 것도 잠시, 뒤이어 후회처럼 꼼수라는 말이 떠올랐다.

 꼼수의 사전적 정의는 쩨쩨한 수단이나 방법.

 용문산에서 내 멋대로 잠자리가지나방 어린 것을 데려올 적에는 내가 그를 몹시 사랑하여 그러는 줄로 알았다. 사랑하는 마음 하나면 모든 것이 이해되고 용서될 줄로 알았다. 그러다 먹을 것이 부족해지자 덜 힘이 들고 덜 돈이 들고 덜 시간이 드는 방법을 찾게 되었는데 의식했건 아니건 마음으로는 이미 그것이 사랑이 아니라는 것을, 꼼수의 일종에 불과하다는 것을 인정하고 있었다.

설사 한 두 번이 아니라 백만 번 동네 앞산을 뒤졌어도 그것은 그저 동네 앞산일 뿐 용문산은 아니며, 설사 한 두 사람이 아니라 백만 명의 사람에게 전화를 걸어 노박덩굴을 보았는가 물었어도 그것이 용문산의 노박덩굴은 될 수 없었다.

설사 동네 하천 어디쯤을 백만 번을 뒤졌어도 하천이 용문산이 될 수는 없으며 차로 30분이 아니라 백만 시간을 달렸어도 그것이 용문산까지의 두 시간은 아닌 것이다. 어떻게 치장을 해도 꼼수는 꼼수일 뿐 사랑 그 자체는 될 수 없었다. 해지는 동네 앞산 어린 노박덩굴 앞에 쭈그려 앉아 속으로 물었다.

누구를 순도(純度) 100프로로 사랑한 적이 있는가.

손톱만치의 꼼수도 없이.

묻고 나자 외로웠다.

내 마음은 이미 한참 전에, 사랑의 유통기한은 1년 반이라는 실험결과를 신봉하며, 사람은 죽을 때까지 외로운 존재인 것으로 단정하고 있었기 때문이다. 그러던 것이 해 질 녘, 고작 내 허벅지만큼 한 어린 노박덩굴 앞에 무릎 꿇고 앉아 외로움은 실은 인간 존재의 본질이 아니라 누구를 순도 백 프로로 사랑해본 적이 없는 데서 비롯되었을 수 있다는 생각을 해보게 되었던 것이다.

순도 백 프로의 사랑은 그렇다면 세상에는 정말 없는 걸까.

새소리뿐인 고요한 동네 앞산을 다시 휘휘 둘러보았다. 내가 찾지 못했을 뿐 이 산 어딘가에는 어린 노박덩굴의 어미가 있을 거였다. 새가 그 열매를 먹고 어쩌다 이곳에 씨앗을 떨어뜨려 이렇게 뿌리를 내렸을 거였다.

 어쩔 수 없이 어린 덩굴의 어미를 떠올렸다. 그리고 또 어쩔 수 없이, 지난 3월 3년 만에 바다에서 떠올라 인간의 항구로 돌아온 크고 낡은 배를 떠올리게 되었다.

 배는 제 힘으로는 서지 못하고 무슨 거대한 슬픔처럼 옆으로 누워 반잠수선에 실려 항구로 돌아왔다. 1080일만이었다.

 그날 항구에는 비가 내렸다. 항구에는, 배 안에 있는 어린 것들을 만나기 위해 진작부터 어린 것의 어미들이 달려 나와 기다리고 있었다. 다정한 웃음과 36.5도의 체온을 지닌 따뜻한 몸이 아니라 희고 단단한 **뼈** 몇 점으로 오는 어린 것들을 만나기 위해.

 1080일을 한결같이 기다려온 어미 그리고 1080일을 차갑고 어두운 바다 속에 가라앉아있던 어린 것이 마침내 만나는 그 순간은 분명 인간의 역사에서, 손톱만치의 꼼수도 없이 순도 백 프로의 사랑으로 서로가 서로를 만나는 순간이었다.

 앞산에서 따온 노박덩굴 이파리를 배불리 먹은 애벌레는 조금 전부터 몸에서 실크를 토해 열심히 이파리 두 장을 이어 붙이고 있다. 긴 잠에 들 준비를 하는 것이다. 열이틀 후면 아름다운 날개를 가진 새로운 존재로 거듭 날 것이다.

 물끄러미 그를 지켜보며, 이제 떠나는 자도 보내는 자도 어린 것도 어미도 더는 외롭지 않으면 좋겠다는 생각을 해 보았다.

'그러면 당신은 언제나 오나요' - 김용택

2017년 5월

그리웠던 순간들을 호명하며

둘레가 한 아름은 넘는 전나무들이 내도록 이어지는 그 숲은 6월인데도 서늘했다. 전나무들 사이로 바람이 지나갈 때는 남쪽 바다 어디 몽돌해변에서 파도가 뭍까지 밀려왔다 밀려가는 것 같은 소리가 났다. 거기 다람쥐들은 휙휙 허공에 선을 긋듯 달렸으며 계곡의 물은 터널 지나가는 소리를 내며 흘렀다. 그 숲을 거닐다 나왔을 때 내 손에는 전나무 푸른빛이, 무슨 그리운 이의 옷자락이나 되는 것처럼 한 움큼 집혀 있었다.

전나무 숲이 끝나는 곳, 노린재나무 이파리에서 노란 뒤흰띠알락나방 애벌레를 발견한 것은 그 푸르고 서늘한 순간들 어디쯤이었다. 검은 바탕에 노란 네모가 기차처럼 두 줄로 늘어선 그것은 화려해서 금세 눈에 띄었다. 요리조리 건드리자 노란 네모마다에서 맑은 액체 한 방울씩을 올렸다. 천적을 쫓기 위한 일종의 독물질이란다. 집으로 데려갈까 말까 이파리만 만지작거리다가 결국 돌아섰다. 알칼로이드계 독물질이 걱정되어서는 아니었다. 사람인 내가 설마 저보다야 약할까.

저 위 전나무 숲에서 다시 푸른 바람 한 줄기가 내려왔다. 파도소리를 내며 그것이 등 뒤에서 사라지자 나는 문득 돌아서 그 바람을 향해 거수경례를 하고 싶어졌다. 아마 제복을 갖춰 입었으면 정말 그랬을지도 몰랐다.

 2010년 12월 20일 밤 12시, 그때 나는 힘든 하루의 노동을 끝내고 막 집으로 돌아와 혼자 텔레비전 앞에 앉아 마감 뉴스를 보고 있었다. 대접에 밥과 달걀후라이와 참기름 몇 방울을 얹어 늦은 저녁을 먹던 중이었다. 전날과 다를 것 없는 그렇고 그런 뉴스에 이어 화면에 낯익은 역사(驛舍)가 나타났다.

 밤안개가 들어찬 역사는 어둡고 희미했다. 역사 저 멀리에서부터 작은 불빛이 움직여 들어오고 있었다. 느리고 무거웠다. 아마존 깊은 강에 산다는, 번득이는 섬광을 지닌 전기뱀장어처럼 보였다. 승강장에는 미리부터 사람들이 나와 서성이고 있었다. 불빛이 점점 커지며 마침내 역사 중앙에 들어와 멎자 제복을 입은 사람들이 일제히 그를 향해 거수경례를 했다. 불빛을 매단 그 육중한 쇳덩어리는 경례에 답이라도 하듯 뿌우우 낮게 기적(汽笛)을 울렸다. 밤 10시 3분 청량리역을 떠나 막 남춘천역에 닿은, 1837번 경춘선 마지막 디젤기관차였다.

 볼이 미어터지도록 입 안 가득 밥을 넣고 우물거리던 나는 그만 더는 씹지 못하고, 그렇다고 삼키거나 내뱉지도 못하고 통곡을 하고 말았다. 내가 춘천을 떠나왔다는 것, 다시는 그 시절로 돌아갈 수 없다는 것, 그리고 실은 몹시도 춘천을 사랑했다는 것을 그 순간에야 알았다. 춘천을 떠나온 지 몇 십 년이 흐른 뒤였다. 아직 먹어야할 밥이 수북한 대접을 품에 안고 그 밤 나는 오래도록 울었다. 설사 부모님이 돌아가셨다고 해도 그만큼 서러울 수는 없었을 것이다.

 내 고향은 춘천이다. 열여덟까지 살았으니 사춘기까지의 삶이 온전히 춘천에 배어있다. 춘천은 강과 호수가 많다. 그래서 일교차가 큰 계절이면 도시 전체가 안개에 싸인다. 한참 짙을 적에는 죽 내어뻗은 내 손조차 희미하다. 그 안개 속을 쏘다녔다. 혼자 쏘다니기도 하고 무리지어도 쏘다녔다. 안개가 짙어 서로의 모습이 보이지 않을 때면 조금은 장난스럽게 또는 조금은 불안해져서 우리는 큰 소리로 서로의 이름을 불렀다. 안개 속을 떠돌던 그 이름들은 그러면 마치 함수에서 각각의 원소들 간에 일대일 대응관계를 나타내느라 그어지던 선분들처럼 서로를 향하여 전속력으로 달려가던 것이다.

 반대편 강둑에서 가끔 낯선 청년의 음성, 그러니까 그가 외쳐 부르는 사랑하는 이의 이름이라든가 보고 싶다든가 하는 고백이 또 죽 내어뻗은 선분이 되어 우리를 향해 건너오기도 했다. 그러면 우리는 일제히 하하하, 소리 내어 웃어주는 것으로 강 건너 청년의 이루지 못한 사랑을 조롱했지만 그럴 때 우리의 웃음은 우리 생각에도 날카롭고 불안했다.

 머리칼과 얼굴, 옷깃까지 안개에 젖어 축축해지면 호숫가 밤 카페를 찾아들었다. 그리고 구석 자리에 앉아 불안하게 주변을 힐긋거리며, 그 당시 카페는 학생출입 금지구역이었다, 내도록 킹 크림슨(King Crimson)의 '묘비명(Epitaph)'을 신청해 들었다. 유일하게 알아들은 'confusion will be my epitaph' 구절을 읊조리듯 낮게 따라 불렀으며 가끔 서로의 젖은 얼굴을 보며 맑게, 이 부분 정말 좋지 않니, 하고 동의를 구하기도 했다.

 왜 그랬는지는 몰라도 그때 우리는 우리의 컨퓨전(confusion)이 전적으로 춘천의 호수와 고질적인 안개 그리고 사방으로 춘천을 둘러싼 산들 때문이라고 여겼다. 언제든 기회만 되면 기차를 타고 이 지루한 분지를 탈출하리, 저 멀리 그립고도 알록달록한 이름, 서울로 기필코 내빼고야 말리라 속으로는 별렀다. 그리고 그때는 미처 몰랐다. 춘천의 호수와 안개가 실은 인생의 봄인 우리의 사춘기를 그토록 감미롭게 했다는 것을, 그리고 이후의 어려운 삶을 그래도 버티게 한 건 그 달콤하고 비릿한 봄날의 추억이었다는 것을.

 아무튼 그렇게 내뺀 서울에서 십년인가를 보내고 나도 남자를 만나게 되었다. 돈 없고 빽 없는 내가 돈 있고 빽 있는 사내를 만났을 리는 당연히 없고 그림을 그린다는, 친정엄마 표현으로는 환쟁이 사내를 만났다. 가진 거라곤 거시기 두 쪽이 전부였다. 만나서는 날이 밝을 때까지 이야기를 나누었다. 아니 이야기를 나누었다기보다 그가 주로 말했고 나는 내내 들었다. 그렇다면 뭐 그 이야기라는 것이 대단한 정치적 포부라든가 비즈니스 계획이라든가 국가기밀이라도 되었냐하면 그게 아니고 그의 나고 자란 고향 이야기였다.

그는 육지에서 배를 타고 두 시간은 가야하는 작은 섬에서 자랐다. 그 섬 동쪽 바다 맑은 모래밭 소나무 아래, 그의 젊은 아버지가 묻혀있다고 했다. 어린 그는 자주 그 바다에 소풍을 갔다. 학교를 빼먹고도 갔고 해무가 짙게 낀 날도 갔다.

그의 집 감나무에 한동안 날아든, 언제부터 아버지의 혼령인가 보다고 믿게 된 까마귀 얘기도 들려주었다. 텅 빈 집 감나무 아래로 천천히 떨어져 내리는 감꽃 얘기와 꼭 제 몸뚱아리만큼 한 집을 짓고 살았다는, 실은 그의 낭만파 작은 아버지의 소실댁이었던 동네 끄트머리 과부댁 비밀도 들려주었다. 그의 나고 자란 마을을 그만큼 잘 알게 될 즈음 그와 결혼해버리고 말았다.

경춘선이 복선 전철로 바뀌고도 나는 두어 번 더 춘천에 갔다. 여느 때와 다름없이 닭갈비를 먹었고 호수에서 오리배를 탔다. 하지만 더는 통곡하지 않았으며 더는 지난날을 떠올리지도 않았다. 춘천은 이제 행정적 구분이나 지명만 아니라면 서울과 별반 다르지 않아보였다. 육림극장이라든가 중앙시장이라든가 하는 오래된 이름과 건물 대신 내가 사는 곳과 똑같은 아파트, 내가 사는 곳과 똑같은 마트, 내가 사는 곳과 똑같은 극장, 내가 사는 곳과 똑같은 패스트푸드점이 거기에도 속속 들어섰다.

뒤흰띠알락나방 애벌레를 데려오지 않은 것은 그러니까 실은 사라진 나의 디젤 기관차 그리고 사라진 자리를 대신하여 들어서는 새로운 것들의 천편일률(千篇一律)에 대한 아쉬움 때문이었다. 곧 번데기가 될 그것이 긴 잠에서 깨었을 때 눈앞에 전나무 숲의 푸른 바람이나 획획 내달리는 날랜 다람쥐 대신 어느 네모난 아파트, 어느 흙 한 줌 없는 베란다가 펼쳐진다면 얼마나 막막할까에 생각이 미쳤던 것이다.
 내 아이의 난 곳은 병원, 자란 곳은 아파트 단지다. 사춘기를 주로 게임방과 컴퓨터 온라인 세계에서 보냈다. 아이는 또 그만의 추억과 그만의 비릿한 비애, 혼란도 함께 간직하게 되었을 것이다. 다만 그곳이 어디건 온라인이건 오프라인이건 게임방이건 운동장이건 그것들만의 고유한 색과 냄새와 분위기를 잃지 않기를 바랄 뿐이다.
 사라지고 변하는 것이 자연의 이치니 막을 수도 없고 막아서도 안 되지만 새로 생겨나는 것들이 꼭 같은 모습만 하게 되면 그리울 것이 자꾸 없어지기 때문이다.

'그리웠던 순간들을 호명하며' - 곽재구 '사평역에서' 중에서

2017년 6월

복수는 나의 것이니

6월 어느 토요일 서해 작은 섬 자월도에 갔다.

휴가철이 아니어선지 마을은 인적이라곤 없이 고요하고 마을 끝자락, 산과 이어지는 경계 어디쯤에서는 오디가 새까맣게 익어가고 있었다. 고요해 오디는 더 검어보였다. 입술이 새까매지도록 따먹고는 해발 100미터가 채 안 되는 낮은 산을 올랐다.

섬이라 내륙에서는 보기 힘든 나무들이 많았다. 일일이 살폈다. 오솔길은 또 산딸기가 지천, 더러는 따먹고 더러는 가지째 끊어 옷자락에 붙이고 좋아라 히히덕거렸다. 정상에 서자 나무들 사이로 바다가 하늘에 붕 떠오른 듯이 보였다. 말끔한 소사나무숲이 정상 너머 바로 아래 있어 그 그늘에서 김밥도 까먹고, 혹시 천마 꽃이라도 볼 수 있으려나 낙엽 더미도 살피며 시간 가는 줄 모르고 놀았다. 그러다 섬을 나가는 배 시간이 얼마 안남은 것을 알고는 서둘러 비탈길을 내려가던 중이었다. 일행 중 누군가 비탈길 한편을 가리키며 이것 좀 봐, 했다.

허벅지만큼 한 나무줄기에, 손목 두께만한 다른 나무줄기

하나가 안기듯 달라붙었는데 붙은 지점은 이미 하나로 단단히 유합되어있었다. 연리목(連理木)이었다. 뿌리가 서로 다른 나무가 자라다가 줄기가 합쳐져 한 나무로 자라며 물관과 체관을 공유하게 되는 것을 연리목이라 하는데 숲을 다니다보면 연리목이라는 것이 그리 드문 것은 아니라 힐긋 눈길만 주고 돌아섰다.

그런데 가만 생각해보니 달라붙은 나무의 밑동이 이상했다. 다시 돌아섰다. 내 허리쯤에서 댕강 줄기가 잘려 있었다. 잘리고 남은 윗부분이, 막 교수형을 당한 자의 두 발처럼 허공에서 흔들렸다. 잘린 단면이 울퉁불퉁하지 않고 매끈한 것으로 보아 낫이나 칼 또는 톱에 의해 단번에 그리된 것으로 보였다. 누굴까. 누가 여기까지 올라와 저 얇은 나무의 중간을 베었을까.

배를 기다릴 적까지는 궁금하더니 섬을 나와 집에 돌아와서는 잊었다. 그러다 날이 더워 잠 못 이루는 밤이 이어지던 중에 더운 밤의 갈피로 자월도 연리목이 떠올랐다. 이번에는 연리목 대신 굳이 그 산에 올라 연리목을 자른 자, 그 자의 어쩌면 낫처럼 예리한, 가슴 한편을 저리게도 하는 분노가 말이다.

'내 사랑은 더욱더 열정적으로, 더욱더 이기적으로 변해 가는데, 그의 사랑은 점점 꺼져가고 있어. 우리가 어긋나는 것도 바로 그 때문이야.......(중략)......나로서는 모든 것이 오직 그 사람 하나에 있기 때문에, 그가 내게 자신의 전부를 더욱더 많이 쏟아 주기를 바라는 거야.......난 그에게 벌

을 주고 모든 사람에게서, 나에게서 벗어날 거야.' (톨스토이 '안나 카레니나'중에서, 민음사)

 그저 나무 한 그루 베어진 거라면 눈길 한 번 주고 잊었을 거였다. 하지만 그것이 연리목이어서였을까. 달라붙은 나무 한쪽을 가차 없이 베어버린 자의 분노를 떠올리자 어쩔 수 없이 안나의 분노가 떠올랐다.

 어린 나이에 러시아 정계 고위직 관료와 결혼해 안락한 상류사회의 삶을 누리던 안나는 우연히 젊고 잘 생긴 장교 브론스키를 만나면서 소용돌이에 휘말린다. 결국 남편과 아이를 버리고 브론스키와 새 삶을 꾸리지만 불륜한 여성은 철저히 배척하는 당시 러시아 상류사회의 냉대와 멸시에 부딪혀 홀로 고립된 채 상심의 나날을 보내던 차, 자신을 향한 브론스키의 사랑마저 점점 식어가고 있다고 생각하게 된다.

 브론스키가, 그의 어머니가 소개해준 다른 여자를 만나고 있다고 믿게 되자 '그래, 기차역으로 가야 해. 만일 그가 그곳에 없다면 내가 그곳으로 가서 현장을 덮쳐야 해.'라고 결심하는 안나. 그러나 막상 기차역에 닿자 질투와 분노, 증오는 정점을 향해 달리고 마침내 이제 자신에게는 관심이 없는 브론스키를 후회하게 만들겠다는 일념으로 달려오는 화물열차에 몸을 던지기로 한다.

 그러나 팔에서 흘러내린 빨간 손가방 때문에 첫 번째 객차에 몸을 던지려던 시도가 어긋나자 안나는 습관처럼 성호를 긋는다. 그런데 '십자가를 긋는 친숙한 동작이 그녀의 마음속에 처녀 시절과 어린 시절의 모든 기억을 불러일으켰다.

그러자 갑자기 눈앞의 모든 것을 뒤덮고 있던 암흑이 찢어지고, 일순간 과거의 모든 눈부신 기쁨과 함께 삶이 그녀 앞에 나타났다.'

그 눈부신 기쁨과 삶은 그러나 안타깝게도 이미 활활 타오른 안나의 분노를 막기엔 역부족이었다. 결국 안나는 두 번째 객차 아래로 '어깨 사이에 몸을 푹 숙인 채 객차 밑으로 몸을 던져…….(중략)……그 순간 그녀는 자기가 한 짓에 몸서리를 쳤다……(중략)…….그녀는 몸을 일으켜 고개를 뒤로 젖히려 했다. 하지만 거대하고 가차 없는 무언가가 그녀의 머리를 떠밀고 그녀를 질질 잡아끌고 갔다.'

어떤 이유로, 아직 창창한 삶을 마감하고자 마음먹은 이가 있다면 그가 누구건 어떤 삶을 살았던 그 마지막이 안나의 그것과 크게 다르지 않을 거라는 생각을 조심스럽게 해본다. 삶의 마지막 순간에 비로소 그동안은 의식하지 못했던 어떤 숨겨진 기쁨 그리고 그 기쁨에 대한 한없는 감사가 불꽃처럼 뜨겁게 타올랐을 것이다. 그 불꽃에 그만 마음을 돌린 이도 있고 또는 그 불꽃을 지켜보며 그대로 스러져간 이도 있으리.

연리목은 보통 금실 좋은 부부나 남녀 사이를 상징한다. 하지만 한쪽의 다른 한쪽에 대한 맹목적 집착으로 해석하는 이도 있다. 어떻게 해석하건, 어느 날 갑자기 다른 존재를 자신의 내부에 통째로 떠안게 된 나무, 단칼에 그 나무를 베어버린 자나, 밑동이 잘려나간 나무나 저마다의 사연과 이유가 있을 것이다. 소설 '안나 카레니나'는 성경의 한 구절 '복수는 나의 것이니 내가 갚으리라'로 시작하는데 인간사가 오직 신만이 판단할 수 있을 만큼 복잡하고 엄중하다는 뜻이리라.

 서둘러 자월도 낮은 산을 내려오던 중에 풀이 무성한 흙길에 손톱만한 자잘하고 희끄무레한 것들이 무수히 떨어져 있다. 그중 하나를 집어 살피는데 집고 보니 더 분간이 가지 않는다. 한없이 가벼운 무슨 덩어리 같기도 하고 시든 열매 같기도 하고 곤충의 탈피각(脫皮殼) 같기도 하다. 머리 위 하늘을 올려다보고야 개다래 꽃인 줄 알았다. 나무를 칭칭 감고 오른 개다래 덩굴이 하늘 한 자락에 걸려 있었다.

 손바닥 위의 작은 회색 덩어리가, 그 곱고 사랑스럽고 향이 좋은 개다래 꽃이라고는 믿어지지가 않았다. 어디에도 꽃의 흔적은 없었다. 다만 처녀시절의 다소곳이 부푼 봉긋한 봉우리로 돌아가고라도 싶었던 걸까. 그때의 모양새로 한껏 오므라들어서는, 손톱 끝으로 조심스럽게 일구자 얇은 꽃잎 조각의 흔적이 나타나긴 했다. 이미 객차 아래 철로에 무릎을 대고 웅크린 안나 모양으로 말이다.

 고요해서 더 검어보이던 그 산의 오디, 이제 막 열매 맺기 시작한 다래들을 먹는 일은 실은 다른 생명의 치열함을 먹는 일이라는 생각에 스스로에게 한층 엄중해지는 한여름 밤이다.

2017년 7월

사나사에서

 처음 사나사(舍那寺), 라는 이름을 들었을 때 무슨 서역(西域)이라든가 사신이라든가 아라비아, 천일야화 같은 먼 것들을 떠올렸다. 또는 동경 밝은 달 아래 밤새도록 노니다가 집으로 돌아가는 신라 사내 처용을.
 막상 도착한 사나사는 그러나 구불거리는 머리칼에 도깨비 같은 우락부락한 눈을 가진 서역의 사신도, 온갖 것들을 사고파는 페르시아 시장도, 가엾은 처용도 없이 고요했다. 산 중턱 평지에 자리한 절은 마당이 특히 단아했고 그 마당에서 바라보는 앞산은 나지막하면서도 풍성했다.
 절 옆으로 계곡이 맑고 길게 이어지고 있었다. 계곡과 나란히 난 오솔길을 따라 걷기로 했다. 혼자 걸어도 가득 차는 오솔길은 여름 내 칡이니 환삼덩굴이니 사위질빵이니 하는 것들이 무성하게 자라 그것들에 닿지 않으려면 최대한 옷자락을 잡아당겨 팽팽하게 몸에 붙이고 때로 게처럼 옆으로 걸어야했다. 풀숲에서 갑자기 장수말벌 한 마리가 날아올라 사납게 윙윙거리는 바람에 후다닥 달려 숨을 고르던

중에 바로 앞에 흰 개 두 마리와 마주하게 되었다. 그늘처럼 고요했다.

 한 마리는 젖꼭지가 주렁주렁 늘어졌고 다른 한 마리는 그 옆에 호위하듯 서있는 것이 둘은 부부로 보였는데 표정이 다만, 막 긴한 얘기라도 나누고 오는 듯 수심이 가득했다. 예를 들어 밀린 월세라든가 막내 병원비라든가 하는 걱정거리에 대해, 그러나 마땅한 방도는 찾지 못하고 일단 혼자 둔 어린 것들을 서둘러 보러가는 중인 그런 표정을 하고 말이다. 저희들이 먼저 나를 발견하고 멈춰서 있던 모양인데 길이 좁아 누구든 한 쪽은 비켜야 했다. 내가 양보하기로 하고 계곡으로 내려갔다.

 계곡은 며칠 전 내린 비로 기슭까지 물이 찰랑하며, 콸콸 소리까지 내며 기세 좋게 흘렀다. 바위들 사이로는 달뿌리풀이 푸르고 풀끝에서는 붉은 꽃이 피처럼 싱싱하게 피어오르고 있었다. 계곡 중간에 식탁만한 넓은 바위가 있어 잠깐 눕기로 했다. 그런데 바위 가장자리, 물살이 세게 부딪히며 들어왔다 돌아나가는 곳에 손가락 길이만큼 한 푸른 것이 눈에 들어온다. 뿌리째 물에 잠겼는데 풀인가 하고 보니 어린 버드나무였다. 줄기며 잎이며 선명하고 토록토록했다.

 손으로 살짝 잡아당겨보았지만 꿈쩍도 하지 않았다. 버드나무가 아무리 물을 좋아한다지만 손가락만한 어린 것에게 그 정도의 물살은 시련일 것이었다. 기특하면서 또, 그에 비하면 내 사는 모습은 부끄럽다고 여기던 중에 그 위 기슭 쪽으로 가을 햇살에 붉게 익어가는 자잘한 야광나무 열매들이 눈에 들어왔다. 계곡물이 튀어, 그 위에 또 초가을 햇살이 내려앉아 열매는 막 세수를 하고 난 듯 말갛고 고왔다. 그런데 생각해보니 모양새가 좀 이상했다. 열매가 달린 잔가지는 보통 허공 어디쯤에 있어야 하는데 여기서는, 우듬지가 물살에 닿을 듯 옆으로 비스듬했다.

 신발을 벗고 물에 들어가 열매가 달린 나무의 줄기를 살폈다. 그간 계곡물이 불었던 건지 혹은 점차 기슭이 깎이며 그리되었던 건지 아주 오래 전부터 나무는 밑동이 물에 잠겨 그 부근 줄기가 썩으며, 그러다 어느 순간 꺾여서는 계곡을 향해 누웠던가 보았다. 그러나 완전히 부러지지는 않고 일부는 아직 밑동과 연결되어 그로부터 미약하나마 양분을 공급받고 있었다. 그 부분마저 꺾이면 그나마 비스듬하던 그의 삶도 완전히 꺾여 물살을 따라 정처 없이 떠내려갈 것이었다. 아무래도 그의 삶은 올해 또는 길어야 다음해까지인 것으로 보였다.

 주차장에서부터 30분은 걸어야 되는 긴 사나사 계곡, 그 기슭을 따라 양옆으로 야광나무가 유난히 많던 것이 떠올랐다. 물을 향해 누운 그의 몸에서 떠내려 온 열매들이 자라 그리 된 것일까. 위태로워 오히려 아름다운, 물에 누운 야광나무 한 그루에게 문득 묻고 싶어졌다.

 너의 로망은 무엇이니.

 대답 없는 야광나무와, 눈이 휙휙 돌아가도록 빠른 물살을 가만 바라보고 있자니 삶이 대체로 무자비하다는 생각이 들었다. 정확히는 정신없이 흘러가는 세월이 말이다.

이렇게 무자비한 시간의 물살을 사람들은 그리고 다른 생명들은 어떻게 건너가고 있을까. 힘차게 물살에 올라타 순간순간을 즐기는 이도 있고 보약으로든 첨단의료장비로든 조금이라도 물살을 거슬러보고자 개기는 이도 있을 것이며 삶의 뒷자락에서 문득 명료해지며 스스로 목숨을 거두는 이도 있을 것이다. 혹은 개에게나 던져 주면 좋을 부질없는 로망 하나 가슴에 품고 그에 의지해 조심조심 물살을 타는 이도.

　나의 로망은 빨강 JK Jeep Wrangler를 타고 산길을 달리는 것이다. 그렇게 달리다 산길이 끝나며 인가(人家)가 시작되는 지방 도로 어디쯤에서 선지국이나 해장국집을 발견하고 늦은 저녁을 먹는 것인데 그때, 저마다의 생각과 근심에 잠겨 묵묵히 뜨거운 국물을 뜨던 손님들 중 몇이 조금은 부러운 눈으로, 식당 마당에 들어서는 내 빨강 지프를 바라봐 주는 것이다. 나는 일부러 뜸을 들였다가 천천히 운전석 문을 열고 나갈 생각인데 지금으로서는 가죽 쟈켓에 뱀가죽 부츠를 신고 있을 가능성이 크다. 나의 로망을 듣고 난 후 언니는 이렇게 충고해주었다.

　-이동식 계단을 준비하렴.

　-왜?

　-지프를 살 수 있을 때쯤이면 넌 꼬부랑 할머니가 되어있을 거잖아. 운전석에서 내릴 때 발받침으로 써야지.

　야광나무는 5월이면 나무 한가득 풍성한 흰 꽃을 피운다. 흰 꽃을 피우는 나무야 많지만 야광 꽃잎은 유독 희어 밤에 보면 그 일대가 빛나는 듯하여 그런 이름이 붙었단다.

 사나사는 용(龍)이 승천하는 문(門)이라는 뜻의 용문산(龍門山) 산자락에 들어서 있다. 길게 이어지는 아름다운 사나사 계곡은 5월이면 온통 야광나무 흰 꽃으로 덮일 것이다. 꽃으로 채워진 계곡은 그러면 어쩌면 팝콘이 부풀어 오르듯 한껏 부풀어 올라 저절로 들썩이는 듯 꿈틀대는 듯 살아 숨쉬는 것처럼도 보이리라.

 그러다 밤이 오면 꽃잎으로 지은, 막 승천하려는 한 마리 흰 용이 되어 신비한 푸른 바람을 일으키고 잠든 나무를 깨우고 산을 흔들고 몸에서는 천둥과 번개를 내어 마침내 저 먼 서역의 시간을, 저 먼 나라의 사신과 신라의 처용과 '노피곰 도ᄃ샤 어긔야 머리곰 비취오'실 백제의 달을 이곳 사나사 고요한 마당에 내려놓으려나.

 비스듬히 물에 누운 야광나무 한 그루의 로망은 그러므로 제 몸에서 무수히 열매를 내어 계곡을 따라 흘러, 다시 나무가 되고 꽃이 되어 봄밤 용문산 산자락에 한 마리 아름다운 용으로 승천하는 것인지도 모르겠다.

 다시 오솔길을 걸어 사나사로 돌아오는데 뒤뜰에, 갈 때는 보지 못했던 백일홍 밭. 지프보다 붉다. 성글게 늘어선 여린 꽃대는 빛과 바람에 어리어리 흔들리고, 노란 꽃밥 위로는 홀로그램을 얹은 듯 겹겹의 비늘을 번득이며 날개를 펄럭이는 검은 제비나비 한 마리.

2017년 10월

눈물은 왜 짠가

11월 들어 우이령을 자주 걷게 되었다. 우이령은, 1968년 김신조 청와대 습격 사건이후 40여 년 간 통제되었다가 2009년 개방됐다. 그래서인지 미묘한 신비감까지 더해져, 처음 우이령을 걷는 사람들은 초입부터 은근히 들뜨게 된다.

하지만 막상 다 걷고 나면 아쉬운 마음이 드는데 그건 예를 들어 령, 자가 붙은 한계령이나 대관령과 비교하면 꼭대기라고 해야 320미터 남짓이고 또 한계령 등의 수려한 경관에는 그 정도가 미치지 못하기 때문이다. 이런 이유로 나부터도 몇 년 전 달랑 한 번 우이령을 넘고는 올해 11월이 되도록 발걸음을 하지 않았다.

올해는 우이령은 단풍이 좋았다. 뒷짐까지 지고 흐뭇해 하며 걷던 중에 유치원생이 만든 것 같은 맨발 표지판을 보게 되었다. 이 길은 맨발로 걸으면 좋단다. 곧바로 신발과 양말을 벗어 들고 맨발로 흙을 디뎠다. 맑고 찬 고드름이 와락 발바닥에 와 닿는 줄 알았다. 심장까지 선뜻해지며 이어 머리카락에도 알알이 고드름이 열리듯이 써늘했다. 11월 중순의 대지가 이렇구나, 이런 마음가짐이구나, 겨울을 앞둔 긴장과 각오가 이러하구나 싶었다.

 사람이건 다른 생명체건 그의 몸과 내 몸이, 그의 피부와 내 피부가 닿는 순간은 언제나 놀랍다. 감동이다. 그를 안다는 것은 피부와 피부가 닿는 일에서부터 진정으로 시작되는지도 모른다. 맨발로 우이령을 딛자 그러한 놀람과 감동이, 무생물이라고 다르지 않다는 생각을 처음으로 하게 되었다. 또는 발아래 길이 무생물이 아니라 그만의 체온을 가진 고유한 존재라는 생각을 말이다.

 오래 무심하던 우리 둘, 그러니까 우이령과 나는 맨발을 계기로 비로소 처음으로 서로를 응시하게 된 것 같았다. 여전히 방황하는 서로의 눈, 때 이른 11월의 찬바람에 트고 마른 서로의 입술, 아직도 두려운 것이 많은 붉게 상기된 뺨, 그러나 여전히 무언가를 갈구하는 뜨거운 서로의 열망을 우리는 맨 살로 닿으며 비로소 확인한 것만 같았다.

 맨발에 와 닿는 우이령은 그간 눈으로만 보던 것과는 많이 달랐다. 우선 화강암이 풍화되며 생긴 마토로 덮인 길이라 꽤나 따가울 것으로 예상했는데 생각과는 달리 특별히 발바닥에 걸리는 것 없이 편안했다. 그리고 아스팔트처럼 평평해 보이기만 하던 바닥은 발에 닿자 그 안에 또 다른 골짜기와 언덕, 능선을 품은 듯 굴곡지며 얕은 오르막과 내리막을 반복했다.

 5분도 채 안 돼 발이 시렸다. 군데군데 길바닥에 웅덩이처럼, 갈색 솔잎이 무리지어 있는 것이 보였다. 급한 대로 밟자, 부드러웠다. 부드러운 것이 그대로 온기가 되어 한참은 더 맨발로 걸어도 될 만큼 몸이 금세 따뜻해졌다. 징검다리를 건너듯이 이 솔잎 무리에서 저 솔잎 무리로 옮겨 다녔다. 재미있어 혼자 웃었다.

 맨발로 걷게 되자 우선 몸짓이 조심스러워지고 속도도 느려지며 전에는 보이지 않던 것이 보이고 들리지 않던 것이 들리게도 되었다. 잎 진 아카시고목 잔가지 사이에서 간간이 츠릅츠릅, 하고 한지로 만든 여린 손부채 대나무살이 촤락 펼쳐질 때 나는 소리가 들렸다. 오목눈이일 것이다. 아카시 우듬지가 높고 멀어 그의 모습을 볼 수는 없었지만 다크써클을 오려 붙인 듯 움푹 팬 동그란 그의 검은 눈을 떠올리고 또 혼자 웃었다.

 오봉전망대가 가까워지자 길이 급하게 굽어지더니 맞은편 산그늘이 일제히 길바닥에 내려오며 우이령은 금세 차고 섬뜩해졌다. 절로 어깨가 움츠러들고 이빨이 다다닥 부딪혔다. 이제부터는 솔잎 징검다리도 없다. 대신 길 가장자리에 잘 마른 단풍잎이며 신갈나무잎이 수북.

 한 발 디디자 이내 발목까지 묻히며 바스락, 경쾌한 소리가 났다. 마치 사람 많은 지하철에서 주변 사람은 아랑곳없이 혼자 와작와작 사과를 깨물어먹는 당돌한 아가씨 같다. 십여 분을 더 걸어 발이 무감각해질 때쯤 해서야 오봉전망대에 닿았다. 해는 벌써 서편 능선에 닿아, 능선을 넘어온 11월 오후의 햇빛이 금으로 빚은 거미줄처럼 나뭇가지 위에 펼쳐지는데 그 일대가 눈을 뜰 수 없을 만큼 부셨다.

오봉전망대에 앉아 발바닥의 흙을 털다 말고 물끄러미 내 발을 살폈다. 못생겼다. 엄마 발은 나보다 더 못생겼다. 물에 퉁퉁 불은 발이라고, 언니와 나는 손뼉까지 치며 놀렸다.

엄마와 내가 맨몸으로 닿았던 기억은 그런데 발이 전부다. 옛날 사람인 엄마는 자식을 껴안고 쓰다듬고 다정히 입 맞추는 것에는 익숙하지가 않았다. 그저 세 끼 뜨거운 밥을 지어 먹이고 낯을 씻기고 헤진 옷을 꿰매 입히는 것이 그가 사랑을 전하는 전부였다. 어릴 때부터 내 발은 유난히 찼다. 그렇다고 박봉에 자식 넷에, 셋째의 발이 차다고 보약을 지어먹일 형편은 아니었으므로 엄마는 늦은 밤 집안일이 끝나면 네 형제가 옹기종기 모여 자는 방에 들어와 자신의 퉁퉁한 두 발로 내 어린 발을 오래 감싸 비벼주었다.

마저 발바닥의 흙을 털고 양말을 신고 신발까지 신고도 몸이 떨려 몇 차례 맨손체조를 하고야 한기가 잦아들었다. 오가는 이 없는 11월 오후의 우이령은 휑뎅그렁했다. 이 차고 휑한 길을 예전에는 누가 걸었을까.

이 길은 원래는 소로(小路), 즉 오솔길이었다. 한국 전쟁 이후 미군 공병대가 군수물자 수송을 위해 작전도로로 개설하고부터 지금처럼 넓어졌다. 그 전까지는 저 너머 양주 사람들이 등에 쌀과 땔감과 숯을 짊어지고 이 길을 넘어 다녔다. 그리고 빨래골 장터에서 가지고 온 물건들을 팔았다.

해가 지기 전 다시 우이령을 넘어 집으로 돌아가는 날도 있었겠으나 해가 지도록 변변히 팔지 못하고 다시 등짐을

지고 어두운 밤길을 걷는 날도 많았을 것. 그런 날은, 1901년 경복궁에 호랑이가 나타났다는 기록도 있으니 이 길에 호랑이까지는 아니어도 온갖 산짐승들이 나타났을 터, 그나마 오봉 위로 달이 밝아 위안이 되었을 것이다. 이 길 끝에서 저녁도 못 먹고 자신을 기다릴 어린 것들 그리고 늙은 부모를 가슴에 품고 그 힘으로 '하얀 발목 바쁘게' 밤길을 걸었을 것이다.

 요즘 우이령을 걷는 사람들은 등에 무거운 짐을 지고 물건을 팔러 가는 것은 아니다. 대부분 힐링이니 건강이니 하는 이유로 이 길을 넘는다. 하지만 예나 지금이나 삶이 고단하기는 마찬가지. 살아보니 그렇다. 그렇다면 우이령은 삶의 고단함이 그리움으로 연결되는 길이고, 세대와 세대가 연결되는 길이다. 북한산의 삶이 이 길에 막혀 돌아서는 길이 아니라 맞은편 도봉산의 삶을 만나 사랑을 하는 길이다.

 우이령을 제대로 느끼려면 아무래도 맨 발이 좋다. 우이령의 맨 살과 나의 맨 살이 만나고 그의 엄중함과 나의 절박함이 만나야 이 길을 걸어간 사람들의 시간의 켜를 더 잘 느낄 수 있을 것이다.

'눈물은 왜 짠가' - 함민복 '눈물은 왜 짠가'에서

2017년 11월

연인이 되기로 한 날

11월 중순부터 한파가 잦더니 12월 들어서는 폭설도 잦아졌다. 내 고향 춘천에서는 영하 13도는 되어야 어, 춥다, 라고 하는데 서울이 지금 딱 그 부근. 창밖은 겨울바람이 어찌나 사나운지 나무들이 줄기째 흔들리고, 새들이 무슨 총성에 놀라 한꺼번에 날아오르며 우왕좌왕하는 것처럼 보인다. 그런데 다시 보면 새가 아니라 그때까지 잔가지에 붙어있던 마른 잎들이 기어이 어미에게서 떨어져 나와 바람의 소용돌이를 타고 허공으로 격렬히 솟구쳐 오르는 중이다.

 이 추운 계절, 본 적 없고 들은 적 없는 연인 한 쌍이 컴퓨터 모니터에 자신들의 사랑을 전해왔다. 단지 직장만 같을 뿐 내가 있는 곳에서 차를 타고 세 시간은 가야하는 먼 곳의 생면부지의 젊은 연인이 사내(社內) 모바일로 띄운 결혼 소식이었다. 이렇게 씌어 있었다.

 [8월 18일 서로 연인이 되기로 한 날
 12월 17일 서로 부부가 되기로 한 날
 함께 품어온 사랑의 씨앗으로 봄보다 먼저 꽃을 피우려합

니다]

 부질없이, 모바일 청첩장 속 연인들의 얼굴을 상상해보려 애썼다. 그러나 구름에 해가 가려 검은 조각들로만 보이는 낙엽들처럼 둘의 얼굴은 어두운 실루엣으로만 둥둥 떠오르고 대신, 8월 18일 서로 연인이 되기로 하였다니 결혼에 이르기까지는 불과 네 달 남짓 걸린 셈인데 그렇다면 충분히 생각은 하고 결정한 건지 그저 과년하여 일단 결혼을 서두른 것은 아닌지 등 바보 같은 생각을 하다가 그 끝에 그만 슬퍼져버렸다.

 일면식 한 번 없는 그들의 결혼에 걱정하는 마음이 들어서는 아니었다. 일단은 부러웠다. 결혼을 하기로 했다는 날은 하나도 안 부럽고 다만 서로 연인이 되기로 했다는 날, 어렵게 고백을 하고 마침내 서로의 마음을 확인하고는 둘의 가슴에 소용돌이쳤을 그날의 환희를 떠올리자 그만 나까지 그 환희의 끄트머리에 딸려 올라가는 듯이 짜릿했던 것이다. 그리고 그 짜릿함의 뒤로 서러움이 밀려왔던 것이다. 새삼 누구와 연인이 될 일도, 환희에 빛날 일도 없는 내 중년에 대한 서러움이었을까.

 한참을 더 모니터를 바라보다 얇은 잠바 하나 달랑 걸치고 장갑도 모자도 없이 밖으로 나왔다. 겨울바람은 문 밖에서 기다리고나 있었다는 듯이 옷깃이며 소매 끝이며 바짓단이며 재빨리 헤집고 들어와 단박에 이빨까지 맞부딪히게 하고, 갑자기 밀려온 먹구름은 오후 세 시의 해를 가려 거리는 사방은 지구 최후의 날처럼 어두운데 그길로 나는 달리

듯 가까운 참나무 숲을 향해 걸었다. 나방이 한 마리가 보고 싶었다.

 그를 처음 본 것은 대부분의 곤충들이 생을 마감하거나 또는 겨울잠에 드는 11월 중순이었다. 그 혼자 손톱만한 날개를 부지런히 움직여 참나무 숲을 배회하고 있었다. 날개는 시멘트 담벼락에 연실 제 몸을 문지른 듯 가장자리가 닳고 해져있었다. 내 마음이 다 바빴다. 너무 늦게 우화했거나 아니면 아직 짝을 만나지 못해 이렇듯 헤매는 거라고 성급히 단정 지었다.

 그의 이름을 몰라 여기저기 물었다. 답이 신통찮아 내 마음대로 무슨 연두나방 어쩌고 하고 부르다가 한참이 지나서야 참나무겨울가지나방, 인 것을 알게 되었다. 겨울나방 종류란다. 겨울나방은 11월에서 다음해 2월 사이에 성충으로 활동하며 짝짓기를 한다. 그것도, 아무 날이나 하는 것이 아니고 습도 적당하고 바람 고요한 어스름 저녁을 골라.

 책을 뒤적이다 그의 사진을 보게 되었다. 놀랐다. 지난 번 본 것과 똑같은 평범하고 손톱만한 그의 사진 아래로 괴기스러운 다른 사진 한 장이 이어지고 있었다. 전체적으로 나무줄기와 분간이 안갈 정도로 칙칙한 색깔에 몸통은 누에나방 번데기처럼 퉁퉁한데, 날개가 없었다. 카메라 불빛까지 잘못 반사되어 그의 두 눈은 불을 담은 것처럼 붉었다. 겨울나방 암컷이란다. 내가 본, 날개가 있는 것이 수컷이고 없는 것이 암컷인가 보았다.

 없다기보다는 정확히는 앞가슴 등판에 무슨 찢어진 종이의 가장자리처럼 자라다 만 듯 붙어있었는데 그것이 오히려 더 기괴하고 불쾌한 마음이 들게 했다. 날 수 없는 암컷은 페로몬을 뿜어 수컷에게 자신의 존재를 알리고 수컷은 그 냄새를 맡고 암컷에게로 날아와 짝짓기를 한단다. 하필 이 추운 계절을 골라 짝짓기를 하는 것은 천적이 거의 없는 계절이라 그렇다는 설명이었다. 모든 암컷이 다 날개가 없는 것은 아니고 다만 추운 계절, 굳이 둘 다 날개를 움직여 에너지를 소모하느니 암컷은 생산에 전념하고 수컷만 날개를 움직이는 것이 효율적이라고 판단해 그런 모양새로 진화한 것들이 있는가 보았다.

 알지도 못하는 연인들에게서 날아온 모바일 청첩장 한통에 일없이 심란해져버린 12월 오후, 책에서 본 겨울나방 암컷이 문득 못 견디게 보고 싶어지며 그의 자라다만 날개, 그의 저녁 무렵의 사랑을 가까이서 지켜보고 싶은 마음이 되었다.

 바람이 심하고 대기가 건조하여, 게다가 저녁이 되려면 아직 멀어 그를 만날 확률은 당장은 없었지만 처음으로 저녁이 오는 것을 지켜보기로 작정한 사람처럼 나는 숲 한가운데 서서 고요한 참나무 숲을 응시했다. 신갈나무며 졸참나무의 칙칙한 줄기를 면밀히 살피고 혹 눈이 놓칠까 싶어 줄기 표면의 틈새는 일일이 손가락으로 쓰다듬어도 보았다.

 그러다 문득 그가 굳이 이 추운 계절을 택해, 그것도 날개도 없이 사랑을 하기로 결정한 것은 천적을 피하기위해서라거나 에너지를 효율적으로 사용하기 위해서와 같은 논리적 이유가 아니라 어떤 짐작할 수 없는 다른 이유로 그럴 수도 있다는 생각을 하게 되었다.

　그는 자신의 사랑이, 다른 무수한 사랑의 전언과 달콤함에 섞이지 않기를 원했는지도 몰랐다. 모두가 사랑하고 모두가 열기와 번잡에 들뜨는 꽃 피고 새 우는 봄 말고, 그렇다고 평온하고 넉넉하여 결의와 맹세가 어쩐지 맥 빠지는 풍성한 가을 말고, 오히려 생명을 담보로 하고야 연인에게 갈 수 있는 험난한 계절을 택해 부러 그런 건지도 몰랐다. 자신의 날갯짓이 겨울 저녁의 고요함을 흩뜨리고 자신의 날갯짓에서 뿜어 나온 구차한 온기가 겨울 대기의 명징함을 더럽히느니 차라리 저의 날개를 떼어버리자는 쪽으로 결심했는지 몰랐다.

　지극한 사랑이 아니고는 도무지 지어낼 수 없는 최고의 향으로, 오직 향기 하나로 사랑하는 이에게 다가가겠다는 맹세가 곧 그 자신이었는지도.

　컴퓨터 모니터 위에 뜬, 본 적 없고 들은 적 없는 젊은 연인들의 모바일 청첩장에 잠깐 마음이 쓰렸던 것은 그렇다면 돌이킬 수 없는 청춘에 대한 그리움이 아니라 도무지 가닿을 수 없는 순수, 그 헌신에 대한 갈망은 아니었을까.

2017년 12월

생각해보니, 좋았다

 2018년 올해는 1월1일 첫날부터 마음이 안 좋았다. 오전에는 나이어린 동료에게 느닷없이 폭언에 가까운 반말을 들었고 오후에는, 또 다른 동료의 격한 감정 표현에 놀라야했다. 두 경우 다 내 입장에서는 전후맥락조차 짐작할 수 없었으므로 당황했다. 소심한 내 성격에 대들기는커녕 따져 묻지도 못하고 혼자 속으로 마음만 끓이다 어찌어찌 짬을 내어 가까운 숲으로 갔다.
 숲에 들어서자 그때까지 참았던 억울함이 그제야 솟구치며 눈물까지 찔끔 나올 판이 되었다. 아무리 생각해도 둘의 무례를 이해할 수가 없었다. 격하게 반응하기 전, 그 둘과 나 사이에 불편한 기색이라도 오갔으면 모를까 그런 전조라곤 없이 갑자기 터져 나온 반응들이었으므로 생각할수록 기가 막히고 나중에는 괘씸하기까지 했다.
 추운 날 혼자 숲 속 약수터에 앉아 분을 삭였다. 하필 계곡물은 그날따라 티 없이 맑은 소리를 내며 졸졸 흘러 그것이 오히려 더 서러운 마음이 들게 했다. 별의별 생각을 다 했다. 둘이 노처녀 노총각이다 보니 스트레스가 쌓여 그렇게 히스테릭해진 것인가 아니면 보아하니 내가 무른 듯하자 대놓고 무시하기로 한 것인가 등 생각은 파문처럼 퍼져나가며 마침내는 나의 올 한 해가 몹시 불길한 해가 될 거라는 데까지로 치닫게 되었다.

지난 가을, 생애 처음으로 점쟁이를 찾아갔더랬다. 아직 새파란 젊은이인 그는 다음 해, 그러니까 올해 내 운이 좋을 거라고 했다. 점쟁이 따위 재미로 듣고 흘리는 거라고 쿨한 척 했지만 내심 기분은 좋아 일없이 히죽거리던 차에 하필 새해 첫날 이렇게 되자 점쟁이 그놈이 사기꾼이구나, 돈만 버렸구나, 그런 놈을 괜찮은 놈이라고 소개한 동네아줌마도 한 통속이구나, 하며 분이 났다. 이어서는 새해 첫날이 이럴진대 앞으로 남은 364일과 가족의 미래는 어찌할 것이냐, 하는 데까지 생각이 치닫더니 또, 이깟 일로 주저앉는 나는 얼마나 한심한가 답답해졌다.

겨울 숲은 간간이 고목을 두드리는 딱따구리 소리 그리고 산 사면(斜面) 저쪽으로 단체로 눈 목욕을 즐기는 까마귀들 소리뿐 적막했다. 무심히 소리들을 좇던 차에 약수터 위쪽 덩굴에 시선이 가 닿게 되었다.

덩굴의 모양새며 느낌이 그런데 조금 이상했다. 덩굴 한가운데 나무 한 그루가 서있는데 위로 뻗는 대신 줄기 한가운데가 포물선모양으로 휘어져 있었다. 이미 오래전에 숨이 끊긴 듯 줄기며 가지는 검고, 물기라곤 없이 바짝 말랐고, 나무껍질 표면은 들떠 여기 저기 갈라져 있었다. 그가 한때 뽕나무였다는 것을 아는 데는 시간이 걸렸다.

아마 뽕나무를 타고 올라간 개다래덩굴이 무럭무럭 자라 뽕나무를 덮어버리자 그 무게를 이기지 못한 뽕나무의 줄기가 조금씩 휘어지며 결국 이 지경이 되었던가 보았다. 그런데 다시 보니 숨이 끊어진 것은 뽕나무만이 아니었다. 개다래덩굴도 여기저기 토막이 나 있었다. 그것도 그냥 대충 토막 난 것이 아니라 마치 병력이라도 동원되어 그리된 듯 지상과 연결된 부분들은 모조리 끊어져 있었다. 토막 난 부분의 단면이 깨끗한 것으로 보아 낫이나 칼 같은 날카로운 것에 잘린 것이 분명했다. 사람이 그리했을 거였다.

어느 날 이곳을 지나던 그는 개다래덩굴에 온몸이 꽁꽁 묶여 덩굴처럼 휘어져가는 뽕나무를 보고 몹시 분했을 것이다. 하여, 이곳이 함부로 나무를 베어서는 안 되는 특별보호구역임을 알면서도 어느 밤 또는 어느 새벽을 택해 이렇듯 빈틈없이, 이렇듯 낱낱이, 뿌리와 연결되는 모든 부위를 찾아내 단칼에 잘라버렸을 것이다.

혹시 그가 놓친 것이 있는가 싶어 다시 한 번 지상부를 살폈지만 적어도 내 눈으로는 대지와 연결된 덩굴 부위는 찾을 수가 없었다. 사람으로 치면 멸문지화(滅門之禍)를 당한 셈이었다. 이름도 얼굴도 모르는 그의 분노가 그대로 전해져왔다.

-얼마나 분했으면!

나는 그예 기어이, 얼마나 분했으면! 하고 소리까지 내어 중얼거리게 되었다. 그러자 그 읊조림을 계기로 하루 내 쌓인 분의 실마리가 맥없이 풀리며 긴장했던 몸도 함께 풀려

왔다. 그러면서 또 비로소 내가 마주한 풍경의 쓸쓸함이 거대한 구름의 그림자처럼 내 마음을 뒤덮던 것이다.

 누가 잘못했건 누가 억울하건 이제 둘은 삶의 저 반대편에 액자처럼 서있다. 내가 건너갈 수 없고 그 둘이 건너올 수도 없는 허공에, 더는 개다래덩굴도 더는 뽕나무도 아닌 것으로, 그리고 그것을 응시하는 나를 어둡게 물들이며.

 약수터에서 일어나려다 투명한 계곡물 속 고운 낙엽 한 장에 눈이 멎었다. 갈색 이파리 한가운데 손톱만한, 깨끗하게 오려진 동그라미 자국이 나있다. 지난 봄 애벌레가 갉아먹은 자국이다.

 이렇게 곱게 베어 먹고 그는 지금 어디에 있을까. 어디로 꼬물꼬물 기어갔을까. 나른한 상상의 뒤로 곧, 명확한 그의 행로가 떠올랐다. 봄 한 철 애벌레였던 그는 여름이 되자 어른으로 성장해 이 숲 어딘가에 알을 낳았을 것이다. 그리고 가을 무렵 가볍게 마르며 생을 마감했을 것이다.

 네 개의 계절 중 세 개의 계절, 그것도 고작 한 차례만 살았을 뿐인 그의 생은 사람에 비하면 상상할 것도 없이 짧다. 그가 없는 숲, 낙엽에 남은 동그란 그의 흔적은 애처롭기만 한데 그래서 오히려 더 정갈한, 막 물 속에서 건져 올린 차가운 낙엽 한 장을 손바닥에 얹고, 생각해보니 새해 첫 날은 좋았다.

2018년 1월

바람을 따라 달려라

 대체로 무미하고 건조한 삶이 이어지던 중 문득 자유에 대해 생각하게 된 것은 산속을 헤매는 그를 보고부터였다.

그는 산에 버려진 그의 어미와, 역시 산에 버려진 그의 아비 사이에서 태어났다. 발견되었을 때는 갓 태어나 눈도 제대로 뜨지 못하는 상태였다. 토굴이라 하기도 어려운 바위 아래 제 오라비와 몸을 맞대고 오들오들 떨고 있었는데 오라비는 무슨 연유로 다리 한 쪽이 썩어 들어가고 있었다. 부모의 행방은 묘연했다. 둘 다 사고를 당한 건지 오누이를 버리고 저희들만 도망간 건지는 알 수 없었다. 오라비는 얼마 안 가 죽었고 그 혼자 사람들에게 구조되어 이곳 산속 부대로 왔다.

산속에 위치한 이곳 부대에 와서는 많이 사랑을 받았다. 저가 살던 곳과 같은 산이긴 하지만 사람이 지은 시설이라 혹독한 추위도 산짐승들로부터의 위협도 피할 수 있었다. 무엇보다 세 끼 거르지 않아서 좋았다. 좀 더 자라서는 사람이 주는 음식 말고도 산에 사는 들쥐며 새도 잡아먹었다.

때로 고라니의 목을 물어 산길 한 가운데 팽개쳐놓기도 했다. 산길에 든 사람들이 그것을 보고 기겁을 하는 것을, 멀찍이 떨어진 높은 곳에서 지켜보는 것은 한편으로 재미있기도 했다. 무엇보다도 좋았던 것은 자유롭게 산을 돌아다니는 일이었다. 철따라 진달래와 복사꽃을 보고, 으름과 다래 열매를 먹고, 바람을 따라 달렸다. 산양처럼 가뿐하고 의기양양하게 가파른 사면을 뛰어다니고, 빠르게 산비탈을 훑는 거대한 구름의 그림자와 경주라도 하듯 열렬히 달음박질 할 때는 정말 신났다.

두껍게 쌓인 갈참나무 낙엽을 헤치고 그 아래 부엽토의 그윽한 냄새를 맡는 일은 그중 가장 좋았다. 그 검고 축축한 냄새를 맡고 있으면 지난여름 바람에 까불리던 나뭇잎 하나 하나의 푸른 노래와, 수명을 다하고 흙으로 돌아간 무수한 육신들, 어쩌면 얼굴 한 번 본 적 없는 어미 아비가 그의 몸으로 부드럽게 스며드는 것 같았다.

가끔 산 속 어디에서 녹슨 청동 파이프를 지나온 것 같은 청딱따구리 울음이 들릴 때에는 그 울음에 밴 비릿한 쇠 냄새에 이유 없이 슬퍼지기도 했다.

부대 사람들은 그가 종일 밖을 쏘다니다 와도 누구 하나 싫은 소리 하지 않았다. 유일하게 거추장스러운 것은 그보다 먼저 이곳에 들어와 살고 있던 늙은 수컷이었는데 그것 역시 누군가에게 버림받고 이곳으로 와 이제는 그의 할아버지뻘이 되어서는 그래도 사내라고 희미하게 치근덕거리곤 했다. 아직 생리도 시작하지 않은 어린 그였으므로 그 늙은 수컷의 존재는 가당치도 않았다. 그래도 늙은 것의 성정이 허술하여 스스로 생각해도 못됐다 싶을 만큼 앙탈을 부리면 순순히 물러서, 성가시기는 해도 위협이 되지는 않았다.

그렇게 나날이 성장해 어느덧 아가씨가 되었다. 산 아래 마을에 내려갔다가 어귀에서 수컷을 만났다. 아름다웠다. 피부가 갈색인 그와는 달리 온 몸이 눈이 내린 듯 희었다. 몸이 근질근질해지더니 이어 눈은 물기로 번득이고 몸에서는 저도 민망할 만큼 근지러운 교태가 흘러나왔다. 그길로 사랑을 했다. 이후로는 틈만 나면 산 아래 마을로 내려갔다.

이듬해 봄 새끼 셋을 낳았다. 아비가 누구인가에 대하여 부대 안에서는 의견이 분분했다. 늙은 수컷이 나이를 먹기는 했어도 용모는 여전히 아름답고 품위가 있어 그를 아비라고 지목하는 이도 있었고, 산 아래 마을에서 그가 젊은 수컷과 흘레붙는 것을 목격했다는 이도 있었다. 어쨌건 새끼를 낳고서 내리 사흘 산 아래 수컷이 부대 주변을 맴돌았으나 그럴 때마다 늙은 수컷이, 내가 아는 한 그것은 한 번도 무언가를 향해 짖은 적이 없는데, 컹컹 위협적으로 짖어대는 바람에 어느 날부터 젊은 수컷은 모습을 나타내지 않게 되었다.

이후로 그의 어린 것들은 부대 안 늙은 수컷이 제 새끼인 양 돌보다시피 했다. 산길을 걷다보면 늙은 수컷을 선두로, 까불대며 철없는 어린 것들이 따르고 그로부터 한참을 떨어져 산그늘처럼 고요히 그가 뒤를 따르는 것을 자주 볼 수 있었다.

 이 가족은 산길에서 사람을 만나면 위협을 하거나 허세를 부리거나 방정떨며 기어올라 애정을 구하거나 비굴하게 먹을 것을 구하지 않았다. 등산객들로 산길이 북적일 때면 저희가 먼저 길 가장자리에 멈추어 길 한가운데를 내어주었다. 사람에 대한 예의와 신뢰가 남달랐다.

 새까만 젖꼭지를 한겨울 고욤처럼 주렁주렁 매단 그는 아가씨 때만큼 아름답지는 않았지만 뭐랄까 어미로서의 책임과 각오가 몸에 밴 전에 없던 품위가 그에게서 풍겨났다. 그러면서도 틈나는 대로 홀로 산중턱을 배회하고 낙엽을 헤쳐 흙냄새를 맡았다. 70도는 족히 되어 보이는 가파른 경사면을 갈지자(之)로 성큼 뛰어올라 빠르게 능선을 넘어 사라질 때는 아무래도 개가 아니라 늑대의 후예인 것만 같았다. 저가 태어난 토굴을 찾아가는 것인가, 어미 아비를 그리는 것인가 하는 생각도 들었다.

 아무튼, 새끼들과 느릿느릿 걸을 때의 그도 아름다웠지만 그럴 때의 그가 어딘가 아쉽고 비어보이던 것에 비해 산을 탈 때의 그는 몹시 늠름해 자유뿐이 아니라 어떤 고독, 자유의 그림자로서의 절대 고독이 그의 등에 올라타 그를 채찍질하여 그로 하여금 날래게 능선을 넘어가게 하는 것 같았다.

 그런 그를 바라보는 일은 내게는 부러우면서도 내심 자책감이 드는 일이기도 했는데 그건 그 즈음 내가 사는 방식이 무미하고 건조하기 때문이었다.

새끼들이 부쩍부쩍 커가면서 고욤을 닮은 그의 치렁한 젖꼭지도 눈에 띄게 줄어들기 시작했다. 그가 다시 산 아래 마을을 다녀오는 일이 잦아졌다. 부대 안에서 말이 돌았다. 또 다시 새끼를 배면 어쩔 것이냐, 더 민망하게는 부대 안에서 발정이라도 나 제 새끼와 흘레라도 붙으면 어쩔 것이냐, 부대라는 게 무엇이냐, 수컷들만 모여 있는 곳 아니더냐, 일국을 지키는 병사들에게 그런 험한 꼴을 보여줄 수는 없지 않느냐.

그런 말이 돈다는 얘기를 부대에서 일하는 여자에게 전해 듣고 나서 나흘인가 후 다시 산길을 찾았다. 산길 초입에서 우연히 여자를 만났다. 첫눈에 심기가 불편해보였다.

-오늘 아침에 데려갔어요. 새끼 둘도 같이.

-………

그가 자주 올라 다니던 맞은편 산중턱 깊고 무거운 흙냄새가 순간 작별인사처럼 훅 내게로 건너오는 것 같았다. 나는 그에게 주려고 가져온 참치 캔만 일없이 만지작거렸다.

그와 그의 새끼 둘은 지금 동물보호소에 가 있다. 그를 입양하겠다는 사람은 쉽게 나타나지 않을 것이다. 일단 다 자란 어른이고, 무엇보다도 그의 몸에서는 길들여지지 않은 산의 냄새가 나기 때문이다. 일정기간이 지나도 입양되지 못하면 그는 어쩌면 안락사의 길을 가게 될지도 모른다.

동물보호소에 있는 그를 추억하면서, 새삼 산에 개를 버리지 말자든가 또는 반대로 산에 개를 버릴 수밖에 없는 사정이 누구에게든 있는 거 아니냐와 같은 얘기를 하려는 것은 아니다. 누가 좋고 누가 나쁘다는 얘기를 하려는 것도 아니다.

 그저 물처럼 바람처럼 산을 쏘다녔던, 사랑과 고독과 자유를 천성으로 지니고 살았던 개 한 마리에 대해 얘기하고 싶었을 뿐이다. 사람들에게 황구, 라고 불린 황갈색 유기견 얘기를.

'바람을 따라 달려라' - '바람을 따라 달려라'(Tom McCaughren)에서

2018년 2월

아다지오를 듣는 봄

소나무숲길에 들어서 등성이 하나를 넘자 넓은 공터가 나타난다. 공터 가장자리에는 자잘하고 풍성한 연두빛 자두나무 꽃봉오리. 가까이 다가가기도 전에 몸이 다 그 담백한 연두빛으로 젖으며 발목에서부터 나는 점점 나무로 변하는 것 같다. 입안에는 어느새, 새콤하니 잘 익은 자두를 한 입 문 것처럼 침이 고이고.

아직 벌어지지도 않은 꽃봉오리에 얼굴을 묻고 기어이 꽃속으로 들어가겠다는 듯 킁킁 냄새를 맡아보지만 코에 맡아지는 건 싸늘하며 달콤한 향기 대신, 향에 묻어오는 부스스한 지난 추억뿐.

자두나무 아래서 잠깐 그를 그리워했던가. 사랑이라고 믿었던가. 실없는 추억에 혼자 웃으며 자두나무꽃에서 얼굴을 떼는데 공터 맞은 편, 산자락과 접한 그 일대 하늘이 노을이 번진 듯 붉다. 환한 대낮에 나무가 온통 불의 열기로 들썩이는 것 같다. 자두나무 흰 꽃봉오리 그리고 그 아래 맑은 연두빛 꽃받침이 빚어낸 단아함에 마음이 순해져있던 터라 건너편 나무의 타는 듯 붉은 빛이 더욱 낯설고 불안하다.

영화 'Manchester by the Sea'의 아다지오(adagio) 한 자락이 떠오르는 순간.

사람의 일이 흔히 그러하듯 그 끔찍한 일이, 누가 일부러 작당하고 모의하여 일어난 것은 아니었다. 성실한 가장인 리(Lee)는 그날 집에서 친구들과 새벽까지 맥주파티를 연다. 갓 셋째를 낳고 편두통에 시달리던 그의 아내 랜디는 소음을 참지 못하고 결국 그의 친구들에게, 가버리고 소리를 지른다. 추운 고장인 맨체스터에 자리한 집은 친구들이 가버리자 더 한기가 돈다. 방안을 덥히기 위해 리는 난방기를 켜는 대신 벽난로를 피우는데 난방기를 켜면 아내의 비염이 도지기 때문이다.

벽난로를 피우자 맥주 생각이 나고 이어 리는 맥주를 사기 위해 집에서 20분 거리에 있는 마트를 향한다. 중간쯤 가서야 벽난로 안전망을 쳤는지 안쳤는지 기억이 나지 않는다는 사실을 떠올리지만 금방 다녀올 수 있다고 확신한다. 춥고 눈 쌓인, 인적 없는 맨체스터의 밤길, 길가에 치워진 흰 눈만큼이나 창백한 밤하늘의 보름달, 에서부터 알비노니(Tomaso Giovanni Albinoni)의 아다지오가 흐른다.

맥주를 사들고 돌아왔을 때 그러나 집은 이미 시뻘건 불길에 휩싸인 상태. 잠옷 차림의 아내는 소방관들에게 팔다리를 붙들린 채 마당 한가운데서 절규하고 있고, 집안에는 고이 잠든 어린 것들 셋. 서서히 날이 밝아오자 다 타버린 집터에서는 불길 대신 희미한 연기가 피어오른다. 잠시 후 잿더미 사이로 소방관들의 팔에 안겨 그를 향해 다가오는 검은 비닐덩어리 셋. 화면 가득 변함없이 느린 아다지오가 흐르고 선율 사이사이로 새벽을 여는 맑고 찬 새소리.

　사람은 누구나 실수를 한다. 이제 돌아가도 좋다고 위로를 건네는 경찰에게 리는 묻는다. 그만 가도 된다고요? 이제 된 거라고요? 허탈하게 경찰서를 나오던 리는 갑자기, 옆을 지나가는 경찰에게서 총을 뺏아 자살을 시도한다. 자살은 실패로 끝나고, 그런 아들을 무력하게 지켜보며 휘청거리는 그의 늙은 아비의 얼굴 위로 다시 절정을 향하는 아다지오.

　풍랑이 이는 맨체스터 겨울 바다의 바지선 한 척이 또 비장한 아다지오의 선율을 타고 하염없이 흔들린다. 아이 셋을 잃고 난 후 리는 결국 아내와도 헤어진 채 고향 맨체스터를 떠난다.

　소나무숲길 공터를 천천히 가로질러, 눈부신 봄날의 하늘 한 귀퉁이를 붉게 물들인 꽃나무에 가닿는다. 차근차근 살펴보니 봉오리만 붉은 것이 아니라 봉오리를 감싼 꽃받침 그리고 여리디 여린 꽃줄기까지 붉다. 그냥 붉은 것이 아니라 핏빛이도록 붉다. 꽃받침이 아니라 원망이 뭉쳐 그리 된 것 같다. 아직 봉오리가 열리지 않은 것도 때가 되지 않아서가 아니라 스스로를 고집스럽게 가둔 앙다문 자주빛 원망 때문인 것처럼 생각된다.

　발길을 돌려 다시 등성이를 넘으며 낮게 읊조려보는 아다지오 한 소절. 아름답다.

고향을 떠나 낯선 도시 보스턴에서 잡역부로 일하며, 술을 마시면 아무에게나 시비를 걸고 싸움질을 하고, 자신이 거주하는 반지하 단칸방 창문에 쌓이는 눈을 치우며 묵묵히 시간을 견디는 리. 어느 날 갑작스런 형의 부고를 받고 고향 맨체스터를 향한다. 하지만 수 년 전 그에게 일어난 비극을 기억하는 동네 사람들의 시선은 그것이 호의적이건 적대적이건 그에게는 고통이다. 형은 유서에서, 아직 미성년인, 혼자 남게 된 조카를 돌봐달라고 그에게 부탁한다. 하지만 조카는 맨체스터에 남겠다고 고집을 부리고 결국 리는 형의 장례식이 끝나자 다른 사람에게 조카를 맡기고 혼자 맨체스터를 떠나기로 한다.

맨체스터의 겨울 바다는 그의 영혼만큼이나 스산하고 바람은 찬 데 우연히, 이제는 남의 아내가 된, 다른 남자와의 사이에서 난 젖먹이를 유모차에 태우고 산책을 나온 아내 랜디와 마주친다. 서먹한 몇 분이 흐른 후 느닷없이,

-우리 언제 점심 같이 먹을래?

제안하는 랜디.

-아니야. 괜찮아.

외면하는 리. 랜디가 마침내 울먹인다.

-내가 못된 말을 너무 많이 했어. 나랑 얘기하기도 싫겠지만!

-아냐, 괜찮아⋯⋯

-마음이 너무 아팠어. 앞으로도 내 마음은 계속 아플 거니까, 당신 마음도 아프다는 거 알아. 굳이 그런 말까지 하는

건 아니었는데. 내가 당신에게 했던 말들, 난 지옥에 가도 싸. 내가 잘못했단 말을 하고 싶었어……
 기어이 흐느끼는 랜디에게 리는 아니야, 아니야, 만 반복한다.
 아이 셋을 불구덩이에 묻고 둘만 살아남은 부부. 게다가 남편의 사소한 실수로 그런 일이 일어난 상황에서 아내가 남편에게 어떤 원망과 독설을 퍼부었을지는 누구나 쉽게 상상할 수 있다. 죽음이 그들을 자유롭게 하기 전까지는 리 그리고 랜디는 고통에서 벗어날 수 없을 것이다. 아니 후생에 다시 나무로 태어난다 해도, 꽃으로 태어난다 해도 부부의 고통은 그 나무에 꽃에 고스란히 각인되리.
 눈물로 범벅이 되어 랜디는 다시 같이 점심을 먹겠냐고 묻고 리는, 미안한데 안 되겠어 나한테 해준 말들은 정말 고맙지만, 하며 거절한다. 랜디는 그런 리를 향해,
 -죽으면 안돼, 사랑해, 괜히 말했나봐!
 하며 오열한다.
 고향을 떠나기 전 리(Lee)는 맨체스터에 남겠다는 조카와 둘이 가로수 길을 걷는다. 그리고 말한다.
 -보스턴에 방 두 개짜리를 얻을 거야. 네가 보스턴에 오면 언제든 쉬었다 가라고 말이야.
 -…….
 아이 셋을 잃고 혼자 보스턴에 정착할 때 리는 자신의 육신 하나를 달랑 들일 만큼의 반지하 단칸방을 얻었다. 표면적으로는 경제적 어려움 때문이지만 깊이 파고들면 그건 자

신에 대한 학대이자 절대 자신을 용서하지 않겠다는 무의식의 표현일 것.

 그러던 리가 영화 마지막에, 조카가 찾아오면 언제든 쉬었다갈 방 한 칸을 더 마련하겠다는 것은 그저 방 한 칸이 아니라 일종의 마음의 여유를 가지게 된 것으로 해석해도 좋을 것이다. 그리고 그런 정도나마의 여유는 아내 랜디가 그에게 건넨 말, 미안하다 사랑한다는 말, 그리고 또 그로부터 생겨난, 자신에 대한 최소한의 용서에서 비롯되었을 것이다.

 해마다 오는 봄, 매번 꽃이 피는 일은 그러면 용서와 같은 말일까. 용서하면서 꽃은 비로소 피어나는 것일까.

 소나무숲길 등성이에 서서 먼 공터의 피처럼 붉은 꽃나무 한 그루를 보며 그런 생각을 해보았다.

 4월은 어쨌든 아다지오를 들으며 숲길을 걸어도 좋을 다소 비장한 계절이다.

2018년 4월

가마우지의 시간

버스가 민간인출입통제구역에 들어선다. 선입견 때문일까 눈부신 대낮인데도 적막이, 오래된 무거운 커튼처럼 몸을 감싼다.

눈길이 저 멀리 지평선에 닿도록 인가(人家)라고는 한 번에 셀 수 있을 만큼이다. 도로 양쪽은 밭이고 사람은 보이지 않는데 밭갈이는 이미 끝나 정갈하다. 귀신이 밤새 밭을 갈아놓고 동이 트자 숨어버린 것만 같이, 사람의 흔적은 있으나 정작 사람은 한 명도 보이지 않는다.

봄날의 강은 물색이 푸르다. 그냥 푸르다고만 하면 서운하고, 무수한 석회암 바위들이 강바닥에 가라앉으며 거기에 강의 눈물이 더해져, 그러나 결국 강의 눈이 멀어 그리된 듯 불투명한 옥색이다. 강 건너편 기슭은 왕버들 군락이고 나무들은 밑동까지 물에 잠겼다. 강, 이 아니라 강의 눈물에 잠긴 것 같다. 빼곡하여 개개비니 버들솔새니 꼬마물떼새니 하는 고운 이름을 가진 것들은 모조리 거기에 둥지를 틀고 있을 것 같다.

산등성이 망루에는, 보이지 않는 적을 향해 총을 겨누고 있는 어린 병사들. 그 아래 풀밭은 도시에서는 구경도 못한 토종민들레 천지다. 병사의 눈길이 무심하게 민들레에 가닿는 순간 그의 손아귀의 무쇠 총도 잠깐 스르르 힘이 빠지며 방심한다.

풀밭 옆으로는 강이 맞닿아있고, 강에 놓인 일명 콧구멍 다리 저쪽 끝에는 안내원 여자가 서있다. 진열창 더미(dummy)처럼 표정이 없던 여자는 내가 다리에 들어서 그를 향하자 그제야 입을 열어, 못갑니다, 한다. 단호하다. 무단으로 건너면 총격도 가능하단다.

망루에 선 병사의 총구에서 노란 민들레가 하염없이 퐁퐁 튀어나오는 아름다운 pc게임을 혼자 속으로 상상하며 다리 난간에 몸을 기댄다. 오래 전 지어진 다리의 난간은 내 어릴 적 고향의 다리처럼 모서리가 낡고 닳아 내부의 모래와 자갈이 그대로 드러나 보인다. 고향의 강에서 달려온 것 같아 정겨워진다.

콘크리트 노면 아래 원형관을 통과한 강물은 세찬 물살을 그리며 하류로 빠르게 퍼져나가고 그 물살 아래는 여자의 기다란 머리다발 같은 푸른 물풀. 흔들리는데, 하염없다. 소련 영화감독 타르코프스키(Andrei Tarkovsky)의 '고향'이 생각나는 순간이다.

처녀 시절, 눈이 아프도록 환한 대낮, 캄캄한 영화관에 처박혀 이 영화를 보았다. 영화를 좋아해서라거나 타르코프스키를 특별히 좋아해서는 아니었다. 오래 사귀었지만 가정을 꾸리고 아이를 낳는 것에는 관심이 없던 혹은 없다고 느껴지던 남자, 그렇다고 언젠가 나와 결혼해주겠다는 기약도 아니면 헤어지자는 말도 없이 그저 만나고 헤어지기를 반복하던 남자, 영화감독을 꿈꾸던 남자와 함께였다.

 영화를 보는 내내 외로웠다. 영화가 끝나고 영화관에 불이 켜지자 옆자리의 그는 고요하고 창백한 내 얼굴을 물끄러미 바라보더니 나지막하게 중얼거렸다.

 -감동받았구나!

 -........

 자신도 저런 영화를 만들고 싶다, 그럴 수만 있다면 평생을 바쳐도 좋다는 그 남자에게 나는 영화를 보는 내내 외로웠다는 말은 하지 않았다.

 다리의 원통형 교각을 지나온 세찬 물살이 한데 합쳐져 다시 흘러가며 유속이 느려지는 먼 하류에, 물결이 무슨 멸치 떼처럼 한꺼번에 일었다 사라지고 일었다 사라지고 하는 것을 지켜보다 이번에는 강 상류로 고개를 돌린다. 짙은 옥색 강물에 끊어진 철교의 교각이 기념비처럼 드문드문 서 있고, 수면에서 50센티미터쯤 떨어진 허공에는 방금 교수형이라도 당한 듯 대롱대롱 줄에 묶여 연결되며 떠있는 침목들, 그리고 그 줄 위로 새까만 고요 세 덩어리. 민물가마우지다. 생명 있는 것들은 모두 4월의 미풍을 반겨하며 가볍게 살랑거리는데 끊어진 철교 위 저 검은 덩어리 셋은 움직임이라곤 없다.

 어찌나 고요한지 거기 앉아있는 것은 새가 아니라 근방을 지나는 빛이란 빛, 에너지란 에너지, 입자는 모두 빨아들인다는 우주의 블랙홀 같다. 소음과 풍경과 초속 삼십만 킬로미터의 빛마저 빨려 들어가고 나면 남는 것은 다만, 시퍼런 물속의 먹이를 응시하는 그의 집중과 적요(寂寥).

 다리 한 쪽에 설치된 망원경으로 가마우지를 살피기로 한다. 눈으로 볼 적에는 미동도 없던 그는 망원경으로 살피자 좀 다르다. 바람에 그의 깃털 한 두 개가 흔들리는 것이 보인다. 그의 동그란 눈이 보이고 그의 다소 방심한 시선도 보인다. 그의 시선은 시퍼런 물속을 응시하기만 하는 것이 아니라 가끔 건너편 왕버들, 그 군락에 둥지를 튼 것들에게도 머문다. 팽팽하던 그의 고요와 집중이 고작 개개비니 꼬마물떼새니 하는 것들에서 잠시 휘청이는 순간 그만 나의 긴장과 엄격도 덩달아 휘청이며 그길로 나는 망원경에 난 두 개의 구멍을 통해 불쑥, 닿을 수 없는 그에게로 건너가고 싶은 마음이 된다. 건너가 손끝으로 가볍게, 예의바르게, 방심한 그의 깃털을 쓰다듬고만 싶은 마음이.

 캄캄한 영화관에 앉아 함께 타르코프스키를 볼 적, 그는 내게 도무지 건너갈 수 없는 시퍼런 적요였다. 미동도 없는 그 적요와 나란히 앉아 나는 그를 떠나고 싶은 강렬한 욕망과, 그럼에도 차마 그를 혼자 둘 수는 없다는 당위 사이에서 널을 뛰었다. 함께 영화를 본 그 남자와 결국 가정을 꾸리고 아이도 낳았지만 일상의 창틀 밖으로 가끔 타르코프스키의 물풀이 먹먹하게 흔들리곤 했다. 그럴 때면 어김없이 다시 그 시절의 캄캄한 영화관으로 숨듯 기어들어가고만 싶었다.

아이가 자라 내 품을 떠날 만큼이 되면서는 그 쓸쓸한 기억은 다 잊은 줄로 알았다. 그러다 낯선 민통선 안에 들어 검은 가마우지를 대하자 다시 그때가 떠오르며, 그러자 그 당시 내게 마음의 망원경이라도 있어 동그란 두 개의 구멍으로 그의 그 시절의 고요와 적요를 포착할 수 있었다면, 그 고요가 깃털처럼 가볍게 흔들리는 순간과 마주할 수 있었다면 우리가 조금은 덜 외로웠을 거라는 생각을 하게 되는 것이다.

사방에 시퍼런 강물을 두고 한 치 앞도 보이지 않는 물속의 먹이를 응시해야하는 그는 부단한 긴장이고 적요였을 것. 그는 어쩌면 나보다 더 외로웠을 것이며 그리고 그에게 나 역시 적막한 고독이었을 것이다. 이제와 생각하건대 말이다.

다시 버스에 오른다. 의자 등받이에 등을 기대고 고개는 새처럼 외로 꼬고 눈을 감는다. 나른해지며, 버스를 따라 흔들리는 희미한 잠 속에서 나는 다시 민통선 안으로 들어선다.

노란 민들레를 지나 어린 병사의 총부리를 지나 내 어릴 적 고향의 다리를 닮은 민통선 콧구멍 다리에 가 닿는다. 다리 끝에는 병정 같은 안내원 여자. 꿈의 민통선 안에서 나는 마침내 적막하기 그지없는 가마우지의 시간에 가 닿는 것이다.

2018년 5월

연병장 풍경

 아들이 입대를 하게 되었다.
 입대날짜가 정해지고도 실감이 나지 않더니 입대 당일 아침, 기차에 오르고부터 심란해지기 시작한다. 아들은 창가에 앉고 나는 복도 쪽에 앉고 아비는 뒷자리에 앉아 어미와 아비가 번갈아가며 군 생활에 대한 이러저러한 조언과 당부를 하는데, 아들은 한 귀로 듣고 한 귀로 흘리는 눈치다.
 하기야 어미는 군 생활은 해본 적이 없고, 아비는 젊을 적 데모를 하다 감옥 가는 것으로 복무를 대신했으니 부모의 조언이라는 것이 딱히 쓸모는 없을 것이다. 오히려 먼저 다녀온 친구나 선배들의 조언 그리고 인터넷에 올라온 후기들이 더 유용할 것.
 기차 안을 둘러보니 여기저기 빡빡이들이 눈에 띈다. 그제야 내 아이가 머리를 깎지 않았다는 것에 생각이 미친다. 간밤에도, 이발을 하고 가는 게 좋지 않겠냐고 조심스럽게 권했지만 아들은 당일 훈련소 부근에서 자를 것이니 더는 재촉하지 말란다. 전에 없이 단호했다.
 기차를 타고 가는 내내 아들은 창밖만 볼 뿐 말이 없다.

저도 착잡한가 보다. 4시간 가까이 달려 도착한 낯선 곳은 맑고 쾌청하던 서울과는 달리 폭우가 퍼붓는다. 역 앞은 허허벌판, 머리도 자르고 밥도 먹어야하는데 식당은커녕 시내버스도 보이지 않는다. 택시는 간간이 보일 뿐 그나마 갑작스런 폭우 탓에 택시 승강장에 사람이 몰려 우리 차례를 기다리다가는 입대 시간에 늦을 것 같다.

 일단 역을 벗어나기로 하고 아무 버스나 올라탔다. 시내라고 생각되어 내린 곳이 대규모 신축 아파트 단지. 막상 내려 보니 아직 입주도 안했고 상가도 없다. 다시 버스를 타려면 20분은 넘게 기다려야 하고 택시를 잡으려니 길거리는 텅텅 비었다. 이젠 밥이고 뭐고 일단 머리부터 잘라야한다. 마음이 급해지자 아이가 미워진다. 남들 다 이발하고 오는데 저가 무슨 테리우스라고 유난을 떨어 이런 난처한 상황을 만드는지, 또 아들 머리칼 자르는 것 하나 밀어붙이지 못하는 아비는 뭐하는 사람인지 등 화가 나기 시작하는데 마침 휑한 도로 맞은편에 택시 한 대.

 앞뒤 안 가리고 도로로 뛰어들어 사정을 얘기하자 기사님은 자기 일처럼 이리저리 이면도로를 지나 미용실을 찾아준다. 낯선 도시에서, 초조하게 시계를 보며, 아들의 길고 구불한 머리카락이 속절없이 잘려나가는 것을 바라보았다. 선운사 동백꽃이 어떻게 떨어지는가 보지 못했으나 적어도 내게는 아이의 머리칼이 뚝뚝 잘려나가는 것이, 동백꽃이 떨어지는 듯이나 먹먹했다.

 역에 내려서부터 동분서주하게 된 것이 저도 미안한지 길고 구불한 머리칼이 바닥에 떨어지는 것을 보고도 아이는 투덜대는 기색이 없다. 오히려 어미의 마음을 풀어주려는 듯, 나쁘지 않은데! 하고 혼잣말도 한다. 아이의 목덜미에 묻은 머리카락들을 털어주지도 못하고 급히 미용실을 나와 또 급히, 기사님이 추천하는 식당에 들어가 밥을 먹는다. 아들이 밥을 먹는 동안 아비는 손수건에 물을 묻혀 연실 아들의 목에 달라붙은 머리칼을 털어낸다. 아들은 세 숟가락을 뜨더니 그만 먹겠단다. 나는 부러 게걸스럽게 깍두기며 곰탕 국물이며 입에 쑤셔 넣었다. 남기는 것이 아깝기도 했고, 아들 앞에서 약한 모습은 보이고 싶지 않았다.

다시, 그때껏 식당 밖에서 우리를 기다려준 고마운 택시를 타고 무사히 훈련소에 도착했다. 연병장 차광막 아래와 관중석은 사람들로 가득하다. 이제 아들과 헤어질 시간은 이십 분이 채 안 남았다. 무슨 당부를 더 해야 할지, 무슨 충고를 더 해야 할지 답답해하며 그저 연병장 가장자리만 서성이는데 힐긋 본 아들은 입술이 바짝 말라있다.

잠시 후 연병장에 집합하라는 안내방송이 들리자 아들은 잠깐 우리를 돌아보고는, 썬크림과 여분의 안경과 우표가 든 에코백을 마치 그것이 집으로 돌아가는 차표라도 되는 듯 소중하게 움켜쥐고 연병장을 향해 달려 나간다. 나는, 그런 아이를 붙잡으려고 함께 몇 걸음을 달리다 그만 그 자리에 멈춰서 울어버렸다.

아침에 서울에서 기차를 탈 적에 용산역과 서울역을 헷갈려 간신히 출발 5분 전에 기차에 오르는 등 하루 종일 긴장한 때문일까, 아이와 헤어질 것을 그때까지도 염두에 두지 못했던가 보았다. 하긴 염두에 두었던들 어느 부모가 제품에서 멀어지는 아이를 붙잡고 싶지 않았을까. 붙잡을 수 있었을까.

 전국에서 온 훈련병들이 연병장에 모이자 넓어만 보이던 연병장은 금세 아이들로 가득 찬다. 어디에 내 아이가 있을까. 찾지 못할 것을 알면서도 덧없이 훑어본다. 누가 누군지 알 수가 없다. 누가 누군지 알 수 없게 되자 더 서러워지며, 그러나 한편으로 안심도 된다. 적어도 혼자는 아닌 것이다.

 입대식이 끝나고 마지막으로 아이들이 연병장을 한 바퀴 돌 적에 운 좋게 아이의 얼굴을 발견했다. 약간 얼굴을 들고서, 마치 저 위 구름을 바라보는 것 같이 하고 걷는데 체념한 것도 같고 달관한 것도 같다.

 아비가 먼저 아이를 알아보고 목청껏 아이의 이름을 부른다. 듣지 못했나보다. 이번에는 부부가 함께 목청껏 이름을 부른다. 그제야 돌아보고는 가볍게 손을 흔든다. 됐다, 이제는 됐다, 나는 그렇게 생각하기로 했다.

 연병장 한쪽에 쳐진 무거운 비닐 천막 안으로 아이들이 무슨 누 떼처럼 빨려 들어가고도 나는 아주 오래 연병장을 떠나지 못했다. 연병장에 남아 내가 한 일은 그저 군대에서 나누어준 우편엽서에, 사랑한다고 사랑한다고, 수도 없이 사랑한다고, 언제나 너를 사랑하고 지지한다고 쓰는 일 뿐이었다.

집으로 돌아와서는 텅 빈 아이의 방에 누워 아이가 안고 자던 돌고래 인형을 안고 좀 더 울었다.

다음날 비몽사몽 상태로 아침 숲을 걸었다. 초여름에 든 숲은 얼마 전까지도 선명하던 검은등뻐꾸기며 벙어리뻐꾸기 소리가 들리지 않는다. 떠났을까. 어린 것들은 많이 자랐을까. 산딸기나무 줄기에서는 큰허리노린재 한 쌍이 서로 꽁무니를 맞대고 사랑을 하고 있고 그 옆 개암나무 겹겹의 싱싱한 총포 안에서는 개암 열매가, 막 기기 시작한 어린 것 궁둥이처럼 삐죽 솟아오르고 있다. 앞으로 나뭇잎들은 더 짙고 무성해져 자신들의 열매를 튼튼하게 하는데 온힘을 쏟을 것이다.

흙먼지 이는 연병장을 떠날 적에 나는 간절히 기도했다. 이 귀한 아이들, 제발 국가가 잘 보호해 달라고, 다치지 않고 모두 건강하게 부모의 품으로 돌아오게 해달라고. 그러다 문득 국가란 무엇인가 하는 오래된 질문을 다시 하게 되었다.

국가에 대한 견해는 시대에 따라 이해관계에 따라 다양하다. 하지만, 열매를 키우느라 날로 무성해지는 초여름 숲에 들어 새삼 나는 국가란 어떤 독립된 물리적 실체가 아니라는 생각을 하게 되었다. 사랑을 하고 자식을 낳고 그 자식을 키워 마침내 품에서 떠나보내는 모든 생명이 곧 국가라는, 떠나는 이나 보내는 이의 지순한 염원이 모여 절벽 위 빛나는 성채(城砦)로 우뚝 서게 된 것이 마침내 국가라는 그런 생각을 말이다. 　　　　　　　　　　　2018년 6월

고요하고 캄캄한 길

우이령 입구, 안내지도가 그려진 세움 간판 뒤에는 나방 네 마리가 붙어있다. 전체적으로 뽀얀 우윳빛에 날개와 몸통은 온통 털로 덮였다. 날개 윗면에는 검고 얇은 줄이 물결처럼 이어지다 끊어지기를 반복한다. 매미나방이다.

날개를 접으면 실루엣이 매미를 닮아 그리 부른다지만 실은 매미하고는 아무런 공통점도 없다. 애벌레는 털이 북실북실하고 흉측해, 게다가 대량으로 발생하면 과수농가에 피해를 줘 대체로 사람들이 싫어한다.

네 마리 모두 날개가 산(山) 모양으로 겹쳐져있고, 날개 아래에는 둥그렇고 길쭉한 알집 한 끝이 비죽 나와 있다. 알집은 전부 털로 지은 것이다. 어미의 몸에 난 것과 꼭 같다. 푹신푹신한 털로 알집을 지은 것은 알들이 겨울을 지나 내년 봄에나 깨어나기 때문이다. 겨울을 나려면 보온은 필수다.

어떤 책에는 매미나방이 알집을 지을 때 제 몸에서 털을 뽑아 그리 짓는다고도 나와 있는데 가까이서 관찰한 지인에 따르면 뽑는다기보다는 배에서 절로 떨어지는 것 같단다. 제 스스로 뽑았건 절로 떨어지는 것을 가져다 붙였건 알집의 털이 전적으로 어미의 몸에서 나온 것은 분명하다.

어미가 안내간판 뒷면에 알을 낳기 시작한 것이 6월 29일이다. 오늘이 7월 16일이니 보름이 훨씬 지났다. 대부분의 곤충은 사람이나 다른 포유류와 달리 알을 낳고 곧바로 숨이 끊어진다. 그렇다면 어미는 숨이 끊어진 채로 혹은 실낱처럼 숨을 보전한 채로 보름이 넘게 알집을 끌어안고 있는 셈이다. 죽음의 힘으로 산 것을 끌어안고 시간의 강물을 저어가는 중인 것이다.

그게 가능할까. 아니면 혹 아직 살아있는 건 아닐까.

나뭇가지로 슬쩍 그의 날개 끝을 건드린다. 미동도 없다. 더듬이도 건드려보지만 역시 미동은 없다. 보름은 사람의 시간으로는 얼마 안 되는 것일 수 있지만 나방에게는 또 다른 평생이다.

알집을 끌어안은 매미나방 네 마리를 처연히 바라보던 중에 세움 간판 아래 흙바닥에 무언가 팔락이는 것이 눈에 띈다. 헛되이 간판 기둥을 타고 오르다 번번이 떨어지기를 반복한다. 살아있는 매미나방 암컷이다. 날개 가장자리는 찢어졌고 더듬이는 한 쪽밖에 없다. 세움 간판 뒷면에는 알집이 네 개뿐이고 각각의 알집에는 이미 나방 네 마리가 붙어있으니 바닥에 뒹구는 것은 그것들 중 한 마리는 아니다.

손으로 그를 집어 종이컵 표면에 올려놓자 허겁지겁 여섯 개의 검은 다리로 가장자리를 움켜쥐고는 다급하게 종이컵 표면에 꽁무니를 가져다댄다. 알을 낳으려는 것이다. 부지런히 표면에 배 끝을 가져다댄다. 날개에 가려 그 안의 사정을 자세히 볼 수는 없지만 그는 컵 표면에 끊임없이 무언가를 내어 붙인다.

 살펴보니, 세움 간판 뒷면의 나방들이 품고 있는 풍성한 알집과는 비교도 되지 않는, 가난한 털 몇 가닥이 전부다. 알도 함께 나왔는지 아닌지는 확인할 길 없다. 보기에는 꼭, 정신 줄을 놓아버린 자가 벽에 바른 제 똥 자국만 같다. 알집의 흔적만 간신히 남기고 다시 다른 곳으로 옮겨가 또 움찔움찔 알을 낳는 시늉을 한다. 하지만 연이어 묻힌 것도 알집이라기보다 찌꺼기에 가깝다. 그는 자신이 낳고 있는 것이 무엇인지 알고는 있을까.

 번식과 생산에 대한 그의 집념은 지독해 반나절 이상을 그렇게 종이컵 표면에서 끊임없이 꽁무니를 움찔거린다. 숨죽이고 바라보던 나는 처음에는 숙연해지다가, 처연해지다가, 마침내는 넌더리가 나고 만다.

 반나절이 지나고부터는 미동이 없다. 살짝 날개를 건드리자 가끔 파닥이기는 한다. 아직 숨이 완전히 끊어지지는 않았나보다. 정신이 혼미해져가던 중에 그래도 습관처럼 다시 꽁무니를 움직여 알을 낳는 시늉을 한다.

 하지만 시간이 지날수록 그의 몸에서는 이제는 아무 것도 되어 나오지 않는다. 털조차 묻어나지 않는다. 오후 다섯 시가 되자 그는 알집이라고는 도저히 부를 수 없는 성긴 털 뭉치를 제 날개로 감싸고 마침내 움직임을 멈췄다. 마치 그 일이 그의 삶에서 가장 성스러운 일이라는 듯.

 그를 거기 버려둘 수가 없어 집으로 데리고 왔다. 머리맡에 두고는 잠이 들었다. 다음날 눈을 뜨자 마주한 그는 더는 종이컵 가장자리를 붙들고 있지 않다. 방바닥에 벌렁 나자빠졌다. 날개는 바닥에 대고 배는 위로 향한 채. 살아서는 그리 가볍던 날개가 죽어서는 가장 무거운 것이 되었다.
 죽어서야 그의 내부가 보인다. 통통하던 배는 홀쭉하고, 여왕의 겨울외투 같던 털은 거의 빠져 한눈에도 듬성듬성하다. 애인의 가슴팍이며 목덜미며 맹렬히 움켜쥐고 사랑했을 검은 다리 여섯은 애원하듯 가지런히 가슴께서 굳어있다. 날개 가장자리에는 시반처럼 검은 점이 촘촘히 찍혔다. 건조한 그의 몸은 눈으로 보기에도 가벼워 날개에서는 일없이 바스락, 소리가 날 것 같다.
 나비목 독나방과 매미나방이었던 그의 주검 주변에는 낙엽처럼 그의 털 뭉치 몇 가닥이 굴러다닌다. 더워 선풍기를 켜자 그의 털 뭉치가 이리 저리 날린다. 놀라 선풍기를 꺼버렸다. 그의 모성을 지켜본 나로서는 그의 흔적 하나라도 함부로 대하고 싶지가 않았다.
 그를 아파트 화단에 묻어줄까 하다 다시 우이령에 데리고 갔다. 그를 처음 보았던 세움 간판 뒤로 돌아간다. 그런데 알집을 감싸고 있던 나방 네 마리가 보이지 않는다. 주변을 살펴도 없다. 밤사이 그것들도 흙바닥에 떨어져 내렸던가보다. 아마 숲의 뭇 생명들이 재빨리 그것들의 몸을 거두어 나누었을 것이다.

이제 어미는 없이 튼실한 알집 네 개만 남은 간판 뒤편 사면은 노란 큰금계국, 보랏빛 익모초, 흰 누리장꽃이 한창이다. 그 위로는 바삐 날개를 움직이며 부지런히 짝을 찾는 배추흰나비들. 공기를 가르는 열렬한 날갯짓 소리는 내 귀에는 들릴 턱이 없어, 눈으로만 좇는 흰나비 춤사위는 오히려 숲에 정적만 더한다.
　헛되이 나비의 길을 좇으며 세움 간판 옆 개암나무를 향한다. 두툼한 총포에 싸인 어린 열매는 지난주와 비교하면 도무지 자라지 않는 것처럼 보인다. 갑갑증이 일어 손으로 일없이 몇 번 총포를 까뒤집다가 갑자기 무슨 생각이 들며 개암나무 아래 그를 묻어주기로 한다. 낡은 그의 육신이 개암나무 아래서 혹부리영감이 개암 깨무는 소리, 혼비백산하여 도깨비들 도망가는 소리를 들을 수 있으면 좋겠다고 생각하며 말이다.
　그를 다 묻고도 개암나무 아래서 쉽게 일어나지 못하고 습관적으로 오늘 저녁 먹을거리를 헤아린다.
　일단 애호박을 사야한다. 따끈하게 전을 부칠 것이다. 분이 나는 햇감자도 사고 찰옥수수도 살 것이다. 된장찌개에 넣을 치마양지도 반 근 사야한다. 다 아들이 좋아하는 것들이다.
　감자와 옥수수는 미리 쪄놓고 된장찌개도 일단 국물 간은 맞춰놓고 호박전은 밥 먹기 바로 전에 부쳐야겠다고 일의 순서를 헤아리다보니 이런, 아들은 얼마 전 군대에 갔다. 먹일 방법이 없다.

입대한 지 두 달이 되어 가도록 아직도 습관처럼 아들이 좋아하는 것만 사고 있다. 이러다가는 육신이 세상에 안녕을 고하는 순간에도 어떻게 하면 아이에게 따끈한 상태로 호박전을 먹일까 고민할지 몰라.
연일 기록을 갈아치우는 폭염에도 고요와 정적으로 열매를 키우는 것에 집중하는 한여름 숲은 어쩐지, 캄캄하다.

'고요하고 캄캄한 길' - 김사인 '풍경의 깊이2' 중에서
2018년 7월

백구의 시간

　우이령 산 속 군부대에는 흰 개 세 마리가 산다.
　처음엔 백구 한 마리에서 시작했다. 원래 산 속에 버려졌던 것인데 부대로 데려와, 저녁 무렵이면 부대 주변을 어슬렁거리는 멧돼지들을 쫓도록 했다. 큰 힘이 되었다.
　다음으로 황구가 왔다. 역시 산속에 버려진, 아직 어린 암컷이었다. 몇 달이 지나자 황구는 아름다운 아가씨로 성장했다. 수컷인 백구는 그런 아름다운 황구를 사랑하여 종일 황구 뒤를 쫓아다녔다. 하지만 사람으로 치면 할아버지뻘인 백구를 아가씨인 황구가 좋아할 리 없어 백구가 조금이라도 치근대거나 다정하게 굴라치면 황구는 야멸차다 싶을 만큼 사납게 짖어댔다.
　언제부턴가는 산 아래 마을로 자주 내려가더니 기어이는 배가 불러 돌아왔다. 곧 새끼를 낳았고 부대에서는 흰 색 수컷 한 마리만 남기고 모두 분양했다. 남은 것은 부대의 이름을 따 공이, 라고 이름 지었다. 어미인 황구가 제 기분 내키면 언제고 새끼를 물리치고 휙 산속을 돌아다니거나 산 아래 마을로 내려가던 것과는 달리 백구는 아비처럼 혹은 아비 이상으로 공이를 돌봤다. 부대에서는 그래서 공이의 아비가 백구라는 소문도 잠시 돌았다.

얼마 후 황구가 두 번째 새끼를 낳았다. 이번에도 아비는 적어도 백구는 아니었다. 부대의 고민이 깊어졌다. 혈기왕성한 사내들뿐인 부대에서, 개들이 벌이는 자유로운 연애행각을 지켜보는 일은 민망했고 또 앞으로 황구가 낳게 될 새끼들을 처리하는 일은 생각만으로도 골치가 아팠다. 결국 수컷 새끼 한 마리만 남기고 이번에는 황구마저 동물보호센터로 보냈다.

졸지에 어미와 떨어진 어린 수컷, 산이라고 이름 지었는데, 을 이번에도 백구는 지극정성으로 돌봤다. 당연히 어미가 가르쳤어야할 예절과 규율도 함께 가르쳤다. 멧돼지를 보면 몸을 사리지 말고 쫓아갈 것, 탐방객에게는 짖지 말 것, 탐방로에 바퀴 달린 자동차나 오토바이가 나타나면 짖을 것, 위계질서는 반드시 지킬 것 등등.

산이가 가끔 백구의 음식을 탐내거나 철없이 사람에게 짖어대면 백구는 낮게 한 번 컹, 하고 짖었다. 그러면 산이는 거짓말처럼 꼬리를 내리고 그 즉시 입을 다물었다.

헌신적인 백구의 보살핌과 훈육 아래 공이는 의젓한 청년으로 성장했고, 천성이 촐랑대고 개념 없던 산이는 여전히 이유 없이 짖어대기는 해도 전체적으로 무탈하고 활기찬 소년이 되어갔다. 셋은 늘 함께, 고요히 우이령길을 다녔다.

평화롭고 확고해만 보이던 그들의 삶에 균열이 생긴 것은 많은 경우 그렇듯이 계집 하나가 그들 사이에 끼어들면서부터였다.

 산 아래 마을에 사는 그 계집은 여름이 막 시작되기 전 슬슬 우이령을 올라와 부대 근처를 기웃거리기 시작했다. 사람이건 짐승이건 암컷이 먼저 사내들의 거처를 기웃거리는 것이 나로서는 솔직히 못마땅했다. 그래서인지 미미, 나는 내 멋대로 그것을 미미라고 부르기로 했는데, 에 대한 나의 첫인상은 좋지는 않았다.

 미미는 전체적으로 호리호리한 몸매에 얼굴은 아래가 뾰족하고 특히 꼬리가 요사스러웠다. 부챗살처럼 생겨가지고 풍성한 아랫부분은 말갈기처럼 갈라져 걸을 때면 물풀처럼 육감적으로 흔들렸다. 구미호 같았다. (그것이 구미호 같다는 나의 생각은 여성 비하의 또 다른 표현이라고 주변사람들은 즉시 지적, 교정해주었다.)

 미미는 얼마 안 가 흰 개 세 마리에 성공적으로 합류했다. 특히 셋 중 누구의 여자가 되었는가가 명백해졌다. 부대에서 일하는 여자가 보여준 휴대폰 속 사진에서 미미는 백구 바로 옆에 찰싹 달라붙어 있었다. 그 옆이 공이, 산이 순이었다. 미미와 백구가 어느 정도까지 깊은 관계인지는 알 수 없지만 적어도 미미가 백구의 보호 혹은 비호를 받고 있는 것은 분명했다.

 백구와 미미가 그렇고 그런 사이라는 것을 알게 되자 부대는 곧바로 백구의 목에 사슬을 채워 미미로부터 백구를 격리했다. 백주대낮에 부대 마당에서 벌어질지도 모르는 둘의 애정행각을 경계해서였다.

그런데 백구의 목에 쇠사슬이 채워진 것을 기회로 셋 사이의 기존의 탄탄한 위계와 짬밥이 급격하게 무너지기 시작했다. 언제나 변함없는 충성을 맹세할 것 같던 의젓한 청년 공이가 그만 백구가 묶이자마자 미미와 놀아나기 시작한 것. 둘이 그렇고 그런 사이가 되었다는 것은 이번에도 역시 부대에서 일하는 여자의 휴대폰 속 사진을 통해서였는데 사진 속에서 공이와 미미는 머리 위로 무성한 햇빛을 받으며 숲 가장자리 산초나무 아래서 즐겁게 놀고 있었다. 행복해 보였다.

 영원할 것 같던 짬밥의 질서는 결국 구미호 꼬리를 가진 계집 하나로 여지없이 무너져버렸다.

 그런데 미미와 공이가 눈앞에서 긴밀한 사이가 된 것을 목격하게 된 백구는 어찌 되었을까. 백구는 눈알까지 핑핑 돌며, 연병장 흙바닥을 온몸으로 구르며 목에 걸린 사슬을 끊고자 몸부림쳤다. 얼마나 악을 쓰던지 부대 사람들에 따르면 그 비통함이 사람이 부모를 여읜 것과 별반 다르지 않았다고 했다.

 결국 사슬이 목을 조여 상처가 났고 그 상처에 한여름 더위가 더해져 곪으며 구더기가 끓는 지경이 되었다. 부대 사람 손에 이끌려 며칠 병원에 통원 치료를 다니고야 상처가 아물게 되었다. 이런 일은, 한여름 무더위가 한 풀 꺾이고 나무 높은 곳에서 늦털매미가 패잔병처럼 쓰읍쓰읍, 하고 울 때가 되어서야 끝이 났다.

 내가 다시 우이령을 찾은 것은 박각시 애벌레들이 손가락만큼 굵어져 곧 가을의 땅 속으로 내려갈 준비를 하고, 달콤한 칡꽃의 향은 기억으로만 남을 즈음이었다. 한가로이 령 초입에 들어섰다가 부대 뒷마당으로 통하는 간이화장실 앞에서 미미를 보게 되었다.

 미미는 잔뜩 배가 불러, 오지 않는 누구를 기다리듯 한껏 풀이 죽어, 내가 얼결에 저리 가라는 손짓을 하자 일어나 고작 서너 걸음 물러났다가 다시 바닥에 무거운 배를 내려놓고는 다리 사이에 얼굴을 묻었다. 처량하기 이를 데 없었다. 부대여자에게, 저 아래 미미가 있노라, 애처롭더라 했더니 코웃음을 쳤다. 개 수컷은 암컷이 새끼를 배면 그 후로는 거들떠보지 않는다고, 이미 공이는 산 아래 마을의 다른 암컷에게 마음이 가있다고 했다. 나는 그간 미미를 구미호 같다고 여겼던 것이 조금은 미안해졌다.

 그러고는 또 한동안은 우이령을 못가다가 늦털매미 울음소리가 한결 드높아지고 작살나무 보랏빛 열매가 꽃인 양 구슬인 양 햇살에 반짝거리는 때가 되어 다시 우이령을 찾았다.

 무심히 부대 앞을 지나다 부대 마당에 백구와 공이와 신이가 나란히 엎드려있는 것을 보게 되었다. 흰 개 셋은 그간의 어지러운 사연이 무색하도록 평화롭고 나른해보였다. 그동안 부대 여자가 전한 사연이 사실인지, 휴대폰 속의 사진이 백구와 공이는 맞는지 의심이 들 정도였다.

 한결 부드러워진 햇살, 서늘한 기운이 도는 맑은 바람, 인적이 끊긴 오후의 우이령 때문이었을까, 문득 부대 마당에 한가로이 엎드려있는 것은 크고 흰 개 세 마리가 아니라 시간이라는 생각이 들었다. 과거의 백구, 현재의 공이, 그리고 하루가 다르게 성큼 자라는 미래의 산이가 때로 으르렁거리고 때로 물러나며 얽히고설켜 빚어낸 시간 말이다. 그렇다면 나는 우이령 초입에 서서 그간, 사람을 배웅한 것이 아니라 시간을 배웅한 것일까.

 덧붙이자면 이 글을 쓰고 이틀 후 다시 우이령에 갔을 때 공이가 많이 다쳤노라는 소식을 들었다. 참치통조림 두 개를 가지고 부대 여자를 따라 공이를 보러갔다. 공이는 부대 건물 복도 끝에 묶여 있었는데 몰골이 말이 아니었다. 눈에는 눈곱이 잔뜩 끼고, 다리는 절룩거리고, 며칠 씻지 않은 몸에서는 역한 냄새가 났다. 목에는 상처를 보호하기 위한 엘리자베스 카라를 쓰고 있었다. 고환을 세게 물려 막 수술을 하고 온 후였다. 평소 좋아하는 참치통조림을 따주었지만 식욕이 없는지 반나마 남겼다.
 사연인즉슨 어느 저녁 홀로 산 아래 마을에 내려갔다가 그 동네 수컷들에게 집단으로 당했단다. 다음날 아침 부대 사람들에게 발견되었을 때는 온몸이 피투성이가 되어 부대 뒷마당에 끙끙 쭈그려 앓고 있었다고 했다.

2018년 9월

거대한 영혼

가을 내내 쑥부쟁이와 무당거미, 무당거미가 빚은 황금빛 거미줄로 눈부시던 북한산대피소는 11월에는 그사이 전쟁이라도 난 것처럼 황량하다. 이 계절이면 숲의 어딘들 쓸쓸하지 않을까마는 이곳은 특히 쑥부쟁이 꽃들이 보리밭처럼 일렁이던 곳이라 유난히 텅 비어 보인다.

한해살이 꽃이 진 자리는 바짝 마른 갈색 풀줄기와 어둡고 축축한 흙바닥뿐. 그래도 씨앗과 애벌레들이 거기 깃들어 있다고 생각하면 마음이 따뜻해진다.

대피소에서 용암문을 지나 성 안으로 들어간다. 300년의 세월을 간직한 성 안은 이제는 병사도, 믹시도, 함성도 없이 뿌연 먼지만 가득하다. 멀리 노적봉이며 의상봉, 용혈봉, 염초봉들은 사라지려는 듯 희미하지만 먼지로도 그것들의 수려함을 가릴 수는 없어 내내 감탄하며 산길을 오르다보니 어느 새 백운봉 암문.

암문에서 성을 나와서는 평소처럼 곧바로 백운산장을 향하려다 무슨 마음이 들어 이번에는 밤골 쪽으로 내려가기로 한다. 20여분을 걸었을까, 눈앞에 갑자기 거대한 바위. 내가 그에게 다가간 것이 아니라 그가 어디 숨었다가 내게 와락 달려든 것만 같다. 숨이 다 막힌다. 인수봉이다. 푸르디푸른 꿈을 안고 서울로 왔던 내 열아홉이 떠오른다.

 반지하 단칸방이 빼곡이 들어찬 좁은 골목을 아침저녁으로 들고 날 적이면 이 도시에서 어떻든 살아남아야한다는 각오, 자식 때문에 고생하는 부모님을 염두에 두고 늘 비장했다. 그런 생각을 하며 터덜터덜 골목을 걷다보면 고개는 자꾸 수그러들고, 그러다 갑자기 고개를 번쩍 들게 되는 때가 있는데 그건 복잡한 전깃줄이 횡으로 종으로 어지럽게 가로지르는 좁은 골목길 끝 낡은 철로에 화물열차가 나타날 때였다.

 정선이니 삼척이니 하는 먼 곳에서 시멘트를 실어 오는 그 회색 화물열차가 느리게 허공을 가르며 골목을 지나갈 때면 나는 알 수 없는 그리움에 목이 메어, 그 길로 현상수배범이라도 되는 것처럼 급히 열차에 숨어들어 고향으로 돌아가고만 싶던 것이다. 바로 눈앞에서 인수봉을 대하자 그때 서울에서의 나의 열아홉이 떠오르며, 화물열차에 묻어오던 그때의 그리움과 서러움도 함께 떠오르던 것이다.

 그렇다면, 개미처럼 다닥다닥 바위에 달라붙어 인수봉 꼭대기를 향하는 사람들은 어느 시인의 시에서처럼 '언제나 우리는 고향에 돌아가 그간의 일들을 울며 아버님께 여쭐' 요량으로 저렇듯 애써 오르는 걸까. (김사인, '코스모스')

 아래로 좀 더 내려가자 인수봉의 뿌리를 따라 나선형으로 깊고 긴 주름이 나있다. 사람이 그의 주름에 발을 딛고, 두 손으로는 할퀴듯 그의 몸을 움켜잡고 그를 오르고 있다. 그의 주름은 아마도 그의 고뇌, 그리고 그의 고뇌는 그의 탄생에 대한 것일까.

 지상에서의 그의 최초의 삶은 지금처럼, 아파트가 그의 사타구니까지 파고들고 자동차가 그의 골짝 골짝을 누비며 매연이 그의 허파를 상하게 하고 강탈하듯 사람이 그의 몸을 타고 오르는 그런 풍경은 아니었으리.

 최초의 그의 삶에는 빛나는 해와 고요한 달만이 있었으리라. 푸른 나무 몇 그루, 그 나무에 깃든 새와 벌레들만이 있었으리. 달은 휘영청 주렴처럼 바위에 그 빛을 드리우고 바위는 그러면 빛으로 스민 달에게 뜨거웠던 자신의 지하에서의 삶을 비밀처럼 털어놓았으리라. 나무는 새에게, 새는 바위에게 또 그런 식으로 서로를 드러내고 서로를 나누었으리.

 팔을 뻗으면 만질 수 있는 가까운 거리, 그러나 알 수 없는 이유로 여전히 그의 몸에 손을 대지 못하고 있다.

 최초의 풍경을 몇 억년이나 지나온 그는 어쩐지 이 도시에서는 밤이면 텅 빈 버스를 타고 홀로 낯선 도시를 가로지를 것 같다. 승객은 한 사람도 없고, 뒷모습을 보이고 앉은 운전기사만 있는 밤 버스를 타고 말이다. 그러다 북한산대피소의 보랏빛 가을이 갑자기 가버린 것처럼 어느 밤, 아마도 첫눈이 내린다거나 하는 고요한 날을 잡아 작별인사도 없이 사라질 것 같다. 제가 태어난 땅 속, 뜨거운 지구의 내부로.

그에게 한때 마그마, 라고 불리는 뜨거운 시절이 있었던 것처럼 내게도 인생의 어느 한때 뜨거운 시절이 있었다. 그 시절에는 좋아하는 사람이 있으면 그를 안고 만지고, 그에게 나의 마음을 낱낱이 고백해야했다. 면전에서 거절당할 줄 알면서도 사랑한다는 말을 마음에 담아두고는 도무지 살 수가 없었다.

얼마 전 시인 김사인의 '가만히 좋아하는'이라는 시집을 선물로 받았다. 샅샅이 목차를 뒤졌지만 그러나 책 어디에도 그런 제목의 시는 없었다. 얇은 시집 한 권을 가슴에 품고 이번에는 가만히 좋아한다는 것은 무엇인가 생각하게 되었다.

가만히 좋아한다는 것은 가령 그와 내가 버스 한 정거장을 사이에 두고 한 동네에 살고 있다고 가정할 때, 아침 일찍 집을 나서서는 그가 탄 버스가 올 때까지 연달아 앞의 버스들을 놓치는 것이다. 그러다 같은 버스에 올라타서는 저만치 뒤에 앉아 앞에 앉은 고단한 그의 숭숭한 머리칼을 가만히 훑는 것이다. 그의 사소한 움직임, 손놀림이며 그가 하품하는 것을 지켜보는 것이다. 그의 시선이 향한 거리풍경을 나도 향하고 그 풍경의 무엇이 그의 시선을 끌었는지 새삼 궁금해 하는 것이다.

그러다 밤이 되어서는 인수봉에 대해서 그랬던 것처럼 텅 빈 밤 버스에 홀로 그를 태우고 밤새 도시의 거리를 달리게 하는 것이다. 외로운 그는 텅 빈 버스에서는 뜨거웠던 지난 날을 떠올려도 좋으리. 눈물 한 방울 흘려도 좋을 것이다.

어차피 승객은 없고, 절대 뒤돌아볼 리 없는 운전기사만 있을 것이므로. 그러면 나는 달빛 같은 것이 되어 밤 버스에 젖어 들어서는 그의 그간의 삶의 이야기를 전설처럼 듣게 되리라.

 팔을 뻗으면 닿을 거리에 얌전히 서서 나는 그의 몸에 팔을 뻗는 대신 속으로 가만히 그를 거대한 영혼, 이라고 불러보는 것이다.

2018년 11월

나무에 기대

 나의 아버지는 군대를 마치자마자 첫 직장으로 도청 산림과에 입사해, 퇴직도 산림과에서 했다. 정년퇴직은 아니었지만 청춘의 대부분을 산림과에서 보냈다.

 어릴 적 나는 산림과를 살림과로 알아들어 아버지가 직장에서 하는 일이 주로 집안 살림과 관계되는 일 그러니까 설거지라든가 항아리 닦는 일 같은 것인 줄 알았다. 산림과에 근무하는 동안 아버지는 자주 전근을 다녔다. 그래서 어린 시절에는 아버지를 '어쩌다 집에 들르는 사람'으로만 알았다. 그 어쩌다 한 번이라는 것도 대개 새벽녘 트럭에 나무를 싣고 와 마당에 내려놓고 날이 새자 급히 가버리는 식이었다.

 집에 머물 때도 아버지는 대개 나무와 관계된 일을 했다. 현관에서 마당까지 사람이 다니는 길을 제외한 대부분의 땅에 아버지는 나무를 심었다. 그 당시 우리집은 다른 집보다 지대가 높아 옆집 담벼락과 맞붙은 마당 한 면이 비탈처럼 움푹 패여 있었는데 아버지는 그곳까지 연탄재로 메워 평평하게 만들고 싶어 했다. 거기에도 나무를 심으려는 것이다.
 연탄재는 가마니에 실어 둘이 끌며 운반해야했다. 그런데 엄마는 아침을 짓느라 바쁘고, 오빠나 언니는 늦잠을 자거나 아니면 숙제를 핑계로 번번이 꾀를 부렸다. 열 살이 채 안된 나만이 유일하게 아버지보다 먼저 일어나 찬물에 세수를 하고, 머리칼 몇 올이 젖어서는 마루를 서성이며 아버지가 깨기를 기다렸다.
 어린 것이 도움이 되어봐야 얼마나 되었을까마는 영하 10도를 넘는 우리 지방의 매서운 추위, 쨍 소리가 날 만큼 맑은 겨울 공기에 하얀 입김이 소란처럼 피어오르고, 양 볼은 빨개져서는 머리칼은 나중에는 땀에 젖어 이마에 달라붙고, 노동으로 더워진 몸에서는 옷깃이 벌어질 때마다 더운 냄새가 피어오르는 것이 나는 좋았다. 좋아하는 아버지와 무언가를 함께 한다는 사실도 또 좋았다. 인생의 대단한 것을 공유한 느낌이었다.
 밑동 부근에 도독하게 둑을 만들어 그 안에 한 양동이쯤의 물을 붓고, 그 물이 천천히 흙으로 스며드는 것을 바라보는 것으로 나무 심는 일은 끝이 났다. 나무의 수는 나날이 늘어갔고, 늘어가는 나무의 숫자를 세는 일이 나는 대단한 비밀이나 되는 듯 은밀하고 기뻤다.
 나무가 그냥 나무, 가 아니라 제 각각 이름이 있다는 것을 알게 된 것도 아버지로부터였다.
 대문 안쪽 한 구석에 홀로 서있는 나무 한 그루의 이름을 묻자 아버지는 스트로브잣나무, 라고 일러주었다. 지금이야 그것이 흔하고 값싼 나무인 것을 알지만 그 당시는 마을에는 흔하지 않아 부다페스트라든가 프라하라든가 하는 것을 떠올릴 때처럼 이국적이고 먼 것으로 느껴졌다. 스트로브잣나무라는 낯선 이름 하나를 가슴에 품고도 나의 사춘기는 충분히 고독했다.

수국, 이라고 일러준 나무 아래서는 그 애의 자전거를 기다렸다. 처음으로 사귄 남자친구인 그 애는 토요일 오후마다 자전거를 타고 우리집으로 왔다. 와서는 담벼락을 넘어간 흰 수국꽃 아래서 띠링띠링 조심스럽게 자전거 벨을 울렸다. 학교가 끝나자마자 집으로 달려와 말갛게 얼굴을 씻고 손에는 읽지도 않을 시집 한 권을 들고 수국 그늘 아래 앉아있던 나는 그러면 다소 새침한 얼굴을 하고 담 너머 그 애에게 안녕, 하며 인사를 건넸던 것이다.

담을 넘어 마당으로 번져올 적 그 애의 자전거 벨소리는 꼭 수국꽃 꽃 뭉치에 들어있던 간밤의 이슬이 후두둑 뺨과 목덜미에 흩뿌려질 때처럼 맑고 서늘했다.

사춘기가 되어서는 마당이 내다보이는 내 방 창가에 앉아 나무들에 구토를 느끼고자 부단히 애를 썼다. 프랑스 실존주의 철학자 사르트르(Jean Paul Sartre)를 읽고 나서였는데 그 책에 따르면 로깡탱이라는 희한한 이름의 주인공은 어느 날 공원벤치에 앉아 마로니에 나무의 뿌리를 응시하다 갑자기 존재의 부조리를 인식하고 구토를 느낀다. 멀쩡한 바닷가 조약돌과 카페 점원의 멜빵과 나무뿌리에 구토를 느끼는 이유를 도무지 이해할 수 없었지만 하여튼 멋져 보여

나는 우리집 나무들 중 가장 크고 우람한 튤립나무를 보며 시시각각 구토를 경험하리라 마음먹었다.

하지만 그런 깨달음의 순간은 우리집 마당에서는 결코 오지 않았고 그저 저 나무의 꽃이 튤립을 닮아 그렇게 불린다고 일러주던 아버지 얼굴만 떠오를 뿐이었다.

서울로 오며는 오래 나무를 잊었다. 다시 나무를 만나게 된 것은 아이가 훌쩍 커버린 후.

그 시기에 만난 나무들은 오랜 항해 끝에 발견한 육지만큼이나 반갑고 경이로웠다. 그리고, 경이만큼이나 좌충우돌도 잇따라 어떤 때는 나무가 최고의 선, 최고의 미의 구현체로 생각되다가 또 어떤 때는 그렇고 그런 무수한 생명체중의 하나일 뿐으로 생각되었다.

무슨 말인가 하면 모든 상처는 숲에서 치유되고 우리 앞에 놓인 사회적 정치적 난제들은 숲에서 곧바로 그 해법을 찾을 수 있다고 자신하다가 곧, 숲도 경쟁과 약육강식이 판치는 곳일 뿐 그 이상도 이하도 아니라고 실망하는 일이 오래, 자주 반복되었다는 뜻이다.

좌충우돌의 7년이 지난 지금, 나무는 내게 무엇일까.

아직도 명확한 것은 없다. 다만 7년 전이나 지금이나, 아니면 더 멀리는 어릴 적 아버지와 가마니를 끌며 나무를 심던 그때나 나무는 늘 저 혼자 우뚝 서있었고 나는 또 늘 어떤 식으로든 그에게 기대있었다는 것이다. 주례사에서처럼 '기쁠 때나 슬플 때나' 변함없이.

며칠 전 군에 간 아들이, 여기 너무 아름다워, 라며 전화를 해왔다. 뭐가? 하고 물었더니 새벽의 연병장 나무들, 그리고 그 사이사이 거미줄에 맺힌 이슬이 아름답단다. 피식 웃고 말았다.

 내가 낳았지만 감정을 주관한다는 뇌의 일부가 다른 애들보다 좀 작은 게 아닐까 싶을 정도로 평소 로봇 같던 녀석이었다. 컴퓨터 세대다보니 손 글씨는 아랍어라고 해도 믿을 만큼 삐뚤빼뚤하고 책꽂이에는 책 대신 어릴 적부터 모아온 게임CD가 빼곡했다. 세상을 살아가는데 필요한 모든 지식은 유튜브(youtube)에서 배울 수 있다고 확신하는 아이였다. 그런 아이 입에서 나무가 아름답다느니 이슬이 아름답다느니 하는 얘기가 나오니 우스울 밖에.

 그러다 아버지가 떠올랐다.

 첫 직장을 산림과에서 시작해 퇴직도 산림과에서 한 나의 아버지. 그가 어쩌다 살림과가 아닌 산림과에 발을 디디게 되었는지는 모르지만 그의 평생에 지평과 생계가 되어줬던 나무가 다시 내게로 건너오리라고는 나는 상상하지 못했다. 또, 그렇게 건너온 나무가 다시 로봇 같은 나의 아이에게로 건너가리라고는 더더욱 말이다.

 아이가 앞으로 어떤 길을 갈지는 모르겠다. 어떤 길로 가게 될지라도, 그 길이 설사 나무의 삶과 상극이 될지라도 아이가 언젠가는 나무에 기대게 될 거라는 걸 나는 안다. 유튜브만으로 세상을 배울 수 있다는 확신 정도는 가볍게 뛰어 넘을 것을 안다.

 사람과 사람, 세대와 세대는 어쩌면 나무를 통해 이어져왔다고 믿기 때문이다.

2018년 12월